国家の非公然活動と国際法

——秘密という幻想——

W. マイケル・リースマン
ジェームス・E. ベーカー　著

宮野　洋一・奥脇　直也 訳

日本比較法研究所
翻訳叢書　44

Original title

Regulating Covert Action : practices, contexts, and policies of covert coercion abroad in international and American law

by

W. Michael Reisman, James E. Baker

Japanese translation rights arranged with Yale University Press,

through the Institute of Comparative Law in Japan.

Chuo University, Tokyo, Japan

日本語版への序文

今から見れば冷戦の黄昏時ともいえる一九九二年に、ジェームス・ベイカーと私は、本書英語版 Regulating Covert Action : Practices, Contexts and Policies of Covert Action Abroad in International and American Law を出版した。米国は四〇年以上にわたって、議会の明確な支持の下に、非公然の活動（covert action）を行う相当の能力を維持してきた。国際政治においては、軍事、経済、外交およびプロパガンダなど、手段を選ぶことなく、様々な非公然活動が日常的に行われてきた。これら諸手段の利用の重要な局面が公然のものであるような事例の場合でさえも、非公然の活動が先行しあるいは後に続く場合が多い。ここ一〇年、この問題に関する国家レベルでの議論は、国内法による非公然活動の規整、すなわち権限の付与とその監視のあり方に集中してきた。我々は米国がこのような能力を維持することが、国際法上どこまで合法であるかを検討することが必要であると考えた。我々は本書で、国際法過程が非公然活動を合法とみなすことがもしあるとすれば、それはどの程度であるのか、あるいはどのような条件の下であるかを、現実的観点から評価しようと試みた。

I

法律家は過去の事件がどのように判断されたかを検討するが、それは判決が、将来において類似の事件がどのように判断されるかについての指標のひとつであるからである。国内においては、そのような検討は裁判所の判決および立法過程を対象とする。しかし国際法システムは、非公式で組織化されていない多くの構成要素をかかえているので、国際的次元で合法性を評価するには、多くの政府および非政府レベルのアクターからのより広範な反応を検討する必要がある。これは容易ならざる作業である。この国際的な大合唱ともいえる複雑な反応の相互作用の過程におけるコミュニケーションの多くは、多様な聴衆に向けられているので、しばしば意図的に曖昧で、一貫性を欠く、あるいは矛盾する要素を含んでいたり、暗号で語られたりする。学者は、希望的観測、はったり、観測気球、うそ、といったものと、何が正しいかについてのエリートの真の期待を表すコミュニケーションとを判別しなければならない。ここで「正しい」というのは必ずしも道徳的な意味ではなく、むしろ、個々の状況において政治的関連をもつアクターにより、特定の価値を支える手続あるいは力の配分のいずれかまたは双方にとって適切なものとみなされることである。非公然活動の合法性の傾向を確かめるために、我々は政府の利用する四つの戦略的形態、すなわち外交的、経済的、イデオロギー的、および軍事的形態による非公然活動を検討し、これらに対する国際社会の反応を検討した。それぞれの形態について我々は、条約、判例、事例を検討することを通じて、これまで存在していた規範的期待を推定しようとした。しかし我々は、法が将来の決定を「予測」するために歴史を評価するものであること、そして、戦争でも平和でもない時期としての冷戦の終結、戦時法と平時法の法的区別を曖昧にしていた冷戦の終結が、これまで非公然活動に対する非常に高い寛容を生み出し維持してきた条件を明らかに取り除いてしまったことを注意深く観察した。この条件が消滅したため、我々は様々に異なる将来の構造の中で、将来のありそうな種々の発展方向を推定しようと努めた。

過去の分析及び将来の推定から我々が描いた見取り図はあまりにも複雑なものであった。さらに、我々の描いた将来像の多くは、世界秩序の維持及びこれへの貢献という任務にとっては不適切に思われた。一般的にいって、我々の見いだしたものは、非公然の活動を一般的に禁止する公式見解から期待されるものよりも、はるかに複雑な「実行準則」（operational code）が存在することを示していた。確かに、非公然活動が用いられる多くのケースは広く非難をあびる。しかし、我々の観察によれば、国際法過程は、しばしば口では非公然活動の使用を非難しつつも、しばしばそのような使用を容認しこれに順応する。このような順応は、評価者が、活動の性質は非公然であっても、その手段はそれ以外の点では国際法上合法であるとみなす場合に生じる。たとえ合法性が疑わしい場合であっても、他の必要とされる政策の達成にとって不可欠とみなされる場合には、一定の非公然活動の利用は明らかに容認できるものとなる。整理された証拠に基づいて、我々は、このはっきりしない領域における法的期待を法的定式として表わそうと試みた。また、我々の見解では法は政策決定の過程であるから、非公然活動が場合により可能な選択肢となるような政策決定者のためのガイドラインを提示することが同様に重要であると思う。

国際政治の特徴の多くは、我々が最初に過去の分析を行った時点から、決定的かつ興味深い形で変化した。ソビエト帝国は解体し、地域秩序・世界秩序にとって少なからぬ地政学的重要性をもつ地域一帯に、一群の不安定な共同体を後に残した。多国間、二国間の外交努力にもかかわらず、破壊力の大きな最先端の兵器が、多くの新興国家や冷戦中に独立を達成した諸国の間に急速に広まった。大量の難民流出は、現代世界の不安定性の最も明確な所産であるが、避難所を自認する諸国家の多くは、経常的な景気後退に手を焼いていることから、これを受け容れがたいコストとみるようになってきた。全体主義的な計画経済システムと、多元的な自由市場経済との間のイデオロギー上の衝突は、共産主義が明らかに評判を落としたために姿を消してしまった。

これらの変化の結果、途上国の多くにおける闘争はそのイデオロギー的装いを失い、かなり古典的な国家利益によって正当化されるようになってきている。冷戦の終結とそれに続く地域的不安定は、この点で、冷戦中の非公然活動においてはこれまで弱小プレイヤーでしかなかった諸国家による非公然活動を、増加させる方向に働いているように思われる。この現象が、主としてあるいは最も表立って現れているのは、民族的あるいは部族的な闘争や内戦に巻き込まれた諸集団に対する兵器の移転と闘争支援の分野である。

さらにここ数年、諜報機関に関するいくつかの興味深い変化が明らかになってきた。まず、主要国および中規模国家の大規模な国家諜報組織の多くは、その存在と多大な予算を冷戦によって正当化してきていたため、その任務の見直しと、これまでのやり方の多くの変更をせまられた。このような変化が公になってきたことからすると、いくつかの諜報機関は他の諜報機関よりもうまく順応し、新たな役割と方法を設定しつつあることが推測される。例えば、冷戦の終結によって慎重な開示と法令による監視の制度を導入した英国の場合[1]と、冷戦の終結が行政機関であるイタリア版CIA、シスデ（SISDE, Servizio Informazioni Sicurezza Democratia）にスキャンダルをもたらした――申し立てのひとつは高級官僚が非公然活動のために目印をつけた資金を横領したというものであった――イタリアの場合とを対比することができる。最も劇的な試みはロシアにおけるそれであって、諜報機関を行政の監視の下におき、任務を法定し、権限を限定し、治安機能を別の諸機関に分散させた。官僚文化がこのような制度的変化に順応できるのかあるいはこれに代わる別の制度を更に産み出すのかを判断するにはまだ時期尚早である。

これまでのやり方がすべて変更されたというわけではない。ロシアと旧ソ連の諸共和国との間の、相互にスパイ活動をしないという一連の合意は、たちまち廃止の憂き目にあった[2]。またジェームス・ウールジー（R. James Woolsey）前CIA長官の発言は、米国が非公然活動能力をかなり削減はしたが、完全になくしたわけではないことを示唆する。ウールジーは次のように語っている。「政治的活動、経済的活動、プロパガンダを伴う活動、あるいはアフガニスタンにおけるムジャヘッディンの場合のように、特定集団を武器移転によって支援する、といった本機関［ＣＩＡ］の活動の部分、つまり非公然活動は、一九八〇年代に比べればはるかに減少している。……今日の諜報機関の活動の九九％以上は、情報の収集と分析であって、非公然活動ではない。[3]」

第二に、より強烈であった冷戦関連の問題の影が薄くなったので、国際テロ、核拡散、法執行といった「地球規模の問題」が注目をあびるようになってきた。ある諜報機関は、大まかな推定ではあるが、この注目の焦点の変化を数量化して公にしている。英国の安全保障局（M15）の一九九三年六月の報告によれば、同局の資源の二六％は国際テロ対策に、さらに二五％は諜報対策と核拡散対策をあわせたものに割り当てられている。[4] これらの地球的規模の問題は、ニカラグア事件[5]でいう「武力攻撃」に至らない程度の武力の使用を含むにすぎず、従って、国際司法裁判所の多数意見によれば、国際法上、自衛によって合法的に武力による対応を許すものではない。諜報機関の一部は犯罪者の逮捕に携わってきたかもしれない。[6] その結果、これらの地球的規模の問題は、既に説明したように、政策決定者に対して、それに対処するためには、非公然活動が攻撃的あるいは防御的に利用され得るし、場合によっては不可避的な政策の選択肢であり続けざるを得ないような困難な矛盾をつきつける。

第三に、政府機関による情報の収集と加工の必要性と実行は、いわば「秘密の暗がりから表に出される」こととなった。諜報機関の首脳陣が誰であるかはもはや秘密ではなく、諜報機関の仕事は機関自身によってより公然と議論されるようになった。このような公開性への傾向が最も声高にいわれ、また実りのあるものになっている米国では、諜報機関は、情報収集システムから得られるデータの販売を真剣に検討している。公開性と冷戦の終結はまた、国家情報データを国際原子力機関（IAEA）のような国際機関とますます多く共有する方向に向かわせる。[7] こうした変化が、表面的なスタイルの変化に過ぎないのか、それとも国際政治のより根本的で永続的な傾向であるのかは、まだ判明していない。非公然活動の分野での公開性は、依然として選別がなされているものの記録資料の公開が増えていることに主として表れている。

第四に、諜報機関に対する監視が増加しているように思われる。旧ソビエト圏の多くの国は諜報機関の監視に関してはじめて真剣に検討を始めている。他方西側諸国、特に英国はこの問題に改めて関心を示している。

最近の一連の出来事をふりかえってみると、非公然活動で、表に現れたものは米国以外の国の法の下でますます法的な検討の対象とされるであろうことが示唆される。ここでいう非公然活動とは、非公然の強制と米国の法と慣行により定義された「特殊活動」に限定されない広汎なものである。秘密工作員は、外国領域における任務遂行中（または待機中）に、自らの行動が現地の刑法の規律対象になっている場面にしばしば遭遇することになろう。これはこれまでもそうであったが、国家支援型テロ事件については特に当てはまる。スコットランドのロッカビー上空での米国航空機の爆破に責任のある工作員を裁判に付そうとする継続的な試みは、その一例である。アルバレス・マチェイン事件（Alvarez-Machain）における米連邦最高裁判所の判決(8)に対する国際的な反応もまた、侵入的な非公然の法執行活動と諜報活動が一旦明らかになった際に、これが寛大に黙認される度合いが低くなっていることを示唆する。アルバレス判決はほぼ共通の反応を引き起こした。各国政府は、イデオロギーの如何を問わず、また裁判所の実際の判示事項には殆ど注目せずに、判決を強制的な身柄確保を許容するものと非難したのである。この反応は、レインボー・ウォリアー号事件(9)に対するもっとあいまいな反応とは異なっている。この意味では、アルバレス判決に対する激しい抗議は、国境を越える非公然の強制活動に対する黙認の度合いの低下を一般的に示しているのであって、米＝メキシコの二国間関係において、特にその度合いが低いことを示す例であるわけではない。

アルバレス＝マチェイン判決が、誘拐を禁止する実行準則と国際法の公式の規範との格差が縮まっていることを示唆しているのであれば、政治指導者を暗殺する試みに対する公式の規範も過去十年間に腐食したといえるかもしれない。米国は一九八六年のトリポリ空襲の際に、カダフィ（Muammar Qaddafi）の死を早めることに対する関心を隠そうともしなかった。また、湾岸戦争の際のバクダッドに対する様々な攻撃では、サダム・フセイン（Saddam Hussein）が死亡するかもしれないという可能性については、何らの警告も受けなかった。実際、ある将軍は、フセインの死は空爆の明示的な目的の一つであることを示唆した。[10] 実際には成功しなかったが、ノリエガ（Manuel Noriega）に死をもたらす可能性をもっていた反ノリエガ・クーデターについて、その失敗を非難する者もいる。さらにまた、国連安保理の権威の下に国連と米軍は、ソマリアできわめて公然とアイディード将軍（Muhammad Farah Aideed）を逮捕――それはアイディード将軍に死をもたらす可能性をもっていたが――するための努力をした。マスメディアも公共の道徳を表明する他の声もこのような行動を非難することはなかった。

クウェート国内でサダム・フセインに指示された秘密工作員がブッシュ前大統領暗殺を試みたが、それはミサイルの雨という反応を招いた。この反応は大々的に喧伝されはしたが、全体的には政治的にも軍事的にも手ぬるいものであった。それは国連とマスメディアの場では、国連憲章五一条に基づいて自衛権として正当化された。米国はここでもこれまでと同様、他の根拠に訴えようとはしなかった。すなわち、米国の行為は国家支援型のテロに対する合法的な対抗措置であるとか、米国は暗殺、特に国家元首の暗殺を禁止する国際的規範を強制しようと試みているのだといった口実は利用しなかった。実際、ワシントン・ポスト紙の報道によれば、「米国があの目標［イラク情報機関本部］を選択し、サダム自身を追いつめなかったのはなぜかとの問いに対し、［当時国防相であった］アスピン（Aspin）は、『個人を標的にするのは大変困難なことだ。個人を逮捕するのも非常に難しい。ある個人を捕まえることを期待して爆撃することは、あまりにも厳しい要求だ』[11]と述べた。国防相は行政命令一二三三三号には言及しなかったが、それによれば「合衆国政府の職員または合衆国政府のために行動する者は、暗殺そのものまたはその謀議に関わってはならない[12]」とされている。

イランによる政治的、宗教的反体制組織のメンバーのイラン国外での暗殺はいっこうに減らないように思われる。国際的な反応は、これら暗殺行為が国内法上殺人であることになんら疑問の余地のない西側諸国においてさえも、手ぬるいものに傾きがちである。暗殺の評価は二国間の政治的文脈でなされており、犯人に対する便宜の供与は他の価値との関係で決まる。パリにおけるバクティアル（Shapour Bhaktiar）の殺害や、サルマン・ラシュディ（Salman Rushdie）に対する継続的な殺害の脅迫は、レインボー・ウォリアー号の撃沈やアルバレス・マチェインの誘拐事件が引き起こしたような継続的な国際的非難を招くことはなかった。キキヤ（Mansur Kikhiya）の公然の誘拐に対する反応は、国境を越えてなされる政治的敵対者の暗殺や誘拐に対する国際的黙認が変化しつつあることを示しているかもしれない[13]。しかしながら、当初の非難が長く続き、具体的政治行動によって支持されるかどうかを判断するにはまだ早い。

イラクのクウェート侵攻以来今日まで、少なからぬ数の解説者や政府官僚が、サダム・フセインが「除去」されていたなら数十万人の命が助かっていただろうと述べてきた。幾多の報告が、湾岸戦争中はサダムこそが多国籍軍の空爆の最高レベルで承認された標的であったことを示唆している。デュガン将軍はこの目的を公表したことを理由に免職となったが、このデュガン事件は、メッセージ自体ではなく不運なメッセンジャーを処分したもののように思われる。デュガンの所見の内容は、国連でも議会でもメディアでも、殆ど抗議を受けることはなかった。サダムのケースは特異なものではない。レーガン政権がトリポリに対して空爆を試みた時、カダフィ大佐が決定的な目標であるとの印象を免れることは困難であった。パナマにおける米軍が、ノリエガ将軍に対する実際には失敗に終わったクーデターに対し、実質的支持を与えるのに失敗したとき、「なんたるアメリカの懈怠か！」という非難が沸き起こった。米国行政命令が外国指導者の暗殺を禁じているにもかかわらずにである。

米空軍勤務の若い法律家であるマイケル・シュミット少尉は、これら最近の事例を記録し、それらが国家政策の変更を示唆するかどうか、また現代国際法において国家支援型の暗殺の合法性について何らかの変化が起こったかどうかを問うている。積極的非公然活動の検討の過程で、ジェームス・ベイカーと私は国家支援型の暗殺について短い議論を行った。我々のみるところでは、多くの事例が広範な非難をあびているが、他の事例はその悪名にもかかわらず無視された。より複雑な規範が働いているのは明らかなように思われる。我々は本書全体を通じて、規範が何であれ、一九九六年に国際司法裁判所が確認した見解[14]のように、非公然活動は、必要な場合には武力紛争に関する基本的な法によって最終的に評価されるであろうと示唆した。しかし望ましい政策の観点からは、国家支援型の暗殺は避けられるべきであると我々は結論した。そこで述べたように、「われわれの見解では、暗殺は違法な非公然活動と見なされるべきであり、いかなる意味でも合法性も与えられてはならない。しかしながら、エリートのレベルでは暗殺に対する条件付きの一定の黙認があることは明らかであり、そのような傾向があるために、我々は、それが法的に禁止されているとはいえないのである。[15]」

シュミット少尉による過去の傾向についての検討と分析は、我々のごく短い考察よりもはるかに野心的である。学説、事件、解説の検討から、彼は二つの要件によって規定される狭義の暗殺については国際法的な非難があると結論している。シュミット少尉にとっては、国際的な専門用語としての「戦時暗殺」の具体的な構成要件は、第一に、被害者が特に目標とされた個人であること、第二に、殺害が密かな裏切り行為によりなされたものであること、である。これら二つの要件のいずれかが欠けている場合にはここでいう暗殺には該当しない。シュミット少尉は、武力紛争の一般的な合法性基準である必要性と相当性によって、これ以外の様々な政治的動機による殺人の合法性を評価しようとする。平時における暗殺は、シュミット少尉の分析によれば、より不明確ではあるがやはり制限的な基準を生んでいる。武力紛争以外の分野における暗殺は、第一に対象の特定性、第二に政治的動機、が必要とされる。さらには、被害者が政府の高官であること、殺害が国境を越えた要素を含んでいることも必要とされるという。

シュミット少尉の検討した素材から、彼がいうような暗殺の定義について国際的なコンセンサスが生じているというのは、私には納得できない。しかし、それは議論の余地のある点でもあろう。暗殺の諸事例をさらに体系的に検討すれば、彼の立場が支持されるかも知れない。私が納得しがたいのは、シュミット少尉による過去の傾向のまとめ方ではなく、他の批判的な知的作業、すなわち条件、予測、代替案があまりにも軽く扱われている点である。

法律家の仕事は、神話体系としての公式の規範と、それと乖離することのある、国家が実際に政策決定の規準とする実行準則を描写することで尽きるわけではない。法律家にとって、これら種々の規範を社会科学的に特定し、またそれらが人の規範意識の中に内面化される度合い、あるいは異なるアクターから要請されている様々な度合いを特定する能力は、法的分析の出発点にすぎない。法学者と法人類学者との違いは、法学者は規範的期待を形づくってきた過去の条件を特定しなければならない、ということにある。さらに法学者は、それらの要素が作用し続けるか、将来においても存続し続ける要素であるかどうかを確定しなければならない。最も重要なことは、法学者は、あらゆる法的構成を、基本的な最小限かつ最適な世界秩序という目的にとっての帰結（およびそれへの貢献）という観点から検討すべき、独立した責任を有しているということである。それらの法的構成がこれらの目的に貢献しないのならば、法学者はこれら目的に近づけるような代替案を提示すべきである。

シュミット少尉が過去から推定したものが、政治的エリートの見解を正確に表現していると仮定するなら（この点について私は態度を保留するが）、そこで推定されたものが将来の国際秩序にとって持つ帰結は問題の多いものである。私から見れば、彼が定式化したものは、国境を越えた政治的暗殺の多くを許すものであるように思われる。シュミット少尉による暗殺の定義に基づけば、暗殺目標にあてはまることに気づいて狼狽する比較的少数の人々にとってすら、戦時における暗殺の禁止は、裏切りがなければ働かないのである。これが実際に何を意味するかについて確信はもてないが、国家元首やその側近の暗殺を、その王宮の護衛を買収して殺害させることで確実にしようとすることは密かな裏切り行為にあたるであろう。しかし、同じ結果を、王の宮殿（またはその天幕）に巡航ミサイルを撃ち込むことによって達成することは、そうではないこととなる。政治的な位階制度のより下位の地位にあるその他の暗殺対象の候補者については、彼らの殺害は、シュミット少尉の定式に従えば、必要性と相当性の基準を破るような方法でなされた場合には違法となる。もっともこれらの基準は基本的には一方的に決定される。

米国が支援する暗殺に明確に反対の立場をとるチャーチ上院議員は、非公然活動を検討し、これを規制しようとしたが、完全に禁止するという結論には至らなかった。彼の言葉によれば、彼は「アドルフ・ヒットラーやその類の人物について語っているのではなく、また、共和国が存亡の危機に瀕しているような重大な国家的緊急事態において執られた行為を非難しているのでもない」という。(16) このためらいは理解できる。世界秩序に携わる法律家は、ヒットラーやサダムを暗殺対象として許すような規範の定式を求めるであろうが、その規準は水門を一気に開けてしまうようなものであってはならない。しかるに、シュミット少尉が過去の実行から引き出そうとしている規準は、他の多くの人々の殺害をも許すほど許容的となるおそれがある。非公然活動は多くの国で行われており、また政治的に厄介な人物の暗殺の企ては何ら技術的に難しい能力を必要とするものでもないので、シュミット少尉の規準は、人権侵害の蔓延を正当化し、時には世界秩序を掘り崩す可能性をもっている。その規準は、確実に、暴力に対する期待を一般にもたらし、そのことが、人権と最小限の秩序をむしばむことになろう。

また、シュミット少尉のいうように、武力紛争時には政治的指導者の暗殺を許すことが最低限かつ最適な公秩序に貢献する、とは私には思えない。絶滅戦争を許すような法システムにおいては、政治的軍事的な最高位の司令官の暗殺は、そのシステムを促進する機能を果たす。絶滅戦争を非難し、交渉による紛争の解決を奨励するような法システムにおいては、政治的軍事的指導者の暗殺は、シュミット少尉自身も気づいているように、交渉による解決をより困難にする。なぜなら、紛争を終結させる政治的権威を持っている者がもはやいなくなってしまうからである。こうして、純粋に実用的な考慮からも、政治的軍事的エリートの暗殺は禁止すべきであることになる。米国はジュネーブ条約第一追加議定書の五二条が、軍事行動が合法的であるためには、政治的目的ではなく軍事的目的を有すべきだと規定していることに注意を向ける必要がある(17)。

これらの議論全てにおいて、話題になっているのは人間の殺害であることが銘記されるべきである。政治的に殆どあるいは全く責任のない人々をも殺害してしまうことは、現代の武力紛争の避けがたい帰結である。このようなシステムに組み込まれ、こうした帰結に恐れおののくまともな人々が、このような暴力を、特にまた時にはその悪意の故に責任のある人々に限定しようと欲するのは理解できる。こうして暗殺の支持者は、特に凶暴な暴君については、説得力ある道徳的正当性を見いだすであろう。しかし、例外的な事例にあわせて一般化がなされてはならない。国境を越えた殺害を許すよう提言された国際法のルールは、それらが人間の尊厳と世界秩序にとっていかなる帰結をもたらすかという観点から、最大の注意を持って検討されなければならない。私はシュミット少尉のあげる規準がそのような検討に耐え得るとは思わない。

III

テロリズムは、弱小国や、いかなる国家とも協力関係にない集団により、その程度はともかく、ますます好まれる形態の非公然活動となりつつあるように思われる。ある推定によれば、一九九三年は、一九七〇年以来最も暴力的なテロの年であったとされる。(18) しかしそれ以後に比べれば、まだ暴力の度合いは低かったように思われる。テロリストによる事件を防ぐ一つの方法は、それが唯一のものではないにせよ、対抗して非公然活動を行うことである。ニューヨーク・タイムズは中央情報局（ＣＩＡ）のドイッチュ（John Deutsch）長官が次の様に語ったと報じている。

「ありうべき攻撃に対して警告を発するための新たな諜報細胞を創設し、海外のテロを抑えるためにＣＩＡの極秘の幹部職員を新たに海外に派遣し、海外で展開する米国軍人に対する危害を予測することを手助けするためにもＣＩＡチームを利用するなどの手をうっている。(19)」

我々は不正規のテロリスト勢力との、地球全域での聖戦の勃発を目のあたりにしているのであろうか？　もしそうなら、明確かつ精確に適用される適正な規範によって制約されるのでなければ、それは「汚い」戦争になってしまうであろう。

IV

現実の諜報活動に関しては、政府機関は自らによる産業スパイについてより公然と議論しはじめている。このような活動が諜報機関の主要な任務の一つになるかどうか、それとももっと古典的な関心が継続するのかどうかは、いまのところわからない[20]。複雑かつ相互依存的で、先進的な産業と科学に基礎をおく現代のシステムの中において、競争する活動単位の相互作用の過程での諜報の必要性については、我々はもっと成熟した評価をするべき時期に来ているのかも知れない。個々の競争単位は、それぞれ固有の利益を増進するために情報を得ようと努めるが、それが集積するとシステム全体が潤う。秘密裡に情報を集めることは米国の法でも慣行でも非公然活動とはみなされていないが、これまでそうであったのとは全く異なる観点から、システムにとって有益なまたは順機能的なものと見なされるようになるかも知れない。従って、これまでも常に諜報活動の機能のひとつであった経済情報の収集は、より露骨に行われるようになるかも知れない。規範的な関心の焦点は、諜報活動それ自体よりも、情報が政治的目的のために使用されるのか、それとも経済主体に伝えられ知的財産に関する共通規範を無視して使用されるのか、という点に移るかも知れない。この共通規範はそれ自身、発展しつつある科学文明にとって重要なものである。なぜなら、新たな発見に対する投資を促進するものとして必要と考えられているからである。

ここで我々は、本書において既に提示されている指針に新たなひとつを付け加えたいと思う。諜報活動に対してどの程度これを吟味しなければならないか、またそれを実施する許可はいかなるレベルで与えられるべきかといったことを考える際に、政策決定者は、当該諜報活動の集積効果と、そのための諜報の必要性とを判断する上で、「非公然活動」とか「秘密裡の収集」という手続的な分類を度外視する必要があるということである。情報収集の新しい方法は、新たな意思決定の方法を是認するかも知れない。とりわけ、政治的な敵対国ばかりでなく同盟国に対しても活動が向けられ、もし活動が露見すれば、公然の敵に対して同様な活動が行われた場合とは異なった形で、経済関係、政治関係に影響が及ぶ。産業スパイのような分野ではとくにそうであろう。新たな政治環境における昔ながらの情報収集のやり方もまた再検討が必要である。

V

いわゆる新世界秩序は古いものを多く含んでいる。国際政治における民主主義工業大国の特別な責任と、これら諸国の国内における意思決定の民主主義的性質は、引き続き非公然活動を様々な形で有益なものとするであろうが、しかしそれは外交政策の遂行において政治的に危険を伴う手段でもある。国際政治のありうべき将来像としては多様なものが考えられる。そのようなありうべき将来像のひとつにおいては、もし世界共同体が目的の適切性に実質的に合意するのであれば、非公然活動の利用に課される制約は相当程度に柔軟なものとみなされる場合がある。もし実際にそのような将来が実現されるとすると、非公然活動を明確に定義した上で適用される法と、これを規律する制度とが、これまで以上に緊急に必要になるであろう。そのような作業は否応なしに国際的なものであるので、ベイカー氏と私は、この訳書が出版されることにより、我々の分析と提言が日本の読者による考慮と評価のために近づきやすくなったことを歓迎するものである。

一九九六年十月

W・マイケル・リースマン
コネチカット州ニューヘイブンにて

（1） 例えば、諜報活動法のうち「英国諸島外の活動」に関する第七条は、とりわけ以下のように規定している。「本条以外によっては、英国諸島外の行為により英国内で有責とされた者は、当該行為が本条に基づいた国務大臣の許可によりなされたものである場合にはその責任を問われない。」「いかなる行為もこの許可に基づいてなされた限りにおいては、それがなされた目的に照らして、その性質と、行為から生じる結果は共に合理的である。」Intelligence Services Act 1994, Section 7 (May 26). 同法は Lexis, Intlaw Library, Englaw fileで見ることができる。

（2） Moscow Interfax, 22 November 1993, "Yeltsin Approves Turkmen Military Intelligence Agreement" 参照。尚、ロイター電 (Reuter, 10 January 1994) は、「ステファーシンは、バルト諸国を含む旧ソビエトの共和国のいくつかを、相互にスパイしないとのモスクワとの取り決めに反してロシアに対する諜報活動を行っているとして非難した」と、ロシア連邦諜報活動対策局長のセルゲイ・ステファーシン（Sergei Stephashin）の発言を伝えている。

（3） Jim, Mann, Interview, *L.A. Times*, January 2, 1994, at M3.

（4） *The Security Service*, Her Majesty's Stationary Office, July 1993, at 12.

（5） Military and Paramilitary Activities, (Nicargua vs. U. S), 1986 *I. C. J.* at para, 4. [軍事的・順軍事的活動事件（ニカラグア対米国）判決]

（6） Richey, CIA to Take an Added Role : Catching Criminals Overseas, *Christian Science Monitor*, September 27, 1996, p. 1, vol. 4-5. 参照。

（7） 例えば、The National Security Agenda, 15 *National Security L. Rep.*, NO. 4, at 6（April 1993）（衛星写真の共有についての報告）参照。

（8） United States. vs. Alvares-Machain, 112 S. Ct. 2188（1992）.

（9） Rainbow Warrior, 82 *I. L. R.* 499（Arbitral Decision of Apr. 30, 1990）.

（10） 将軍はこの発言によって、軽率あるいは余計なことを喋ったという理由で解任された。より最近のニューズウィーク誌の報告によれば、「砂漠の楯作戦」(Operation Desert Shield）のさなかに、サダム殺害の可能性を検討するための計画立案グループが設けられたとされる。The Plan to Kill Saddam Hussein, *Newsweek*, January 10, 1994, at 31.

（11） David Von Drehle & R. Jeffrey Smith, U. S. Strikes Iraq for Plot to Kill Bush, *Wash. Post*, June 27, 1993, at A20.

（12） Exec. Order No. 12, 333, 46 Fed. Reg. 59, 941（1985）.

（13） キキヤ事件、ラシュディ事件共に、大統領を含むワシントンの上級政策決定者たちの関心を集めた。Alarm Being Raised over Fate of Missing Lybyan Dissident, *L. A. Times*, December 17, 1993 ; Rushdie Gains Clinton's Support, *Wash. Post*, November 25, 1993, at B1.さらに米国は、一九九〇年のイラン反体制者ラジャビ（Kazem Rajavi）殺害によりスイスで指名手配されていた二人のイラン人の、フランスでの釈放に対して抗議した。France Rebuffs U. S. Protest over Release of Two Iranians, *Wash. Post*, January 13, 194, at A28.

（14） Legality of the Threat or Use of Nuclear Weapons, 1996., *I. C. J.* at para. 25.［核兵器の威嚇及び使用の合法性に関する勧告的意見。］

（15） W. M. Reisman & James Baker, Regulating Covert Action（Yale Univ. Pr., 1992）70 – 71. 本訳書一一二頁。

（16） 同右、at. 69（チャーチ上院議員発言の引用）。本訳書一一〇頁。

（17） 第五二条二項は次のように規定する。「攻撃は厳格に軍事目標に限定しなければならない。軍事目標は、物については、その性質、位置、用途、または使用が軍事活動に効果的に貢献するもので、その全面的または部分的な破壊、奪取、または無力化がその時点における状況の下において、明確な軍事的利益をもたらすものに限られる。」国際的武力紛争の犠牲者の保護に関し、一九四九年八月十二日のジュネーブ諸条約に追加される議定書（第一追加議定書）一九九七年六月八日採択、第五二条二項。同条約の英文は16 *I. L. M.* 1391（1977）に再録されている。

（18） United States Global Strategy Council Forum, *Terrorism : The Next Phase?*, August 3, 1993 (excerpting remarks of Yonah Alexander, Senior Fellow, U. S. Global Strategy Council).

（19） Weiner, The C. I. A. Seeks Out Informers on Terrorism, and Finds Them, *N. Y. Times*, September 6, 1996, A2.

（20） 一九九三年十一月十九日のシカゴ・エグゼクティブ・クラブにおける演説の中で、当時のＣＩＡ長官ジェームス・ウールジー（James Woolsey）は次のように述べた。「ＣＩＡは、我々の友人・同盟国の諜報機関の多くが従事しているような仕事、すなわち国内産業の利益のために外国企業をスパイすることはしない。」

謝辞

この研究はアメリカ平和協会（US Institute of Peace）の勧めに従い、またその助成を得て書かれた草稿にもとづいて、これをさらに発展させたものである。われわれは、また、平和協会の会議の出席者の方々からいただいた多くの意見から多大の示唆を得た。さらにマーヌッシュ・アルサンジャニ、マイレス・マクドゥーガル、アンドリュウ・ウィラード、ブラッドフォード・ウェスターフィールド、ジェームズ・ネンザ、ロバート・キンボール、ウィリアム・オドム、ウィリアム・コジーンから頂いた貴重な意見に感謝する。シェリル・デフィリポには、草稿の最終段階までお手伝いいただいた。

マイケル・リースマンは、一九九〇年にベルリンにある高等研究所（Institute of Advanced Study）の特別研究員をつとめたが、その期間中に本書の多くの部分が書かれた。その際、研究所およびその図書館員から頂いた多くのご助力に感謝する。リースマンは本書の前半部分の下書きを用いて、ベルリン自由大学およびビュルツブルク大学で講義をした。イェール大学ロー・スクール図書館およびシーリー・マッド・コレクションもまた大いに活用した。

草稿の実質的な部分が書き上がった段階で、ジェイムズ・ベイカーは国務省の法律顧問室に受け入れられた。本書の中で述べられている見解はわれわれ著者の個人的な見解であって、いかなる意味でも国務省あるいはイェール大学を代表するものではない。

尚、本書において、次の論文からの抜粋が加筆修正のうえ使われた。すなわち、M. Reisman, No Man's Land : International Legal Regulation of Coercive Responses to Protracted and Low Level Conflict, 11 *Houston Journal of International Law*, p. 317 et seq.（Spring 1989）である。

国家の非公然活動と国際法——秘密という幻想

目次

序

本書の中心的な部分は、もともと、低強度戦闘（low-intensity warfare）に関するアメリカ平和協会（Institute of Peace）の会合に提出された討議用のペーパーとして書かれたものを土台にしている。この会合が開かれた時期は、たまたまリビアのラブタの化学兵器プラントで発生した不審火（人によっては神の御業と呼んでいる）について報道された数日後であり、またイラクの核開発が明らかになる数週間前であった。後からの報道で、この火事はリビアの化学兵器製造に関して高まりつつあった国際的な関心を沈静化するために、カダフィ大佐自身がこれを演出した可能性があるとされた。一方サダム・フセイン大統領はイラクの核施設、生物・化学工場への攻撃に対しては報復をする旨、前もって脅しをかけていた。これら事件のすべてが、ここで扱う問題と密接かつ苦渋を帯びた関係をもっているが、またその多くが鏡に映した自分自身の姿でもあることを見せつけている。イラクがクウェートに侵入した後、ブッシュ大統領はサダム・フセインを権力の座から引きずり降ろすことを心に決めたとアメリカの報道は伝えている。

われわれがこの課題に取り組もうとしたのは、非公然活動という着想をわれわれが好むからではない。むしろそれはわれわれの好むものではない。しかし、国際政治の実情は、過去四十年間にわたり結晶化してきた数々の仮定を再考するよう学者に迫っている。これらの仮定は、生じつつある潜在的な傾向についてのわれわれの認識と評価をすでに変形させ、またこの新たな状況に対して責任ある提案の作成を阻害し始めているのかもしれない。

この問題についての最初の報告においても、またそれを改訂増補した本書の中でも、われわれは、国際政治の多様な戦略的手段を非公然に用いることが合法であるか違法であるかについて、一般的に正当とみなされるような法規則を条文の形で定式化することを目論んだわけではない。入手可能な資料からはそのような単純な解答を引き出すことはできないし、たとえ可能であるとしても、我々の政策決定に関する基本概念によれば、定式化された規則を提示することが、懸案となっている知的、法的および道徳的な問題を解決することにはつながらないからである。むしろ、我々の考察の焦点は、国際的あるいは国内的な政策の正当性がどのように主張され、実際にそれがどのような仕方で用いられ、過去の決定がどういう文脈のなかでなされ、また、いささかの躊躇はあったが、様々な非公然活動についての将来におけるありうべき姿を「当て推量」("guesstimate") してみることにあった。

法律家はしばしば「これが法だ」というように単純に割り切る。しかしそこには、過去に生じた事実と、またそうなった理由、将来何が起こるか、そして法律家が何を望んでいるかが、混然一体となって表されている。マクドゥーガルとラスウェルは、この病理を「規範的曖昧さ」(normative ambiguity)[(1)]と呼んだ。われわれは、入手可能な資料の許す限りにおいて、過去に生じた事件、それをもたらした条件や要因、将来似た状況あるいは異なった状況においてありうべき行動の予測と、共通の利益に資する規範的な調整のあり方についてのわれわれの考えとを区別しようと努めた。

様々な形態でなされる非公然の活動に関して基本的にどういう態度をとるかということは、国際法においては必ずしも明らかではないが、アメリカではそうした活動をとる広範な権限を維持することが好ましいという極めて一貫した国家政策が堅持されてきている。確かにある特定の非公然の活動をめぐって政治闘争が繰り返し行われてきているが、いずれの場合でも議会がこれを絶対的に禁止したというわけではなかった。むしろこれを制限するだけにとどまった。機会をとらえてアメリカのメディアが主導し、これを受けて議会で戦わされた改革論議は、そうした行動に関する権限を議会にもたせる結果を導いたにとどまり、その禁止を導いたわけではなかった。全国的になされた議論の中心は、非公然の活動の合法性の問題にではなく、これを監督する権限を憲法上どう割り当てるかという問題にあった。その結果、非公然活動を展開する権限を維持することがいいかどうか、また何を限度として維持するかを再考することが、ますます重要となった。

この問題を研究するにあたり、われわれは研究上の特異な障害にであった。衝撃的な大失敗に終わったいくつかのよく知られている事件をもとに、およそ一切の非公然の活動は不要であるとか、非生産的であるとか、必然的に失敗するという意見を述べる者がいる。失敗の原因は別の要因によると書かれているにも拘わらずにである。成功した活動、あるいは成功の見込まれている活動は、知られないままでいる。いくつかの報道は不完全であり、またしばしばそれ自身が「情報攪乱」の対象とされている。非公然の活動に関しては、偏執的ともいえるほどに多数の文献が出されている。そのいくらかは有益な情報を提供しているが、あるものはバイオレンス・ポルノものといった分野に属するといってもよいものである。われわれはそれと張り合うつもりもないし、暴露ものを書く気もない。また非公然の活動を擁護するわけでもない。ただ、規範的な議論を検証し、一定の仮説を提唱し、それがもつ意味を推理し、将来にむけて政策的な指針を提示するために、過去における動向を探ろうとするものである。

国際法の定立過程および法適用過程は国内法のそれとは大変に異なっており、また読者の中には法的な訓練を受けていない方もおられるかもしれないので、第一章、第二章では、本書での議論に関係する限りで、国際法体系の構造的な特色を示しておいた。非公然活動は国際法のより一般的な理論的問題である一方的行為の適切性という問題の一部である。法律家にとっておそらくこれは国際法のうちでも最も難かしい問題である。というのは、ホッブスやボダン以来、ほとんどの学者は法が強制の集権化を伴うものと仮定してきているからである。一方的行為は、公然のものであれ非公然のものであれ、特別に強い情緒的な反応を引き起こす。というのは、多くの人がそれを国際法を支持する意思の強さを測るリトマス試験紙であるかのように見ているからである。われわれは国際法を支持する。しかしそれが構造的な弱点を現在有することを認め、適正かつ合法的な一方的行為が、国際法にとっては破壊的であるよりも、むしろ建設的あるいは補完的なものであると思っている。第三章から第五章にかけて検討するように、今日のこの問題に関する動向は、われわれの見解と符合するものが多い。もちろん、容易に想像がつくように、どういう状況において一方的行為が正しいとされるかについては意見の大きな開きがある。国際法を勉強したことのある読者は、直接、第三章からお読みいただいても結構である。

もし、公然、非公然をとわず（あるいは特に非公然の場合には）、すべての強制的行動を非合法とみるのであれば、唯一問題となるのは事実問題だけということになる。すなわち、何かが事実なされたかどうかという問題である。また同様に、もし何も禁止されていないというのであれば、法的な問題は生じない。一定の状況の下では、ある種の非公然な措置をとることが適当とされる場合があるという仮説に立つとき、はじめて「何が」、「いつ」、「なぜ」、「誰により」、「誰に対し」なされ、それが「どういう結果を」もたらしたかが、重要な法的、道徳的および実際的な問題となるのである。後に見るように、アメリカの法は、ある種の非公然活動を実施しあるいは監視するための念の入った準備をしているが、それはこの最後の仮説の立場に立っている。もっとも、立法的な下地の方は整っているが、知的、道徳的あるいは法的な体制の方は、生じてくる困難な問題の多くについて公けには対処する準備ができていない。なぜそうであるかを理解するのは易しい。核兵器と同様、これらの手段はほとんど「考えられない」あるいは確かに考えることすら「不愉快である」からである。しかし核兵器と違って、非公然の活動はしばしば行なわれてきたし、今後もしばしば行なわれるかもしれない。それゆえますますその法的な考察が重要となるのである。

しかしそれら活動を考察すること自体が、平等という法原理と衝突する。アメリカ法が非公然活動を認めていることは、同様の活動を行おうとする外国政府に相応する権利を認めることになるわけでは決してない。このアメリカの制度は、世界政治においてアメリカが負っている特別の責任を基礎にしており、その責任ゆえに、他の多くの国には許されていないことがアメリカには許されもしくは要請されるとする。この相互性の欠如は、法や公共秩序に関する機能主義的な理論によっては支持されるかも知れないが、伝統的な法理論やカント的な道徳の観念と調整させることのもっとも難しい問題である。

（1） Lasswell and McDougal, Legal Education and Public Policy : Professional Training in the Public Interest, 52 *Yale L. J.* 203, 266 (1943).

第一章　問題の所在　概念と文脈

次のような仮想事例を考えてみよう。

①X国が隣国であるY国で正当に選出された政府に反対して、これをX国と同一の政治的な立場をとる指導者あるいは同一の部族に属する指導者にとって代えるために、Y国に対して「低強度の」作戦活動を行ないつつあるとしよう。この作戦活動は、ゲリラの訓練と支援、武器の供給、基地の提供および大規模な情報操作・宣伝活動からなっている。X国はこうした活動に関与していることを公式には否定しており、またもしそういうことがあったとしても、それらは「武力攻撃」(1)には至らないものであるから、Y国およびこれを支援しようとするいかなる国も、X国に対して反撃することはできないと主張しているとしよう。Y国は他の国と共同して、秘密裏に同様の手段で対抗することを検討中である。

②情報部の調査によって、X国では大規模な化学兵器(2)工場が建設されつつあることが判明したとしよう。情報部によれば、これら兵器は国内の反対派や石油産出地帯の帰属をめぐってX国と紛争中の隣国に対して使用されるかもしれないし、また必要な外貨を得るために国際市場に売り出されるおそれもあった。この問題は国際連合の安全保障理事会にもちだされたが、X国はこの嫌疑を否定する反面、依然として兵器の開発を継続している。X国はすでにさまざまな経済制裁の対象となっていたため、追加的な強制措置が事態を改善する見込みは少ない。アメリカと友好関係にある近隣諸国は、国内反米派の台頭をおそれて、X国の工場を公然と攻撃することには反対しているが、彼らはこ

の工場施設とそれがもたらすであろう事態をめぐって深刻な不安に陥っており、そのことは非公式にアメリカに伝えられていた。アメリカは同盟国とともに、この工場が操業可能になる前にこれを破壊するため空から攻撃することを検討している。しかしアメリカおよびその同盟国の内部では、X国の反体制派に爆破装置および工場施設の破壊の仕方についての情報を提供することにより、非公然な手段で目的を達成することを求める意見がある。

③染色体の構造を示す地図が明らかになり、遺伝情報のレセプターの位置も確認されているとしよう。国際刑事警察機構からの情報により、あるテロリスト集団が特定の民族集団の遺伝子特性を対象とする遺伝子兵器を開発しようとしていることが明らかとなり、いくつかの国の情報機関がこれを確認したとしよう。そのテロリスト集団が活動している地域には中央政府の実効的な支配が及んでいないため、地方政府はこれら集団に対して行動をとるよう指令もできずまた動員もされていない。NATO諸国の内部には、これら集団の研究を差し止め、その能力を無力化するための非公然の行動を要求する勢力がある。

④Y国はずっと緊急事態下にあり民主主義は形骸化している。その大統領が三週間以内に大統領公選を実施するという声明を発したとしよう。この選挙は、Y国の新憲法下での最初の選挙である。反体制陣営は十分に組織化されておらず、選挙運動を行なうための限られた能力しかもっていなかった。そこでこの陣営はA国の秘密機関に資金援助と選挙運動の専門的指導をもとめた。

⑤Z国は内戦の瀬戸際にあった。事態を収拾するためB大統領はその「憲法上の権限」にしたがって戒厳令を発布し、市民的自由を停止した。「青年改革派」と呼ばれている軍内部の集団が権力を掌握することをもくろみ、もしこれに成功した場合には、秩序を回復し、自由な普通選挙を実施すると約束した。彼らはまた、参謀総長が責任をもって文民政府への軍のいかなる介入をも阻止すると約束した。しかし彼らの約束とは反対に、参謀総長が殺害される可能

性があった。A国は、こうした情勢のなかで、彼らから資金援助の要請をうけ、また限定された情報活動の支援と武器の提供を求められた。

⑥アメリカは、情報傍受と友好国大使館からの情報提供にもとづいて、Y国が多数のテロリストの避難場所となっていることを確信するに至った。しかし同時にアメリカは、Y国政府との関係を改善しようとしているとしよう。そこでアメリカは、Y国政府との関係を改善するために、この情報を公開してY国内部の抵抗組織を形成するよりも、Y国政府にこの情報を密かに伝えて、その行動を望ましい方向に変えるように説得を試みることとした。

非公然の活動に関する国際法およびアメリカの法と政策の問題を、このように通常でないやり方で論じ始めるのは、国際政治において用いられるそれら手段が、冷戦に特有の現象であるわけではないことを最初に明らかにしておくためである。それはまた、非公然の活動のすべてが、冷戦の（主たる原因とまではいわないにしても）不可分の一部をなすものとしばしばみられてきた特殊な性向、すなわち必要以上に過剰な打撃を敵に加えたいという抑えがたい欲求が産み出す狂気を、正当化するおよそ受け入れがたい考え方を理由づけるためだけに行なわれているわけでは必ずしもないことを明らかにするためである。非公然になされる一方的行為や一方的行為の一部としてなされる秘密の活動は、ごくありふれたものである。問題の核心をはっきり浮き彫らせる上記の仮想事例のいくつかは時代遅れであるが、あるものは現在でも大いにありうるものであり、またあるものは将来も起こりうるものである。思慮深い読者は、アメリカおよびその同盟国の非公然活動を擁護する議論が、当初は説得的ではないにせよ、やがて少なくとも行動をとらないでいることや公然と行動をとることによってもたらされたかもしれない不都合な結果を回避するのに役立つことを理解するであろう。

上記①の事例は、中央アメリカや中央アジアの事例に相応するといえる。それはまた、不安定な東欧において将来起こりうるかもしれない。全体として、その道義上の問題を別とすれば、仮想事例における非公然の活動が効果的であることは認められるであろう。通常テロリズムと呼ばれる行為の防止において、古典的な非公然の活動がとられるだけでなく、公然の活動の一部として非公然の行為がなされることが当然の前提となっている。国境をまたがる犯罪が増加し、これにともなって捜査・逮捕が国際化した結果、刑事司法的な捜査活動に関する多くの仮想事例を考えることもできる。そうした活動が国境をまたいだ瞬間、それはしばしば国際的な意味で「非公然」となる。

防御と先制

これらの仮想事例はまた、非公然の活動が防御の手段としても、また先制的手段としても用いられうることを明らかにしている。最近では、非公然の行動についての関心の焦点は、泥沼化した低強度の紛争において、敵対当事者自らあるいはその代行者が、非公然の手段を使用した場合に、これに対して反撃することがどの範囲で適正とみなされるかという問題に集まっている。この種の非公然の行動は、通常、「彼ら」（その時々に誰がこの「彼ら」と名指される邪悪な行為者であるかは異なる）が、アメリカおよびその友好国（これもその時々で異なる）を対象として行なう何等かの行為と定義される。それゆえ、アメリカでは、道義的にも戦術的にも、非公然の活動は基本的に防衛的な問題としてとらえられている。しかし仮想事例が示しているように、非公然の抗争についての法的問題および道義的な混乱の解決のためには、国際的にも国内的にも、防衛的な文脈においてだけでなく先制的・活動促進的使用の文脈での検討が必要である。

アメリカの政策

アメリカが防御的あるいは先制的・活動促進的な非公然の活動についての法的あるいは行政的な法律の規定をもっていることは秘密でも何でもないし、また最近の大統領の多くが、そうした手段を行使する権能を国家が有することを公然と表明してきている。一九七四年九月一六日の記者会見において、フォード大統領は次のような質問を受けた。

「いかなる国際法により、われわれは憲法にしたがって選出された他国の政権を不安定化する権利をもっているのですか。ソ連もまた、たとえばカナダあるいはアメリカの政府を不安定化する同様の権利をもっているのでしょうか。」

フォードはこれに対して次のように答えた。

「私は国際法がそれを許容しているかあるいは授権しているかについての判断に立ち入ろうとは思わない。これまでもまた現在でも、そうした活動が関係する各国の最大の利益を確保するためにとられていることは、十分に認められている事実である。」

アメリカ国際法学会の理事長であったセイモア・ルービンは、この発言をもっと明確にするよう大統領に書き送った。大統領はこれに応えて次のように述べた。

「私はあなたが国際法に関する私の見解を正確に理解していると認めます。私の意図は、アメリカ政府は国際法を遵守しなければならず、法が適用されるおよそあらゆる分野において、国際法の実効性を強めるために努力すべきであるということにあります。(3)」

他の大統領も同じような声明を出している。レーガン大統領は「非公然の行動をとることによって国家の利益がもっともよく達成できると大統領が考える場合には、国家にはそうした行動をとる権利があると確信している」と述べている。(4) さらに、あの忌まわしい人質事件の救出作戦において、カーター大統領はその作戦行動の意図を秘匿し続けたが、そのやり方からみてその政策がより露骨で軽率ともいえる他の先例あるいは後の事例と連続線上にあるもののように思われる。第六章で考察するように、非公然の活動をめぐって時に応じて議会が表明した非難は、大統領が非公然の活動を行うことを禁止しようとしたわけではなく、一般にそれら事態に関するより多くのコントロールを、行政府から議会に移譲させることを目指したものであった。

多くの同盟諸国あるいは敵対する諸国の国内政治体制はわれわれの国ほどにはオープンでないため、立法府による同様の監視があることを立証する資料は乏しいが、そうした監視はおそらくどの国でも行われているものと思われる。[5] 立法府による監視の制度がなく非公然の活動が議会においては審議されない場合でも、非公然の活動が必要とされる事態が生じた場合には、いずれかの非公然活動の手段を対外的に用いることを承認する他の手続きがあるはずである。その意味で、アメリカおよび各国政府による現存の国家的決定は、問題を単なる全くの仮想事例以上のものにしている。その結果、この問題についての研究が、現実にとられている政策の評価および将来の政策立案にとって有意味であるためには、非公然の活動で用いられる各種の戦略的な手段の範囲に関して、どのような場合にそれらの手段が防御的あるいは攻撃的に用いられうるか、またその手続きがどのようなものかという国際的あるいは国内的な法政策を検討しなければならないと思われる。

防御的および先制的双方の側面における非公然の手段を検討することは、それが将来使用される可能性があり、そうした両面での国家の能力を発展させておくべきであるとか、特に、無条件にそうすべきであるというようなことを意味しているわけではない。またそれは、一般にアメリカが「友邦」としている国の政府によってとられた非公然の活動の一々について、その合理性を説明したり道義性を擁護したりする負担を引き受けようとするものでもない。これまでも大失敗の事例は生じたし、将来も生じるであろう。また過去においても将来においても、非公然の活動にはそれなりの費用がかかる。しかしこうした事実は、福祉計画や外科手術と同様に、政府自身についてもあてはまることであり、非公然の活動に反対する理由にはならない。もちろんわれわれは、双方の側面を取り上げて検討すること自体が、非公然の活動の広範な利用を擁護するための議論であると受け取られてしまうことをおそれる。逆に、非公然の活動のいずれかあるいは双方の側面を学問的な検討や政治の主題からはずしたからといって、こうした手段の使用という問題がなくなるわけではないのである。たとえある政府がこれら手段をとらないことにしたとしても、他の政府はそうはしないかもしれない。それゆえそれが国際法上合法であるかという問題は依然として残るのである。ここで言おうとしているのは、非公然の活動の問題は一時的、断片的あるいはもはや古臭くなったものでは決してなく、公然の活動がそうであるように、責任ある決定者にとって依然として政策的、戦略的な課題であり続けるということである。

簡単に問題の所在を述べておこう。将来の国際社会について、一定の目標の正当性あるいはしばしばその合法性をめぐる広範な合意の存在を予定する多くの構想が提示されているが、それに至るために使用される一部または全部の手段が非公然のものである場合には、アメリカにとっても、またそれら手段が行使される相手の国あるいはその他の第三国にとっても、生命の損失、物的損害、社会的・経済的な混乱という意味での費用はかなり少なくて済むであろう。たとえば一九八九年一〇月にパナマで生じたノリエガ将軍の権力の座からの追放の事例を考えてみよう。それは国外から秘密裏に支援を受けたものではあったが、国内のイニシアティブでなされたクーデタであった。これにより同じ目的で一二月に最終的な解決のために行なわれた全面的な軍事介入までの間、破壊的な経済持久戦が回避され、パナマ経済の崩壊が押し止められたのである。

こうしたことは、パナマにおいてであれ他のどこにおいてであれ、事実問題としても法律問題としても、それ自体で非公然な強制力の行使を正当化するものであるわけではない。実際、パナマにおいて模索されたといわれている政治構造の変革が、一部のエリートの排除や信奉するイデオロギーの変化によって達成されえたかどうかは怪しい。その目的が何にあったにせよ、それら手段の合法性に関する結論は、異なる戦略のもつ効率を費用対効果から考慮した上で、さらにより広い政策的な考慮に基礎づけられている。秘密性はしばしばそれら活動を実行する国家機関にとっては都合がいいが、とりわけ特定の行動の決定がなされる過程に参加を要求し、事実が発生した後にこれを検討し責任を追求しようとする民主的な原理との関係では、相当に大きな政治的な費用を要するという重荷を背負っている。ベイッが指摘しているように、秘密裏になされる行動は、邪悪な魅惑をともなう。つまり、白日のもとで思量されないような事柄は、後ろめたさをもって計画されかつ実施される。(6)

評価の困難さ

一般の人々が秘密工作ないし非公然の戦争という言葉をきいたときに想像するのは、特定された標的をねらう孤独な暗殺者とか、いずれかの政府の特殊部隊が他国領域に侵入し、軍事作戦を実施し、速やかに撤退する場合で、それが何者でありその目的が何であるかについて、それを差し向けた政府以外は、侵入を受けた国もその他の政府も、また公衆も、何も知らされていないような事態であろう。

きわめて単純な法の観念しかもっていない人々にとっては、そうした作戦活動を現代国際法に反するものとして非難することは簡単なことであり、また非難する以外はありえないことのようにさえ思われている。過去においてそれは常にそれほど簡単なことというわけではなかった。それは一つには、第三章で検討するように、一九四五年以後の世界において戦争と平和という伝統的国際法の二元的な区分が曖昧にされてしまったことによる。心理的に、またしばしば事実上も、冷戦は完全な意味では戦争でも平和でもなかった。確かにもし冷戦が本当に終結したのであれば、そうした作戦行動を速やかに非難することが容易になるかもしれない。しかし国際政治の一般的な状態が緩和されたとしても、特定の国家と国家との間では、第二次大戦後の凍てついた時代に匹敵するような、異なる体制をめぐる小規模の冷戦が依然として戦われ続けることもありうる。

即断して非難することは、合法性の評価基準そのものが変化することによって、かえってもっと難しくなるかもしれない。問題となっている非公然の活動が、単に武装した特務機関が国境をこえて侵入したという程度の限定された活動である場合でも、現代国際法が多様化し、さまざまな新しい正戦論が登場し、またいわゆる対抗措置という粗雑な法理が導入された結果、その合法性の評価はより複雑になってきている。

非公然の活動という概念で捉えられるものの全体を考慮する場合には、合法性の評価はさらに難しくなる。たとえば公然の軍事力の行使に先立つ幾多の局面を非公然活動の一部をなすものとみることができる。これら局面のあるものは秘密裏に実施できるし、あるものは秘密裏にする以外にない。非公然の活動という概念が広義のものであるため、特定の局面においてそれら手段を利用することが合法であるかどうかの問題は、たとえ他の局面については判断が容易である場合であっても、全体としては複雑化する。

非公然の活動についてのありふれた観念に暗黙のうちに含まれている前提、すなわち国家間の関係のみを規制の対象とすれば済むという仮定は、今日において多くの非公然の活動が、国内的あるいは国際的なギャング集団の私的軍隊(7)、場合によっては領域的な基盤をもちその目標を達成するために軍事力を行使するその他の非政府的な団体を対象に実行されるという事実を無視することになる。非公然の活動の合法性に関する判断基準を領土保全または政治的独立に対する武力の行使を禁止する規範から導きだす考え方は、これら類型に属する非公然の活動には本質的に適用できない。しかしこのことは、法規制の存在しない真空状態が存在するとか、この種の非公然の活動がそのものとして合法であることを意味するわけではないという点を再確認しておく必要がある。そうではなく、それが意味しているのは、合法性の評価が、常に馴染みのある国際文書から導きだされうるわけではないということなのである。

非公然活動の内容

非公然の活動、秘密工作による戦争、秘密の戦争といった用語には、学者によりあるいは一般の評論家によりさまざまに異なる定義が与えられていることが以上で明らかになったと思う。一般の人々が戦争ときいてすぐに思い浮べるのは、大規模な人命の損失と破壊をともない暴力の専門家によってなされる強度の強制力の行使を含む「熱戦」(hot war) であろう。一歩離れたところからものを観察する学者からみると、こうした一般人の戦争像は複雑な戦争システムの一部しかみていない。戦争システムのなかでは、双方の敵対者が、あるいはまた多様な潜在的な戦時共同体の構成員が、政治決断を実現するための決定的な要因となると思われる軍事力の諸変数を平常時においても考慮しているのである。すなわち戦争の準備、兵器開発、兵力の事前配備、訓練、動員、同盟の締結およびこれらすべての要因を背景とした相手側との交渉などにより、自分の側の軍事力にものをいわせ、あるいは相手方の軍事力を無力化しようとしているのである。これらの要因に共通の尺度があるのであれば、関係当事者が相互の力関係の現状を計測することができ、したがって公然たる暴力行使に訴えることなく紛争を調整することができることになる。

公然の暴力行使が開始されるに先立ってなされる活動のすべての局面は、暴力を回避することにとっても、また暴力行使がどのような結果をもたらすかということにとっても決定的である。それゆえ両局面は相互に密接不可分のものとして存在しているのである。それは行為者の目的が侵略にあるのか現状維持にあるのかにかかわらないし、また行為者が、それまでコントロールを受けていなかった他の行為者あるいは資源に対して新たにコントロールを及ぼそうとするのか、あるいは現に存在している仕組みを単に保持しようとするだけであるのかにもかかわらない。

これら局面のなかのいずれの行為に「非公然」という語を当てるかは、だれがこの語を使用するか、またそれがどちらの局面について使用されているかによってしばしば変化する。ある場合には、その対象となった国も第三国もその活動についてまったく気がつかないで終わってしまう。たとえば、敵方の兵器開発過程や戦略計画過程への浸透や前面防空配備に関する情報の取得は、相手方がそれを知らないでいる場合にのみ有効である。これらの活動は、もしその後暴力行使の局面に立ち至った場合には、その結果を大きく左右するかもしれないし、それゆえ非公然の活動の一要素として考察することを要する。こうした非公然の活動は、主義主張に基づいてあるいは経済的な理由で自発的にこれに身を投じる人々を刈り集めて行われるかもしれない。それはまた、家族に対する危害を含む脅迫を特定の個人に加えたりあるいは恐喝するという形で、相当に高度の強制を加えて実行されるかもしれない。

強制は軍隊に特有のものであるわけではない。相手方の選択肢を限定するという意味においては、それは経済的、イデオロギー的（エリート支配に対抗する手段としての一般人への情報伝達）、外交的（エリート間）および軍事的といったすべての政策手段のなかで使われる可能性がある。これら政策手段のそれぞれを通じて、強制的な行動が非公然になされうるのである（表1参照）。

事実概念としての「非公然」性

これまでみてきたように、「非公然」という語はさまざまな意味で使われ、また固定した概念規定を拒否しているように見える。それは事実について語るための概念であると同時に、これらの活動を一般的かつ絶対的に否定する立場

■（イデオロギー的非公然活動）

所属を明示した放送（ホワイト・プロパガンダ）
所属を明らかにしない放送（グレイ・プロパガンダ）
所属を偽っての放送（ブラック・プロパガンダ）
技術支援（装備及び専門家）
電子的対抗措置（ジャミング）
情報攪乱
ジャーナリストと新聞の買収
マインド・コントロール
利益集団への浸透・潜入
外国マスコミの直接所有および運営

■（外交的・政治的非公然活動）

公然の情報収集
機密情報収集
　盗聴
　技術的収集
　押し込み・侵入
間接的行動
　選挙計画
　　政治的助言、選挙運動の技術的支援
　　財政的補助：対象　マスコミ、レポーター、政党、候補者、情報提供者、労働組合、学生
　クーデター支援
　政策への影響行動
　　脅迫と策略（罠）
　　経済的政治的脅迫
　暗殺
直接行動
　助言
　外国における資金調達
　秘密外交
　利益集団への潜入
　裏の政策指示
　暗殺

表1　非公然活動—戦略別の例

■（軍事的・準軍事的非公然活動）

機密情報収集

盗聴　　人工衛星による探知　　物理的探索

間接的行動

助言

諜報活動支援

外国への武器販売・無償供与

消極的助言（マニュアルの提供）

積極的助言（アドバイザー派遣、訓練）

心理作戦

非正規軍・反乱軍に対する空からの補給

代理侵略

直接的行動

軍事機器等の回収　物理的探知　心理作戦・情報攪乱

予防検束　庇護　強制的身柄引渡　人質行為

地雷敷設による遮断　爆弾テロ　暗殺　急襲

サボタージュ　侵入

■（経済的非公然活動）

機密情報収集

盗聴　人工衛星による探知　窃盗

産業スパイ（「友好的」「非友好的」アクターによる民間組織および政府機関の機密スパイ）

虚偽国旗掲揚船舶による迂回輸出

匿名による財産の所有

情報攪乱

情報システムへの侵入及びその破壊

通貨不安の惹起

裏筋からの制裁

の人々にとっては、事実についての法的評価を表した概念である。その意味で、それは今や「規範的に曖昧な」概念となっている。事実に関する概念としてみる場合には、「非公然」という語は、いずれかの当事者（必ずしも相手方というわけではない）がその事実を知らされないままにある行動がなされることを含んでいる。「非公然」という語が法的評価を表すものとして使われる場合には、それは非公然の活動そのものおよびそれが遂行されたやり方が違法であることを意味することになる。

「規範的な曖昧さ」は、短絡的な評価を導く点でまさに病理的である。権力分散の中核的な契機としての公開性を重視する制度化された民主体制においても、一定の非公然の慣行が規範的に悪とはみなされない場合がある。たとえば連邦準備委員会によるある種の決定は、アメリカはもちろん他の諸国にとっても政治経済的に多大な影響をもつ。しかしその決定は極秘になされ、事後的にあらわれた効果から何らかの決定があったことを推察できるにとどまる。同じことは国際的にもG７諸国（アメリカ、カナダ、イギリス、フランス、ドイツ、イタリア、日本）の全部または一部によってなされている。通貨の切り下げに関する民主政府の決定もまた、完全な秘密を守ってなされる。これら本質的に「国内的」な活動も、外国政府に甚大な影響を及ぼす。しかし、少なくともこれまでのところでは、それが秘密裡になされることで国際法違反であるとされたことはない。

科学の立場からいえば、事実としてなされる多様な活動を言い表わすのには別の用語を用い、「非公然の活動」という語はもっぱら違法とされる活動についてのみ用いるようにした方がより正確であろう。しかし用語の通常の意味をできるだけ保持することにも、それが注意深く使用されるのであれば、十分な理由がある。そこでここでは「非公然の行動」あるいは「非公然の活動」という語を用いるが、それはもっぱら事態を表すものとして用い、その合法性の評価を含まないことにしたい。

誰に秘密にするか

ある国際的な行為は、それを実施する者もそれが向けられた者もその事実を知っていながら、なお非公然になされうる。ある場合に秘密が保持されるのは、一旦開始されれば元には戻れない計画を選挙民の目から隠しておくためである。他の場合には、事前の行動を隠しておくことを、いずれか一方あるいは双方の政府がもとめる。この場合には、双方の合意により秘密が保たれる。情報の提供あるいは政治的、軍事的助言の提供は、それを受け取る側にとっても、与える側にとっても、もしそのことが周知になればその権力基盤を弱めることになる可能性があるために秘密にされる場合がある。過去数十年にわたるアメリカとサウジアラビアとの関係が想い浮かぶ。しかしこうした協力は防衛的なものだけであるわけではない。たとえば、まったく仮想的な例として、イラン・イラク戦争においてアメリカがイラクの空軍を強化することが国益に合致するものと判断したとしよう。そのためアメリカがバグダッドに軍事顧問を派遣し、攻撃目標の分析その他の助言を通じてイラク軍を援助する場合、両政府にとってこうした活動をできるかぎり秘密にしておくことがもっとも便宜であることとなろう。

秘密の効用

秘密を保持することが活動の成功にとってしばしば必要とされる場合もあるし、特に予想される費用の問題が作戦を実行するかしないかの決定を左右する主要な要因になっている場合には、少なくともそれは作戦活動の費用を相当に減少させる要因となる。秘密保持に反対する人々は、しばしば完璧な秘密というものはありえないし、ほとんどの場合、その対象国は計画されつつある事柄を察知していると批判する。ある意味ではこれは真実である。しかし政策決定者が当面する主要な問題は、しばしば、情報が入手できないということではなく、さまざまな確度の情報が多すぎてそのどれを正確なものと判断するかにあるということが見過ごされている。計画中の多くの「非公然」の活動についての報告がなされるであろう。通常問題になるのは、どれが本当の情報であるか、さらにどれが実際に実行されそうであるかという点にある。[8]秘密性と情報の不確定性は相手国の不安感を増大させ、偶発事態への準備を困難にしまた費用のかかるものとする。こうしてそれは理論上、活動の成功の見込みを高めることができる。また状況によっては、それは敵方の先制攻撃とまではいわないとしても先制行動の可能性を高める場合がある。非公然の活動が一般に予想される場合には、それは紛争の可能性を高める要因ともなる。

秘密の費用

多くの場合において秘密の効用があるにしても、それには不都合な点もある。秘密の行動決定に関しては権力の分散ではなく制限の問題が生じるが、この問題をひとまずおいても、ある計画を詳細な批判的検討の対象から除外することは、欠陥を内在させている活動を野放しにする可能性をもつ。ブランダイスが言ったように、太陽は「もっともよき殺菌剤である。[9]」公開性は欠陥の所在を指摘し、それを修正しあるいは初期の段階でその計画を打切りにする。この点で秘密は、民主体制であるか権威主義体制であるかを問わず、体制の機能不全を惹き起こす可能性を高める。

民主体制においては、目標を達成するために秘密がもっている効用は権力の集中排除の要請と対立する。たとえ秘密保持が社会的および法的に正当な理由のためになされる場合であっても、それはそれら活動について知ることを拒否されたすべての人々の参加の機会を制限するという結果を当然にともなう。こうした秘密性の欠点にもかかわらず、民主体制は秘密の必要性に自らを適応させてきており、政策遂行の効率性と権力の集中排除の要請とを均衡させるような規範的な制限の基準を確立しようとしてきている。アメリカにおいてこの両者の調和がどのように図られようとしてきているかについては、第六章で検討する。

国際政治および国際法においては、制度化された手続きが役割をはたす余地がまだ少なく、またほとんどの決定が一方的に強制されるため、権力分散の価値にはそれほどの重きが置かれていない。それにもかかわらず、秘密の保持が受け入れがたいとされ、法と政治の要請として、少なくとも非公然の行動の対象となる国に事前に通報し、その国が行動を修正するならば、計画されている価値剝奪を回避する可能性が与えられなければならない場合があるとされている。懲罰行動の最大の犠牲者は一般の市民であり、彼らがそれら犠牲を惹起した行動について何らかの役割を果たしたわけでもないことを考慮すれば、事前の通報は確かに人道に合致する。第五章でより詳しく検討するように、強制力をともなう対抗措置については、それらの措置が合法的に行使されるためには、それに先立ち相手方に対して適当な警告を発することが求められると一般に考えられている。こうした要請は明らかに、非公然の対抗措置に無制限に訴えることを擁護する議論を制限するものである。

非政府行為主体

国際的な場の構造変動は、非政府的あるいは非領域的な行為主体が、自らの目的を達成するために国境を越えて軍事力を行使し、場合によっては戦略的な手段を用いる能力を獲得することを促進した。これら活動は、暗殺やサボタージュといったように、その性質上非公然になされるものが多い。これら活動に対する政府の側の対応は、防御的であるか先制的であるかにかかわらず、しばしば非公然であらざるをえない。麻薬の生産者および輸送者、あるいは国境を超えて組織される犯罪グループに対する作戦行動は、概ね非公然になされる。同様に、独立のテロリスト・グループに対する作戦行動も、時に応じて非公然になされなければならない。領域を統治する政府の支配が実効性を欠いている場合に、対象となる非政府的行為主体がその領域内で活動している場合には、作戦行動の成功のためには、領域国政府がすでに浸透を受けてしまっている以上、その政府の協力を求めてはいられない場合がある。

地球的場の変動

今日にいたるまで、非公然の活動を含む武力行使に関する慣習的な国際法は、国際システムの主要な行動主体の共通の利益に資するものであった。第二次大戦後に確立されたそのシステムの基本的構造が変化しつつあることは疑いの余地がない。第二次大戦後にその力を厳しく縮減された主要な行為主体が、以前において享受していた地位の回復を要求し始めている。脱植民地化の過程を生き永らえた最後の主要な帝国も、現在、消滅の過程を歩んでいる。西欧においては、その関心と利用可能な対外援助基金の対象が、いわゆる第三世界から東欧へと変化している。同時に、これまでソ連の帝国主義支配のもとにあって抑制されていた東欧と中欧の間の対立やそれぞれの内部での潜在的な対立が、再び数多く発生しはじめている。西欧の資源が第三世界からこれら地域に行き先を変え始めたことは、第三世界のなかにおける緊張の発生を高める可能性がある。

次の数十年の間における国際システムの将来の姿は、中小規模の行為主体の内部あるいは相互の間での伝統的な暴力手段による闘争によって特質づけられる可能性が高い。これら紛争が、直接にあるいは資源のコントロールや市場へのアクセスの変化を通じて、主要な行為者の間の力の均衡に影響をおよぼすおそれがある場合には、その結果が国益を侵害する差別的なものとならないよう影響力を行使するために、公然あるいは非公然にさまざまな政治的な努力がなされるであろう。要約していえば、地球的規模において超大国間でのある種の調整がコンセンサスとして図られたとしても、非公然の活動が広範に行われることを阻止することにはならないのである。

（1）武力攻撃の用語の法的意義に関する議論については、第四章参照。

（2）ここでの議論においては、生物兵器あるいは核兵器の生産に置き換えてもよい。

（3）Pub. Papers, Gerald R. Ford, 156（Sept. 16, 1974）；セイモア・ルービン対するフォード大統領の応答の抜粋については、M. McDougal and W. Reisman, *International Law in Contemporary Perspective* 1022（1981）を参照せよ。

（4）*N. Y. Times*, Oct. 23, 1983, at 19.

（5）外国における立法府による監視に関しては、第六章、注（49）参照。

（6）Beitz, Covert Intervention as a Moral Problem, 3 *Ethics and International Affairs* 45（1989）.

（7）Reisman, Private Armies in a Global War Systems : Prologue to decision, 14 *Va. J. Int'l. L.* 1 (1973).

（8）例えば、*Report of the Department of Defence Commission on Beirut International Airport Terrorist Act*, Oct. 23, 1983（Long Commission）63-66, 136（Dec.20, 1983）；R.Spector, *Eagle against the Sun*（1985）；R. Wohlstetter, *Pearl Harbor : Warning and Decision*（1962）を参照せよ。

（9）Brandeis, *What Publicity Can Do, Other People's Money* 92（1932）（first published in *Harper's Weekly*, Dec. 20, 1913）.

第二章　国際法の基本法決定過程——規範の定立とその適用

法という言葉により、われわれは、社会システムのなかで政治に携わっている者が共有している期待を意味する。それは個々の具体的状況において、何が、権力の配分や行使について、また、特定の望ましい価値の生産とその配分について、あるいは事のすすめ方についての、正しい方法であるかに関して、彼らが共有している期待のことである。こうした期待は、政治的行為者達によって正しいとみなされているという意味で「権威的」(authoritative) であり、期待を抱く行為者達自身が政治的に力を持っているが故に「実効的」(controlling) である。

「法」を上述のような意味で使うといっても、必ずしもその法が表現している「政策」に共鳴することを意味しない。学者という批判的立場からの観察者は、権威づけられた特定の規範が、かれら自身の見解あるいはいずれかの道徳体系と一致しないことをしばしば見いだすであろう。実際、現に準拠されている法の背後にどういう政策があるかを確認することは、その政策を変更する方向への動きを助長するかもしれない。また著述家のあるものは、「法的」と性質づけられるものであればその内容を問わず、これにより高次かつ不変の権威を与えているが、われわれはこうした法の自然主義的あるいは超経験主義的な観念に抵抗し、そこに含まれている政策に賛成するか否かにかかわらず、法を権威的かつ実効的 (authoritative and controlling) な政策としてとらえる方が、研究者としても、また法理学的観点からみても、より正確であり、現実政策の観点からみて、より実効的であると考える。

このように理解された法は、なんらかの擬制された観念的存在を分析すれば、そのすべてが明らかになるというようなものではない。法は、公式あるいは非公式の多くの行為者によって権威と権力が行使される複雑な政治過程において、これに参加する人間により、作られ変化させられるものである。役割分担の制度化が確立している安定した国内体制にあっては、社会における法の中核的な部分は立法府によって作られる。法令集は何が法であるかについての信頼できる典拠となる。これに対して国際政治および国際法の体制は、きわめて不安定であり、また制度的な役割分担もそれほど実効的なものではないので、何が法であるかを確定することはそれだけ困難な問題となる。

国際法は伝統的に、実効的な行為者の明示の合意および慣習的実行によって作られるものと言われてきた。この見方は、国際法を法典にまとめようとする作業が、どんな場合においても、実効的なエリートのもつ期待と極端に乖離してしまうことを防止するという利点をもっていた。しかしこの見方には次のような短所があった。それは第一に、条約の形式に仕立て上げられている限り、それは法を表示するものとしてあり続け、少なくとも条約が締結された時点におけるのとまったく同じ程度に何が法であるかを表示し続けるという仮定を当然のものとしていることである。第二は、複雑でしばしば相互に矛盾する慣行の流れから慣習的な期待を抽出するやり方にある種の不明確さがあることである。

伝統的な見方は、公式の国際行為者は彼らが権威的かつ実効的であるとみなす政策を表現しようとする場合には、必ず協定という形式を用いるものだということを仮定してきた。二〇世紀において、事実によるその裏付けがなくなったにもかかわらず、この仮定は維持されてきている。この章の後半で検討するように、多くの国家は様々な理由から、国際会議のような場において、日常的に、彼らが熱望する規範やその短期的政治判断を、協定という正式な用語を用いて表明している。実際、一定のあまり質がよいとはいえない「立法もどきのやり方」(legislativistic style)(1)が、国際社会の政治的意思疎通の多くを特徴づけるようになってきている。しかしながら多くの学者は、これら増大し成長しつつある意志伝達の多様なあり方についても、伝統的な手法をそのまま適用し続けている。それゆえ彼らのいう意味での「国際法」がますます多く見いだされるようになるものの、その多くは現在のシステムにおける政治的に重要な行為者の期待と一致しなくなってきている。また同時に、慣行の流れのなかから慣習法を抽出するというもともと非常に正確さを欠く手法は、それぞれがまた多くの行為者からなる一六〇以上の国家の行動、しかもしばしば記録がなくあるいはその記録を手に入れることが難しいそれらの行動を考慮しなければならなくなったことから、その適用がますます困難になってきている。

こうした複雑な事態の展開は、国際法学に困難な課題をつきつけている。学者の中にはそうした問題に正面から取り組むことを回避して、国際司法裁判所規程第三八条を[2]、何が国際法であるかを発見するための唯一絶対の根拠と主張しつづける者もいる。しかし第三八条の規定は、裁判合意において選択された法を示す条項であるにすぎず、それが権威的なものとして機能するのは、あくまで特定の紛争を裁判所に付託する二国の合意がある場合に限られる。たとえ第三八条を国際法の「法源」に関する一般的な規定ととらえたとしても、決定のもっとも重要な段階において、なお依然としてそれら法源が重要な行為者の期待を表現しているかどうかという問題が残されている。

国際システムのなかで政治的に重要な行為者がどういう期待を現にもっているかを評価しあるいはその評価を常に最新のものにするために、多くのこれに代わる手法があみだされてきている。それらは特定の事例（incidents）からそうした期待を見いだしたり[3]、あるいはコミュニケーション・モデル[4]の適用を通じてそうした期待を抽出しようとしている。どのような手法が用いられるにせよ、われわれが関心をもっている国際法は、それを作り出した政治的かつ法的な過程及び、それが形成された社会的文脈（context）と照らし合わせることによってのみ、部分的には不明確な点が残るにせよ、また、理性が対象の曖昧さをぬぐいさる限度においてではあるが、理解されうるのである。

そして、先にのべたように、どのような手法が用いられるにせよ、過去に何が起こり、それがどういう条件のもとでそうなったか、またその後どういう条件の変化が生じ、将来の可能な決定の選択肢の範囲にどういう変化がもたらされたかという点をそれぞれ区別して見極めることが、常に重要である。とくに決定がなされる全体的な状況に急速な変化が起こっている時期においては、過去の決定が将来も繰り返されるであろうということを仮定すべきではない。

1　国際法定立における基本法改変の試み

およそいかなる集団においても、それが社会組織のいずれのレベルのものであれ、日常的な選択にはあまり関係なく、むしろ決定を作成するための基本的制度を確立したり、長期にわってこれを維持することに主として関わる決定過程を識別することができる。この決定の過程は正式の憲法のなかで規律されることもあり、それらの文書は、そうした決定の現実のなされ方と、期待されている決定のなされ方との間の不一致を最小限にするよう機能している。しかし、そうした文書が存在しなかったり、たとえ存在したとしても決定過程がそれら文書によって記述されている文面以上に流動的である場合がしばしば生じる。この過程は「現在進行中の基本法決定の過程」(ongoing constitutive process)[5]として把握するのが最も適切である。国際的な基本法決定過程においては、他のすべてのレベルの決定過程におけるのと同様、行為者は彼らの共通利益に合致するような制度を形成するために、彼らのもっている正当性に関する権威と実効的規制力を駆使する。基本法決定過程は、権力に服従することでも、また法が権力を上から抑え込むことでもない。それは両者の調整の過程である。

国際連合の設置はこうした基本法決定過程の結果として達成されたものである。国連の公式の構造のなかで、当時における権力の配分のあり方が再確認され強化されている。憲章は安全保障理事会に決定的な権力を割り当てるように起草され、またそれら決定的な権力を行使するような事態が生じた場合には、安全保障理事会の常任理事国すべての同意を要するものと規定している。しかし当時のエリート諸国が合意し、憲章が世界政治の中心に据えようとしたこの基本法の取り極めが、国際連合の歴史のごく初期の段階ですでにうまく機能しないものになっていたことは明らかである。

このエリート間の合意は、たとえ一度はそうした合意が現実になされたとしても、その合意を記した文書のインクが乾くか乾かないかのうちに、ソ連と他の常任理事国との間にはもはや実体としては存在しなくなっていた。この文書の起草者達が意図したように安全保障理事会が利用されたのは、実に一九九〇年になってクウェートへの侵略に対する対応がとられた時が初めてであった。最初はアメリカの主導のもとに、また新独立国家が大量に加盟国となった後にはそれら諸国の主導のもとに、総会は徐々に、起草者たちが総会に割り当てようとした役割とは異なる、より広範な役割を引き受けるようになっていった。総会は、ますます、法定立的な任務に関与するようになり、また総会の多くの構成員は、ますます、世界の多数の国家が集まる国際会議場においてそれらの国家が一致して表明した見解が、国際法ではないにしても、国際法の証拠となるということを当然のこととみるようになった。一九七五年以降、国際司法裁判所は、自らの役割をめぐる政治的状況および基本法の変化を理由に、こうした考え方を支持するようになっている。(6)

過去四〇年間において、ヨーロッパの各帝国は最後のものを残してすべて崩壊し、それにともない百以上におよぶ新国家が創設された。それら国家のほとんどは、植民地主義と低開発という共通の経験をもっていた。総会において多数を占める新興諸国は、当時のソ連圏諸国および西欧諸国のブロックと比べて弱体であったが、総会の組織構造を利用した数における優位を後ろ盾としながら、彼らの希望を法に反映させることを目指し、彼らの発展を加速しまた彼ら独自の政治的目的の成就を達成する方法として国際政治を利用しようとした。

この時期が、過去についての認識と将来への希望という点で極度に異質な立場の併存によって彩られ、この異質性がほとんどすべての法定立活動に反映されているとしても驚くにはあたらない。多様な自己認識のあり方、人民が価値を認めるものすべてについての将来における生産と配分をめぐる多様な要求、過去および将来に関する多様な期待のあり方は、その時々における事例、とくに紛争を含む事例において、合法性についての根本的に異質でまたしばしば相対立する評価をもたらした。このことはアラブ・イスラエル紛争の評価をめぐってきわめて劇的な形で現われているが、過去数十年の間のおよそあらゆる主要な紛争についても同様のことがいえる。

これらすべての事態の展開が、国家が他国に対して影響力を行使する手段に関するほとんどすべての法を、国際議会とでも呼びうる場での野心的な立法計画を通じて変更しようとする試みを進展させた。イデオロギー的な手段に関してはいわゆる「新国際情報秩序」[7]が計画され、経済的な手段に関してはいわゆる「新国際経済秩序」[8]が綱領化された。軍事的な手段に関しては、一九七七年の、ジュネーブ諸条約追加議定書[9]でもっとも包括的な改変がなされたが、その他の多くの多数国間条約[10]でも変更の試みがなされている。

多くの西欧諸国は、そしてそのなかでももっとも顕著にそして強硬であったのはアメリカであるが、実質的な政策的理由および国際法がこうした仕方で定立されることはありえないという国際法の基本法上の根拠から、これらの試みに反対した。経験が明らかにするところによれば、この基本法理解が常にあたっていたわけではない。すでにみたように、法定立の過程は、どのような形の行動がどのような場合に合法とみなされるかに関する期待、またどのような行動が不法とみなされてそれに対する制裁が実効的に行なわれるかに関する期待が、正当性をめぐる権威と実効的な規制力の動員を通じて創出され維持されるコミュニケーションの過程である。西欧諸国が反対した政策のあるものは、この過程を通じて、現に法となっている。

しかしこの時期は、基本法そのものが変化している過渡期にあり、それゆえその結果もはなはだ不明瞭なままにとどまっている。法の定立に関する中核的な基本法が何であるかの考え方について対立があるため、前章でみたように、何が現代国際法の骨格となる部分であるかについて、依然として論争と混乱がある。いくつかの重要な事項に関しては、法の評価は二元的に対立し、国際的決定はあたかも常に二重露光してしまうカメラのようでもある。(11) この状況が続くかぎり問題の解決はますます困難となるが、価値中立的な学者は、その確実さの程度に違いはあったとしても、また時には非常に一般化された形に止まるとしても、特定の事項について実行能力をもつ行為者が要求している規範が何であるかを、およそそうした規範がそもそも存在するのであれば、確定して行くことができると思う。

2　力の行使に関する基本法の変化

新興諸国のブロックは、基本的に「もたざる国」よりなっており、それゆえ変化を実現するために法を利用しようとした。彼らは、力の行使が、彼らの主張する法の目的を速やかに実現するためのものである場合には、これに対しより寛大な態度をとったが、これは驚くにはあたらない。それゆえ、一九四五年以来の基本法とみなされる各種の文書にうたわれた力の行使に関する一般的な制限は、自決や非植民地化が問題となっている場合には、しばしば棚上げにされてきたのである。実際に、第三章でみるように、多くの決議や条約の文言はこれらに限らずより広い例外を認めている。

これらの多様な変化は、憲章の基本的な考え方が、いまだ、本質的には、最終結着をみていない革新性をもっていることと結びついている。憲章は、国家を基本とする枠組みである一方で、人権やとくに自決のような問題については、国家の立場を超えた政策を追求している。その一つの帰結は、過去において、その大部分が国家を中心とした現状維持的な規範として特徴づけられてきた国際法の規範が、今や変化への要求を示すものとなったことに現われている。実際、現在の国際法は、国際連合の制度的な枠組みのなかに存在する規範と認められ、かつその正当的権威の根拠を国際連合から引き出していながら、従来公式に合法とされてきた現存する一定の法的状況を遡及的に違法あるいは病理的なものとする規範を数多く含んでいる。こうした「熱望的」あるいは「評価的」な規範の多くは、それら規範の実現を助長するような方法で行動すべしという一般的な義務をともない、また国際基準によって状況を持続的に判断することを要求し、もしある状況がこの基準にもとる場合には、これを矯正するように行動すべき義務をともなうものである。

憲章の枠組みの変容、国際的な軍事環境の変化、希望的あるいは評価的な規範による圧力、それらの規範と静態的な国家中心の規範との間の緊張関係、そして当然のことながら政治的な行為者間のものの見方の不一致、それらすべてが異常で変則的な状況をもたらしている。国際法の定立過程はこの状況に対応し、自らをこれに調和させてきている。一九四五年以来、国際法は形式的には「武力による威嚇又は武力の行使を、いかなる国の領土保全又は政治的独立に対するものも」禁止する規範を創設したが、現在ではそれら規範の新たな系として別の規範が現われてきている。すなわち、一定の集団による一定の目的のための一定の力の行使は、それが向けられた国の領土保全または政治的独立に対する強制力の行使を含む場合であっても、正当と認められることが、いくつかの機関により認められてきているのである。

これとは反対に、武力行使を受けた国がこれに対し武力によって反撃することは、かつては自衛として合法とされえたものであっても、いまやこの特殊な法定立過程のなかでは違法な力の行使とされるようになってきている。第一に、その多くが国際連合の機関あるいは専門機関によって作られてきた希望的規範あるいは変化を正当化する規範は、ある種の状況を違法なものと認定するために利用されてきている。第二に、安全保障理事会以外の国際連合の機関は、武力行使の合法性に関する基準として憲章がかかげている「侵略対自衛」という憲章のパラダイムを使って、今ではどういう場合に力の行使が合法とされるかを解釈するようになっている。学者や実務家にとってより困難なことは、国際体制のなかで実質的な力を有する中核的な国々が、こうした変化に抵抗し、同一の事例について真っ向から対立する結論をしばしば導くような旧版の国際法に固執しているという事実があることである。

冷戦の終結は、より伝統的な見解を復活させ、一方的な武力の行使に関する多様な例外の終了をもたらすかもしれない。しかし、当面は、状況は混沌としたままである。こうした複雑な状況のなかで作業を行なっている法研究者にとって、現に遂行されている知的作業の多様な局面の区別をはっきり自覚していることが重要である。[12]そのひとつは、「目標の明確化」である。法研究者はいかなる政策が国際社会の共通利益をもっともよく実現できるかに関する自らの信念を明確にする義務がある。この知的作業は、多様な制度的な選択肢の検討が、最小限度の秩序の維持およびその他の国際社会の価値目標にとってそれぞれの選択肢がどのような総合的な結果をもたらすかという観点からなされることを要求する。

研究者は同時に、これらの目標に合致しあるいは合致しない「過去の決定の動向の検討」をしなければならない。先に述べた作業は主観的な要素を不可避のものとするが、動向を記述する作業の方は、決して研究者の偏見によって曇らされてはならない。研究者はまた、それら「過去の決定がもたらされた事情を示し、かつ将来の動向の予測を示す」

べきである。ここでもまた、研究作業の歪曲が生じないように、研究者はその個人的な選好が介在することを回避することが重要である。研究者は彼ら自身の選好にもとづく評価を表明することは自由であるが、その場合にはそのように明示すべきであり、また研究者がその選好をよりよく実現するための選択肢を示唆する場合には、その選好が研究者個人のものであるかあるいは社会一般のものであるかをはっきりさせる必要がある。

3　国際法の神話体系と実行準則

非公然の形態による力の行使に関する国際的決定の傾向の検討をはじめる前に、以上とは別の二つの方法的な問題を論じておく必要がある。法律家でない人々は一般に、法的な「問題」の解決とは、国際連合憲章第二条四項(13)あるいは米州機構憲章第一八条(14)というような形式的な規定を発見して、それを単に適用することだと想定する。そうした見方は国際法をあつかう方法としてはあまりに単純すぎる。というのは、それは法の性質に関する誤った理解と、具体的な事例への規範の適用という機能についての誤解に基づいているからである。

第一の問題は何が法であるかということに関係する。あらゆる法体系において、法的な形式によって表明されあるいは正当な権威の承認を受けた規範の多くは、政府の役人や私人の行動を規律し、規制し、あるいはそれらに実効的な指針をあたえるということを意図したものではない。「法体系」のそうした部分は、物事が実際に「どうあるか」ではなく、社会集団の構成員が物事を「どうあると信じたがっているか」についての希望とイメージを伝えているのである。公法の領域においてはとりわけそのような側面が強調されなければならない。

「実効的な制度によって描きだされるあるべき姿は、それら制度が公的な機能を果たすために現実にとる行動の流れと、細部におけるまで対応しているわけではない。そのあるべき姿と現実に物事がなされるあり方との間には、実際上、非常に大きな不一致がある。こうした不一致が一貫して存在することは、必ずしも「法」の不存在、あるいは「何でも許されている」ということを意味するわけではない。というのはこれら不一致のあるものは他の規範に合致していることがありうるからである。それら不一致は、しばしば非公式にではあるが実効的に是認されており、また「現実の世界」に関わる行為主体の行動を方向づけている期待と要求を、指し示しているかもしれないからである。それゆえ、二つの「有意味な」規範の体系に、われわれは関わっていることになる。一つは、適用されるものと思われている規範の体系であり、それはエリート間におけるリップ・サーヴィスに資するものである。他は現実に適用されているものである。いずれも現実の行為と混同されてはならない。現実の行為はそのいずれとも一致しないことがありうるのである。

客観的な観察者は、公式のあるべき姿を表示する規範体系を、その集団の「神話体系」（myth system）と呼ぶ。それは部分的には、多くの集団構成員に適切な行動指針をあたえる。ある者にとっては、そのほとんど全部が彼らの規範的な指針になっている。しかしこの神話体系と、中心的な政府の役人あるいは実効的な行為者によって現実に物事がなされるなされ方との間には、大きな不一致がある。それら不一致が存在する部分について客観的観察者は、公式の規範体系ではないが、にもかかわらず現実に行動の指針とされている実効的な規範に、「実行準則」（operational code）という別の名称をあてる必要がある。神話体系と実行準則という用語は、公式の行動あるいは公式のあるべき姿の流れを記述するために、学問上導入された作業概念であることに注意しなければならない。[15]」

神話体系は、正式の法令集や先例集などを伝統的なやり方で研究することによって十分に確認することができる。これに対して実行準則は、エリートの行動を通じて発見しなければならない。

神話体系と実行準則との間にほとんど不一致がない場合であっても、法の文言とそれが前提としている社会環境との変化の速度との違いの程度に応じて、形式的な法源の有用性は限定されてくる。メディア人とペルシャ人の法という表現が、変えるのが困難なものの代名詞として欧米ではことわざ風に使われてきているように、それらの法の文言は現在でも残っている。しかしそれらが作られ、また法的な意味をもちえた社会環境は、いまでは過去のものになっている。ある法の定立が状況を安定化するためになされたものか、あるいはそれを変革するためになされたものかにかかわらず、およそ法が、神話を飾り立てるためではなく、実行されつつあるものを表示し、かつそれを実行することを要求するものであるならば、その時々の一般的な社会政治的文脈と、立法が前提としている社会政治的文脈との間には最小限の一致がなければならない。しかし立法が、ひとたび、どちらかというと永続性をもった文言によって法を定着させてしまうと、法の変化の程度は最小化されてしまう。その結果、法を取りまく社会経済状況の変化の程度は常に相対的に大きくなり、実際、極端に早くみえるようになる。

力の行使に関する国際法に関しては、この神話と実行準則との不一致が著しく大きい。すべての法についてそうであるように、この不一致が生じるのは、二つの相容れない要因が作用する結果である。社会の側には、それがいかに実行されないものであっても、その基本的な願望を放棄しようとはしない傾向があり、それが、予想される現実の行動のための指針を確立する必要性と衝突するのである。

第二の誤解は、法がどのように適用されるかということに関わる。法律家でない多くの人々は、法の適用とは、一連の事実にあてはまる単一の規範あるいは規則を単に探しだすことだと信じている。これは法の方法論を誤解したものである。複雑な事件は、通常、多くの社会的な政策や規範と関連している。責任ある決定者は、それらすべてを一定の限られた枠組みのなかで考慮しなければならない。最小限の秩序を維持することへの要請が、すべての決定選択の場面において暗黙の追加規範として作用している。決定者は最小限の秩序すら危うくするような選択はしないし、とくにその結果が核戦争に結びつきかねないような選択はしない。こうした枠組みの制約のなかで、決定者は関係するすべての規範の実現をもっともよく担保できるような権威的な対応を心がけるのである。

4　国際法的な評価の方法

国際連合の基本法定立過程のレベルにおける変化にもかかわらず、国際法的な戦略手段のほとんどのものは、第三章でみるように、その本質上それ自身で合法、違法を問いうるものではない。もしそうであったならば、評価の作業はずっと簡単になる。そうでないために、合法性の判断の決定基準はずっと複雑なものになっている。確かに、後にみるように、総会決議のあるものは、ある特定の力の行使をそれ自体好ましくないものとして非難しようとしている。しかしそれら決議は、確かに一部のエリートの願望、また時には彼らの期待を反映することもあるが、必ずしも常に国際法にとって決定的であるとはかぎらないし、むしろしばしばそうではない。国際約束の文書や、より重要なものとして諸国の慣行や国際事例によって証拠づけられる実行準則が参照されなければならない。そしてこれら三者は相矛盾することもありうるのである。

ある事件が生じている時点においては、情報が通常限られていることもあり、法律家のあるものは、しばしば大胆にも、なんらかの法的な「解答」ないし「回答」を用意しようとするが、それはある種の頼まれもしない判断でしかない。その判断は、その法律家が判断の基準として依拠しようと決意した原則、しかも多くの場合たった一つの原則しか採り上げられないのだが、その原則からの論理的な演繹に基礎をおいたものでしかない。評価対象とされた行為の目的や評価の帰結についての配慮は、そこでは一切なされない。そうした法律家の意見が基礎をおいている原則は、通常、なんらかの文書の文言から引き出されているが、それが実効的な行為者の期待の指標としては不完全であることは、すでに述べた通りである。事件の合法性あるいは違法性についての「権威的」な判断として、一般の人々の耳目に達する意見は、実はこういう類いのものである。法は果たしてそんなに単純なものであるのだろうか。また生活世界はそんなに単純なのであろうか。

より適正なアプローチの仕方は、現代自然法とでも呼びうるような種類のものに基礎をおいていると、われわれは考えている。それは、決定を行なう際に法として表明された政策の累積的な社会的効果を含めて、目的というものが十分に考慮されるような方法である。さらに、国際社会の共通利益を達成するために、それらの法的定式ないし制度的な枠組みがどの程度一般的な通用力をもっているかも考慮されなければならない。われわれは、過去における国際法過程の基本的な性格はまさにそのようなものであったと思う。それゆえ、合法性は、社会的な文脈の分析によって判断される問題であり、かつそうであり続けなければならないと思う。すなわち誰がある特定の戦略を行使したか、それはいかなる社会的な文脈において、どのような目的のために、またいかなる国際規範にしたがって、何を権威づけの根拠としてなされたか、その決定がどのような手続きに則って何時どこでなされ、それを引き起こした出来事とどのような均衡性をもっていたか、その決定の向けられた相手方に対してどの程度の差別的な扱いがなされ、また制裁としてどういう効果をもったか、さらにそれが政治的、法的あるいは経済的な過程にどのような周辺的な効果を及ぼしたかなどが考慮されなければならないのである。(16)

（1）Reisman, International Law-makeing: A Process of Communication, Lasswell Memorial Lecture, American Society of Internationl Law, Apr. 24, 1981, *Proc, Am. Soc'y Int'l L.* 101（1981）.

（2）国際司法裁判所規程第三八条は次のように規定している。

第三八条

一項　裁判所は、付託される紛争を国際法に従って裁判することを任務とし、次のものを適用する。

a　一般又は特別の国際条約で係争国が明らかに認めた規則を確立しているもの

b　法として認められた一般慣行の証拠としての国際慣習

c　文明国が認めた法の一般原則

d　法則決定の補助手段としての裁判上の判決及び諸国の最も優秀な国際法学者の学説。但し、第五十九条の規定に従うことを条件とする。

二項　この規定は、当事者の合意があるときは、裁判所が衡平及び善に基づいて裁判をする権限を害するものではない。

（3）W. Reisman and A. Willard, *International Incidents*（1988）.

（4）Reisman, 前出注（1）

（5）McDougal, Lasswell, and Reisman, "The World Constitutive Process of Authoritative Decision", 19 *J. Legal Ed.* 253（1967）（M. McDougal and W. Reisman, *International Law Essays* 191（1981）に収録）.

（6）漁業管轄権事件（Fisheries Jurisdiction Case [UK v. Iceland]（Judgment), *ICJ Rep.* 1974, p.3.

（7）Declaration on Fundamental Principles concerning the Contribution of the Mass Media to Strengthening Peace and International Understandingto the Promotion of Human Rights and to Countering War Propaganda, Racialism, Apartheid and Incitement to War, 20 UNESCO GCOF, Resolutions 100, UNESCO Doc.20C /Resolution 3 /3. 1 /2（1978）; *Many Voices One World*（Report of the International Commission for the Study of Communication Problems, (MacBride Commission）UNESCO（1980）; B.Murty, The *International Law of Propaganda*（1989）を参照せよ。

（8）Declaration on the Establishment of a New International Economic Order, G. A. Res. 3201（xxix 1974）; Chater of Economic Rights and Duties of States, Dec.12, 1974, G. A. Res. 3281（xxix）, 29 U. N. GAOR, Supp.（No.31）50, U. N. Doc.A /9631（1974）; M. Bedjaoui, Towards a New International Economic Order（1979）; O. Shachter, *Sharing the World's Resonces*（1977）; M. Arsanjani, *International Resources in World Public Order*（1981）; B.Weston, *The New International Economic Order and the Deprivation of Foreign*

Proprietary Wealth : Some Reflections Upon the Contemporary International Law Debate（1983）.

（9） Protocol Additional to the Geneva Conventions of 12 August 1949, and Relating to the Protection of Victims of International Armed Conflicts（Protocol Ⅰ）, 1125 U. N. T. S. 3, 16 *I. L. M.* 1391（1977）; Protocol Additional to the Geneva Conventions of 12 August 1949, and Relating to the Protection of Victims of Non International Armed Conflicts（Protocol Ⅱ）, 1125 U. N. T. S. 609, 16 *I. L. M.* 1442（1977）.

（10） See Vienna Convention on Diplomatic Relations, Apr. 18, 1961, 23 U. S. T. 3227, T. I. A. S. No.7502, 500 U. N. T. S. 95; Vienna Convention on Consular Relations, Apr.24, 1963, 21 U. S. t. 77, T. I. A. S. No.6820, 596 U. N. T. S.261; Convention on the Law of the Sea, Doc. 10, 1982, 21 *I. L. M.* 1261.

（11） Reisman, et al., The Formulation of General International Law, 2 *Am.U. J. Int'l L. & Pol'y*, 448-54（1987）.

（12） なおこの点の議論については、W. Reisman and A. Schreiber, *Jurisprudence : Understanding and Shaping Law*, chaps. 1 and 12（1987）参照。

（13） 国連憲章二条四項は次のように規定している。

「すべての加盟国は、その国際関係において、武力による威嚇又は武力の行使を、いかなる国の領土保全又は政治的独立に対するものも、また、国際連合の目的と両立しない他のいかなる方法によるものも慎まなければならない。」

（14） 米州機構（OAS）憲章二一条は次のように規定している。

「米州諸国は、現行条約に従い又はその履行として自衛を行う場合を除いては、武力行使に訴えないことを約束する。」

（15） W. Reisman, *Folded Lies : Bribery, Crusades and Reforms* 15-16（1979）.［リースマン（奥平訳）『贈収賄の構造』（岩波現代選書一九八三年）二〇－二二頁　訳は必ずしもこれによっていない。］

（16） M. McDougal and F. Feliciano, *Law and Minimum World Public Order*（1961）; McDougal, The Soviet-Cuban Quarantine and Self-Defense, 57 *A. J. I. L.* 597（1963）; Reisman, Private Armies in a Global War System : Prologue to Decision, 14 *Va. J. Int'l. L.* 1（1973）.

第三章　積極的非公然活動の国際法規制

序

公然活動も非公然活動も、既に述べたように、四つの基本的な戦略の手段、つまり軍事的、経済的、外交的あるいはイデオロギー的な戦略のいずれによってもなされうる。それらの手段が強制のために用いられるか説得のために用いられるかにかかわらず、その目的は、指定された行動に抵抗するコストを高め、それらの行動が将来とられる可能性を高めることにより、それら戦略的手段が向けられる相手方の選択の範囲を狭めることにある。いずれの戦略手段も拡張的にも現状維持的にも用いられる。たとえばそれら戦略を用いる側の権力の範囲を拡大し、あるいはその他の価値に対する規制力を拡大することを目的とする場合もあれば、現状を変更しようとする勢力に対抗して権力や他の価値の規制の範囲を保持することを目的とする場合もある。

国際的な決定の実際においては、伝統的にこうした要因に考慮が払われてきているが、一九四五年以来、国際法研究に携わる者はこうした戦略手段の結果という（われわれが見るところでは、それこそがより重要な）側面を、あまり配慮しなくなってきている。ごく少数の際立った例外を除くと、むしろ彼らは研究の関心を力の行使が開始される事情に集中し、それが現実にめざしている目的やそのありうべき結果を考察しない。彼らの関心にとって決定的な問題は、力の行使が、他の行動主体の国際的に違法な力の行使に対抗するためのものであるかどうかにある。そこでこの問題に取り組むにあたり、この章ではとりあえずこうした議論の立て方に従うことにするが、先の章で提起した方法に基づき、こうした分野での決定がもたらす累積的な効果の合法性を評価する指標をもあわせて考察することにしたい。

先に掲げた戦略手段のすべてに関して、先制的・活動促進的な公然・非公然の強制力行使のある形態のものが、高度に「積極的な」寛容のもとで、またあるいは実効的に規制を受けることなく用いられていることが明らかになるだろう。国際的な規範は、それが効果的であるかどうかはまったく別問題としても、たとえばイデオロギー的な手段を規制する規範ひとつにとっても、まだほとんど初期的な段階にある。また経済的な強制に関する規制の多くは、肯定的な政策的理由があるためかあるいは他にとってかえる有効な手段がないためか、概して許容的である。外交手段は、国際的な文書や規範的な慣行によって規律され、非公然に敵対的な活動に加わることは外交の本旨に反するとみなされているものの、それらに対抗する国際的に許容された措置がきわめて制限されていることにより、依然としてひとつの手段として残されている。

これらの手段ときわめて対照的に、軍事的手段（直接的あるいは代理的な軍事的強制）に関しては、問題はより複雑である。ここでは、後に検討するように、文書化された神話体系と実行準則との乖離がきわめて深刻であり、したがって合法と違法との間の評価の手続きと基準をめぐり議論が錯綜している。一九四五年以来、憲章の集団安全保障体制はほとんど死んだままの状態にあり、それに代わり、とくに驚くべきことではないが、神話体系とは多くの点で異なる実行準則がやむなく創設されてきている。この傾向は、興味深いが潜在的には有害な新しい正戦と干渉の理論を生じさせるにいたっている。この理論は、加盟国の増大と、国連自体のなかにおける構造的な変化を確実なものにしようとする努力によって動機づけられている。しかしながらこの実行準則は公式の法を無視しているわけではない。それは憲章という文書の基本的原則に表された願望に完全に合致するわけではないが、その基本的な実質的政策を部分的に反映したものである。ただ手続きに関しては、憲章の規定からはまったく根本的にかけ離れたものである。

これまでの国家実行の流れから知ることのできる実行準則は、ある事情のもとにおいて軍事的な力の行使が寛容にとり扱われ、場合によっては国際的に奨励されかつ是認されるというものである。これはとりわけ、正当な自決権として国際的に性格づけられる活動の過程でなされるものについて、もっとも劇的に現われる。しかしその他にも、事情次第では、許容された力の行使として認められる場合がありうる。こうした場合を総合して考えれば、憲章が明文で禁止していることでも、一定の事情のもとでは実行上許容されあるいは是認されることすらあるといえるのである。

この章では、強制力の公然たる行使が国際的に合法と評価されたと思われる場合を検討した後、もしそうした場合があるとすれば、いかなる場合に非防御的かつ非公然の強制力の行使が国家に許されるかについて考察する。その際、秘密性という特質が、それ自体で否定的な国際法的な評価をもたらすものであるかどうかを考察することが必要となるであろう。つまり、そうでなければ合法とされる行為が、それが非公然になされたことにより非合法とされることがありうるか、あるいは行為の秘密性そのものは法的評価の独立した対象とはならず、非公然になされる行為自体が合法であるか非合法であるかにもっぱら依存するものであるのか、という問題である。これらの問題には一義的な解答は出せないかもしれない。次にみるように、初めの三つの戦略手段、すなわち経済的、イデオロギー的および外交的手段に関しては、それらが公然と行使される場合との区別はほとんどないというのが一般的な傾向である。事実から導きだされたこの結論は、将来においても、好ましい法として維持されるべきであるというのがわれわれの評価である。これに対し、公然の軍事的な強制力に関する傾向から一貫したパターンを見いだし、これを規範的な文言に定着するのは困難である。形式的な法的文書は何らの参考にもならない。しかしここでとりあげる事例を検討することを通じて、非防御的な軍事的あるいは準軍事的な非公然活動に関する現代の諸国の態度についていくらかの大枠が示唆されることと思う。

1 強制の手段

(1) 経済的手段

経済的な手段に関する慣行の経験科学的な研究は既にあるが、ごく少数の例外を除き、この分野における基本的政策を確認する学者の努力は不十分なままである。[1] 経済的な強制力の行使を規律する国際的決定の傾向は、それらが概して許容されていることを示している。国連の宣言のいくつかにおいて経済的強制力の制限が語られているが、国連憲章の規定の文言からみても、また国家実行という、より経験に即したものの分析の結果からみても、これらの決議の法定立的効果は低いものにとどまっている。さらにそれら決議のあるものは、その文言上、大規模な経済的強制力だけを禁止しているが、小規模な経済的な強制力の行使がいつどこから大規模なものになるのかについては何も規定していない。ある学者は、小規模な強制力に関して次のように考察している。「経済力の差の大きな国家の間で、全面的に経済関係を断絶するような形で影響力を行使することのみが、唯一、完全に排除されているにとどまる。[2]」

憲章第二条四項の「力の行使の禁止」には、経済的強制力は含まれていない。これが見落としの結果でないことは、憲章起草過程の歴史が示している。[3] 憲章の中には、経済的な価値剝奪の威嚇または行使、あるいは贈収賄の手段の使用を回避するよう加盟国に奨励する類似の規定はひとつもない。次に議論するように、決議のあるものは経済的強制力を一般的な形で非難しているが、特定の強制力の行使が非難された事例はほとんどないし、その場合でも非難されるのは、経済的強制力の一部を構成する特定の行為が先進国と途上国との間で問題を惹起する場合に限られていた。[4]

少なくとも経済的な強制力の行使の一つの形態、つまり経済制裁が、憲章四一条において積極的に規定されているが、しかしそれはもちろん安全保障理事会が要請したときに行使されうるだけである。一方的あるいは地域的に行使された場合でも、制裁のあるものは国連により許容されあるいは承認されている。[5] 米州機構憲章は、これとは対照的に、経済的な強制力の行使を明文で禁止している。[6] しかしその規定は、今では、実際上は使われないことにより失効しているようにみえる。

経済的な価値付与および価値剥奪の手段を政治的に使用することをめぐる実行準則も、同様にきわめて許容的なものでしかない。現代の国際政治のなかにおいて、最恵国待遇の地位、借款、信用供与、あるいは対外援助といった恩典は、他の国の政策決定エリートがその行動を指示された方向に調整するよう強制するために、差し控えられたり、また与えられたりする。贈賄のような非公然の経済的強力の手段も広範に使われている。情報機関のあるものは、その諜報員への支払いを、情報収集に対する一般の対価であり、それ自体としては非公然活動にあたらないといっているが、われわれの見解ではこれもごく通常の非公然活動の一つの類型であることははっきりしている。[7] 多くの情報機関高官は、正当な対価を支払うことが「費用対効果」からみて優れていることの論拠として、金で雇われた諜報員の方が、イデオロギー的な動機で協力するものよりも、より確実で信用できる（また意のままに動かすことができる）ということを主張している。もちろん各国家は、その国家機関の職員が賄賂を受け取ることを形式的に禁止し、収賄を国内的に処罰対象としているが、そうした形態の贈賄は国際的には禁止されていない。

神は、命に限りある者たちには禁じられていることもなしうる（Quod licet Jovi non licet bovi）。国際的文書も実行準則も、私人あるいは非政府団体の賄賂については次第に寛容ではなくなりつつある。企業の贈賄に関する国連総会の立場は、一九七五年の総会決議三五一四（第三〇総会）で表明されている。それによれば総会は、とくに「多国籍企業をはじめとする企業による賄賂を含むすべての腐敗行為」を非難し、そうした慣行に対して措置をとるよう加盟国に要請した。一九七七年にアメリカ議会は、対外腐敗行為防止法（Foreign Corrupt Practices Act）を可決した。(8) その際の様々な提案における問題は、贈収賄行為そのものの基本的な違法性よりも、「誰が誰に賄賂を贈りうるか」という点におかれた。政府あるいは政府の情報機関が、外国の国家機関の職員に対して、その公務を果たさないことへの見返りとして私的な支払いを密かに提供することを回避しあるいは取り止めるべきことを示唆する何ものも示されなかった。そうした腐敗行為に携わった個人が逮捕された場合には、彼らは国内的レベルで処罰されるかもしれないが、そうした行為が国際法の違反とみられるかもしれないという証拠は存在しない。(9)

価値剝奪の手段は古典的には報復(10)（retorsion）と呼ばれてきている。差別的関税、資産凍結、禁輸、ボイコット、武器取引の制限、収用あるいはダンピング等がよく用いられる手段である。一九七三年のOPEC（石油輸出国機構）の石油禁輸が示すように、(11) こうした経済強制力の手段は、必ずしも西欧や力のある社会主義諸国の専売特許というわけではない。

経済的手段の一方的な行使を制限するために多くの国際的努力がなされてきているが、それらは概ねうまくいっていない。(12) 多くの学者が、そうした強制力行使の慣行を、よりよい世界秩序にとってはもちろん、最小限の世界秩序とも相容れないとして批判の対象としてきている。(13) しかし、この問題を深刻にうけとめて研究している学者の間でも、意見は一致をみていない。分別のある研究者は、国際市場に固有の競争的性質を前提する限り、そうした規制の可能性を断念し、あるいはそもそも法的規制が好ましいものであるか否かに疑問を投げかけている。たとえばザイデル＝ホーヘンヴェルデルン教授の意見によれば、経済的な力を規制しようとするいかなる将来の試みも、むしろ秩序破壊的な作用をもたらすことがある。「経済的な力の行使が相対的に自由であること」が、問題を解決するために軍事力に訴えようとする大国の動機を緩和し、「その意味で安全弁として機能している」[14]。

経済的強制力については、最大限にいっても、その極端な場合を違法とする初歩的な合意が成立しているにとどまる。こうした状態は世界の公秩序にとって十分とはとてもいえない。というのは、各国の経済力の非対称性が顕著である現状において、それは経済大国が、小国に強要し、小国の政治経済を大国自身はなんらの法的非難をうけることなく侵害できることを意味するからである。

推測でいうならば、そしてこの分野ではそうするしかないのだが、ある特定の一方的な経済的強制力の行使が、好ましい行動を確保する手段としてそれへの抵抗のコストを引き上げるにとどまるのであれば、それは合法的とみられるであろう。もしそれが政治経済を深刻なまでに毀損し、またはもし広範に行使されれば国際経済全体を混乱させるようなものであるならば、無関係の国を巻き込む他の無差別的な戦略と同様、おそらく違法とみられることになるであろう。別の言い方をすれば、ある経済的な戦略手段が許容されているということは、およそそれが行使されうるすべての場合を合法とすることを意味するわけではないし、また公然となら許されることが、その戦略を用いようとする行為者の裁量次第で、いつでも非公然にも行なわれうるということにはならない。前者の例として、他国通貨の偽造および偽造紙幣の国際市場への投入は、ほとんどの有力な諸国によって違法とみなされることがあげられる。それほど確かではないが、経済的戦略の対象となる国の主要な産品の品質や安全性、あるいは旅行者が必要とするその国の状況について、誤った情報をその国の経済を侵害する目的で流すことも、おそらく違法とみなされるであろう。この二つの例はいずれも、それを実効的なものたらしめるために非公然になされることがむしろ予想されるものである。

これに対して、ある国の選挙に影響を及ぼす手段として、その国の市場の状態を好転させるために、資金の海外への移転や国内への流入を積極的に誘導することが、非公然に行われることもやはり予想されるが、これは違法とはみられないであろう。それが国政選挙の過程に介入することを明確に意図し、それゆえたまたま外国から抗議を受けた場合でも同様である。他面、そうした選挙過程は政治の国際的な正当性を評価するための基本的な手段の一つとなるに至っている。それゆえ、この戦略手段に関する実行準則の許容性が相対的であることは、好ましい政策の側からみれば、受け入れることのできる世界秩序に必要な基本的な政治価値の実現にとって深刻な障害となるかもしれない(15)。

またこうした形態の戦略をもちいることに含まれる秘密性の要素が、それ自体独立した否定的な規範的判断の材料とならないかどうか、公然に用いることのできる経済的な戦略手段であれば当然に非公然にも許されるかどうかは、かならずしもはっきりしない。経済的な戦略は単に破壊を目的とするよりは、むしろ意思伝達の手段である。それは、それが向けられた政府に、価値剥奪を終了させるためにはある行動を変更するという選択肢があることをメッセージとして伝えているのである。同じ戦略でもそれが非公然に用いられる場合には、そうしたメッセージは送られない。その場合には、それが向けられた政府は、誰が価値剥奪の担い手であるのか、あるいはなぜまたいかなる行動をとればそれを終了させうるのかを知ることができないからである。実際、もし価値の剥奪がまったく非公然になされおおせたとすれば、それが向けられた国はその経済のある部分がどうしてうまくいかないのかということすら知ることができないであろう。さらに、経済的な戦略手段の行使は、まさにその公開性ゆえに、国際的な評価が可能であり、必要であればこれを非難することもできる。おなじ経済戦略であっても非公然の場合にはそうではない。

以上の考察は、とりあえずのものであって、さらに深く詰めなくてはならない。ここではただ、一見したところ許容されてもよさそうな経済的な手段の使用であっても、今までそう思われてきたよりもより一層正当性に関する期待によって規制されているのかもしれないし、また公然となすことが許容されるのであれば非公然になすことも許されているという仮定は慎重に再吟味されなくてはならない、ということが指摘できれば充分である。明白なことは、この分野では、慣習と実行準則とが必ずしも常に世界秩序にとっての必要に適合するとは限らないことである。代替する何かが必要であることははっきりしているのだが、これに代わる実行可能な選択肢は簡単には手に入りそうにない。国際経済体制がより相互依存的になるのにともない、大国が小国に対して経済的強制の手段を非公然に用いる可能性は増大してきており、それにともなって他の多くの公式の規範がおざなりにされてしまう危険がある。たとえば中欧では、将来、ドイツ連邦銀行がポーランドの中央銀行に対して、ポーランドがドイツのある政治的な政策に従わないかぎり借款を繰り延べないということを通告することはありうることである。ひとたびそうした借款繰り延べの拒絶がなされたなら、それは多くの同様の事態を誘発する可能性があり、そうなると他国に依存する弱小経済は多くの場面で強国の意向に従うことを確実に余儀なくさせられることになる。こうした圧力の行使は非公然となされうるし、またいずれの側も、動機は異なるにせよ、その事実を秘密にすることに共通の利益をもつであろうから、それが国際社会の評価に曝されることとなしに終わってしまう可能性もある。一般に、経済的手段による強制力の問題は、公然であれ非公然であれ、緊急に再検討することを求められている。

(2)　イデオロギー的手段

イデオロギー的手段、すなわち特定のエリート集団の側から広い聴衆を予想してなされる情報伝達を規律する伝統的国際法も初期的な段階にある。[16] たとえば多くの国際約束が「敵対的」な目的のためにイデオロギー的手段を用いることを制限し、禁止している。しかしこれらは国家エリートによっても、また私的な活動主体によってもしばしば無視されている。

平和目的の放送利用に関する一九三六年の条約は、「締約国の……国内秩序または安全に反する行動をとるよういずれかの地域住民を教唆する」ために放送を使用することを禁止し、また「戦争の教唆のための放送の使用」を禁止している。[17] この条約およびその後の慣行や国家実行のなかに、より一般的な国際法原則を見いだすことは困難である。これとは対照的に、ジェノサイド（集団殺害）条約が定めている「集団殺害の直接または公然の教唆」の禁止は、国際法の原則として受けとめられ、留保や了解は付されているものの、集団殺害罪そのものの普遍性を疑う者はほとんどいない。[18] さらにニュルンベルグ裁判、また特にユリウス・シュトライヒャーの処罰は、「殺人および種の絶滅の教唆」が人道に対する罪となるということを証拠づけている。[19] しかしニュルンベルグ裁判は、侵略戦争に対する非難をその背景としたものであった。軍事法廷は十一人の被告を、「侵略戦争を計画し、準備し、開始しかつ遂行した」ことを理由に平和に対する罪について有罪としたのである。第一法廷でも第二法廷でも、組織的宣伝（プロパガンダ）が侵略戦争の計画と結びついていたという証拠、あるいは特定の被告人がその後の侵略について知っており影響力をもっていたという証拠があってはじめて有罪とされたのであり、ナチのイデオロギーの流布や宣伝だけで処罰がなされたわけではない。[20]

国連憲章はイデオロギー的な戦略や宣伝について明文の規定を設けていない。[21] しかし国連の活動においては、この問題について規範的見解を表明する多くの機会があった。一九四七年の国連総会決議一一〇（第二総会）は、「平和に対する脅威、平和の破壊または侵略行動のいずれかを挑発し助長することを目的とする宣伝、あるいはそのおそれのある宣伝は、いずれの形態のものであれ非難する」[22] としている。しかし、当時、政治的意図から情報の流通を規制しようとする共産圏諸国の願望と、情報の自由を選好する西側自由民主主義諸国との間に緊張が存在していたことを反映して、この決議の規範的意味は曖昧にされている。(23)さらにその後、複数の総会決議において、「戦争挑発」と「敵対宣伝(24)」を定義し、違法なものとして性格づけようとする試みがなされたが、これらの規範創設的な効果ははっきりしないままである。市民的および政治的権利に関する国際規約（国際人権B規約(25)）および情報の自由に関する条約案(26)は、人はすべて国家の境界を越えて情報を受けあるいは伝達する自由を有すると規定しているが、いずれの文書も「国の安全、公の秩序または公衆の健康もしくは道徳の保護」のために制限を課すことを認めている。(27)

ユネスコ（UNESCO）による世界情報秩序構想の策定作業は、二つの政治的な課題に直面した。一つは、中央集権的全体主義政府と西欧陣営の間の表現の自由をめぐる政治的展望の基本的な対立であり、西側諸国は表現の自由は広範な規制緩和のもとで展開される私的な情報産業によって担われるべきものと主張した。もう一つは、先進国と発展途上国との対立である。自由主義世界と全体主義的世界との基本的な対立点は、すべてのものが完全な参加の機会を与えられた公論の過程によってはじめて真実が伝えられるという民主主義的な信念をめぐるものである。全体主義体制をとる国は、情報は民衆の態度を形成するためにもっぱらエリートが利用するものであり、民衆に対する支配はプラトンのいう「高貴な嘘」を広く用いることによって達成されるという考え方を共有していた。発展途上諸国は情報秩序への衡平な参加の機会が与えられることに利害関心をもっていた。これをうけて一九七八年のユネスコ決議(3/3.1/2)(28)第九条は、「情報の自由流通およびより広範かつバランスのとれた伝達」の体制を創造するよう国際社会に対し要請している。さらに第六条は、「発展途上諸国からの、あるいはそれらへの、情報流通の不均等性」を是正することを要請している。しかし同時に第二条は、「世界中のマス・メディアが、……特に抑圧された人民に対し……彼らが生活する土地においては聞かれることのない声に発言の場を与えることによって、人権の確保に貢献している」ことも認めている。

イデオロギー的手段に関するこれまでの文書の多くは、情報の内容よりも伝達の手段あるいは情報のエリートによる操作の問題をあつかっている。総会決議37/92は、「国家による人工衛星の国際直接テレビ放送のための利用を規律する原則」を定めている。[29]その第一三項は、たとえば次のように規定している。「国際直接テレビ放送衛星事業を実施ないし許可しようとする国家は、遅滞なく……放送を受信できる国……に対しその旨通告し、またそれらのいずれかの国が要請する場合には、速やかにこれと協議に入らなければならない。」イデオロギー的手段を規律しようとするこれまでの試みと同様、この決議も情報の自由と宣伝の規制および参入機会の確保とのバランスを確保しようとしている。同決議は、そうした事業活動が「不干渉の原則および……国連の諸文書にもりこまれている情報を検索し、受け取りあるいは伝達するすべての個人の権利」と合致するような形で展開されなければならないと規定すると同時に、「技術の取得は……関係するすべての者の間で相互に合意される条件により、すべての国家に無差別に利用可能とされなければならない」と規定している。決議はまた、紛争の平和的解決を要請している。この決議の規範的な権威には疑問があるが、その点は別としても、国家は実際問題としては、依然として放送による干渉に対しては、直接的な通信妨害という一方的措置と相互主義に訴える可能性が大きい。[30]

国際電気通信条約は国際電気通信連合（ITU）の基本文書である。[31]この条約の目的は、「電気通信の改善及び合理的利用のためすべての連合員の間における国際協力を維持し及び増進すること」、「開発途上国に対する技術援助を促進すること」、ならびに「これらの目的に対する諸国の努力を調和させる」ことにある。この目的のため、条約の主要な関心はITU体制のなかでの無線周波数帯の配分におかれている。しかしながら、この条約はまた、私人による無線波の敵対目的のための利用、あるいは他の連合員の無線事業への有害な干渉を規制しようとしている。条約第一九条は「連合員は、国の安全を害すると認められる民間放送……を停止する権利を留保する」と定め、また三五条は「すべての局は、その目的のいかんを問わず、他の連合員……の無線通信または無線業務に有害な混信を生じさせないように設置され、また運用されなければならない」と定めている。しかし第三八条はさらに「連合員は……軍用無線設備について、完全な自由を享有」するものとし、それら設備は「有害な混信を防ぐためにとられる措置に関する規定」および発信の型式に関する業務規則の規定を……できる限り遵守しなければならない」と規定している。さらに、署名国の多くは、他の連合員による不遵守が生じた場合に、自ら必要と考える措置をとる権利を留保している。

国家の領域外から発信される放送の防止に関するヨーロッパ協定[32]は、基本となるITU条約の欠陥を、地域的なレベルで、補正しようとしている。同協定第二条は、その領域外の海上および空間上の局から不法に放送を発信するもの、あるいは締約国の許可の下でなされる無線通信業務に有害な干渉をもたらすものに対し、輸送、保守管理および物資の供給を提供することを含めて、これに協力する行為を行なうものを処罰可能にするよう締約国に求めている。

同じように一九八二年の国連海洋法条約[33]は、公海からの放送に関して一九五八年の公海条約よりさらに進んで次のように規定している。すなわちその第一〇九条は、すべての国が「許可を得ていない放送」の防止に協力すべきこと、またそれら放送に関与したものに対する訴追が、特に「放送を受信できる国」によってもなされうることを定めている。同条は「許可を得ていない放送」を次のように定義している。「国際的な規則に違反して公海上の船舶又は施設から行われる音響放送またはテレビジョン放送のための送信であって、一般公衆による受信を意図しているものをいう。ただし、遭難呼出しの送信を除く。」おそらくこの定義はITUが他の国に割り当てた周波数による民営あるいは国営の放送を含むものであるが、同条約は他のどういう放送が「国際規則」に違反するものであるかについては明らかにしていない。米州機構（OAS）憲章は、敵対宣伝が干渉の手段たりうることへの懸念を示してはいるが、そうした関心を一般化はしていないし、また米州地域における長期の不実行により、その規定は今や実行の欠如により失効しているようにさえ思われる。

一般的にいえば、これらの議論は二〇世紀後半におけるイデオロギー的手段の初歩的な利用のいくつかについて、ただ付随的に触れているにとどまる。結局は実現しなかった「民主主義の女神」号（Goddess of Democracy）計画の事例[34]は別にしても、それらの議論が、公然あるいは非公然の強制の形態としてであれ、また単に情報を流通させるためのものであれ、イデオロギー手段の利用への熱烈な支持を減退させたようにはみえない。最近のアフリカ秘密無線局のリストは、放送発信能力がまったくの私人にまで拡がりだしたことを示している。[35]

イデオロギー的手段の非公然な形態による主要な国際的利用の仕方は情報撹乱である。それは「誤情報あるいは挑発的情報の送信[36]」と定義されてきている。情報撹乱の古典的なやり方は、虚偽情報の送信と外国の放送関連資産の乗っ取りあるいは買収であるが、情報撹乱は心理的な効果をねらった物理的な行為を含む場合もある。国家が介在するにせよ、政府以外の者が行なうにせよ、テロリズムはつねにこうした手段を用いる。情報撹乱が軍事的になされる場合、これはアメリカでは心理作戦活動（psyops）というドクトリンに、またソ連では英語のカモフラージュに相当するマスキローブカ（maskirovka[37]）と呼ばれるものに含まれるが、それは平時においては外国の当局者に実際の戦力や装備の能力について誤った認識を与え、戦時においては戦略的ないし戦術的な意図を隠蔽することを目的としている。武力紛争時においては、「虚偽情報」は、一九四九年にジュネーヴ諸条約に追加された国際的武力紛争の犠牲者の保護に関する第一追加議定書に明らかなように、「奇計」として明白に許容されている。[38] しかし平時における虚偽情報の使用は、これとは異なる法体系により規律される。

ソ連情報局（KGB）には情報撹乱（Dezinformatsiya）をその任務とする部局があったが、その活動については相当の研究がなされてきている。[39] しかし、それはただソ連だけに特有なものであるわけではない。情報撹乱は多くの国や国内の行為主体により行なわれてきている。[40] 大規模な情報撹乱の事例は枚挙に暇がないほどであり、それが一度び暴露されると広範な非難を受けてきているが、[41] 多くの「より黒に近い灰色」の事例においては、入手可能な情報にもっぱら頼って形成されたものとは全く異なるイメージをあたえ得るような情報を宣伝し、その流布を管理し（"spin control"）あるいは故意に隠す行為を、情報撹乱と区別することは必ずしも常に容易であるわけではない。「政治的宣伝」についての合衆国法令の定義は、実質的にすべての形態の政治的な情報伝達をカバーするものであるように思われる。[42]「情報修正の国際的権利に関する条約」は、情報および意見の自由流通への賛意を表すると同時に、次のような場合に、締約国に情報の修正をもとめる権利を理論上与えている。「……締約国が、一国から他国へ伝達され、また外国で出版あるいは送信されたニュースの発信が、その国と他国との関係あるいはその国家的な威信あるいは尊厳を損なう可能性がある場合に、それが虚偽でありあるいは歪曲されたものであることを主張する場合。[43]」しかし主要な諸国あるいは情報消費国はいずれもこれに署名していないし、また「実際的慣行」としてもそうしたことをしておらず、マクブライド委員会も「このシステムは機能しないであろう」と結論づけている。[44]

われわれは、殆どの国際的行為主体や政治評論家が、非公然のイデオロギー的活動のうち大規模なものを非合法とみているであろうと考えることができる。実際、それらが非公然に用いられる付随的な理由は、それら情報の送信者を世論の非難から保護することにある。しかし他の手段の多くにおいてそうであるように、その乱用に対する唯一の抑止力は、すべての法の基礎がそうであるのと同様、相互性と報復的措置（retaliation）の実施による規制に見いだすほかはない。

イデオロギー的戦略手段に関する傾向の多くは、冷戦という状況に大きく影響されている。冷戦の終結により、これら戦略に対する寛容な扱いは弱まっていくかもしれない。海洋法条約第一〇九条はこうした方向への第一歩のようにもみえる。冷戦の終結が二国間の紛争における非公然の宣伝の利用に対する非難を増大させあるいは強めるかどうかは明白ではない。しかしこの分野がよりよき法を緊急に必要としていることは明らかである。

(3) 外交的手段

外交は国民国家のエリート、国際組織および国民の間の意思疎通に関わる。この過程に参加するものの数は増大しつつある。国の元首や大臣がエリート外交の結果にもっぱら影響力を行使してきた時代は終わった。個人や企業、またNGOが、目に見える形でますます大きな役割を担うようになりつつある。

国際的文書は自由で開かれた外交を好ましいものと表明している。たとえば国連憲章第一〇二条一項は、「……国際連合加盟国が締結するすべての条約およびすべての国際協定は、なるべくすみやかに事務局に登録され、且つ、事務局によって公表されなければならない」と規定している。この義務に従わない条約の当事国は、国際連合のいかなる機関に対してもその条約あるいは協定を援用することができない。しかしこの規定の効果は、国際司法裁判所が、インド領通行権事件(45)において、登録されていない協定を根拠とすることを認めたことにより、実質的に弱められてしまっている。

実際には、エリート間の情報伝達に関する実行準則においては、非公然の活動がはたす役割が相当程度に重要なものとされている。エリート達は相互に、外交関係に関するウィーン条約(46)のような文書や、憲章規定の趣旨を実質的に条約化した文書に示されあるいはそれらが予期したものとは異なる形態で、「意思疎通」をはかろうとしている。国家間での交渉のために秘かに使者が派遣されている。秘密条約や秘密の追加条項をもつ条約が存在することを信じるに足る十分な理由がある。その協定の交渉記録が「マル秘」あるいは「極秘」にされた協定は、同様の目的に資する。

エリート間のレベルでの非公然の強制のもうひとつの形態に、身柄の非公然の引渡しがある。この慣行においては、一方の政府が他方の政府に対して、犯罪人引渡し条約がないにもかかわらず、あるいは国内法に反して、ある人物の身柄を事実上引き渡す。非公然の引渡しは、双方の国内において同様に個人の権利の剝奪が生じることになる。非公然の引渡しは、それが国家政策の一方的な遂行としてなされる場合には、効果としては、誘拐と変わらない。

国民国家のエリートは、外国の政府エリートと、反政府的な政党や団体あるいは個人の双方と接触を維持し、自らは強制の手段を直接とることなしに、これら行為主体が憲法の枠を越えた政治的な変化をもとめて運動することを促進することもできる。そのために使われる手段は、そうした変化が現実に生じた場合にはそれを直ちに承認しかつその後引き続いて支持することを約束することである。こうした手段が実際に使われる場合には、他国の国内問題への不干渉という公式の原則への違反が生じるようにみえるが[47]、のちに論じるように、政変あるいは超憲法的な変化を支持するそうした干渉は、憲章の目的に含まれるより大きな政策的大義の実現をしばしば促進するものである。「外交的」干渉はこれまで、明らかにその目的やその他の状況要因に応じて、国際的に非難されたり是認されたりしてきている。国際的に是認も非難もされない場合はもっと多い。

外交官に対する強制の使用は、慣習的実行と、外交官および領事の免除を法典化した条約の双方により禁止されている。外交免除は、程度の違いはあるが、身体、文書、個人的財産、公館や用具類、通信および人員の移動に適用される。歴史的には、免除の法理は次の三つの理論をあわせて基礎づけられてきた。つまり人的代表説、治外法権説および機能的必要説である[48]。今日では、一般の外交免除は条約と慣習的な実行により基礎づけられており、治外法権というフィクションは根拠とされていない。

外交免除の運用において基準とされる主たる文書は、外交関係に関するウィーン条約である。同条約第二九条は、次のように規定している。「外交官の身体は不可侵である。外交官は、いかなる方法によっても抑留し又は拘禁することができない。接受国は、相応な敬意をもって外交官を待遇し、かつ、外交官の身体、自由又は尊厳に対するいかなる侵害をも防止するためすべての適当な措置をとらなければならない。[49]」

領事関係に関するウィーン条約[50]は領事職員について同様の原則を定めている。外交官を含む国際的に保護される人に対する犯罪の防止と処罰に関する条約[51]もまた、外交官および国家元首、外国の大臣および国家代表もしくは政府間レベルの国際機関の代表で国際法により特別の保護を与えられている者に対して、それらの者が外国にいる時に、強制的手段を行使することを明文で禁止している。[52]これに加え、国家は二国間の条約により、慣習法とウィーン条約に基礎をおいた外交免除の権利を拡大することに同意してきている。[53]国際組織の職員の免除は、理論上、外交免除とは異なっている。しかし実際には、免除の多くは同様に適用されている。[54]

国際的な実行においては、強制力からの外交免除に関する慣習法あるいはウィーン条約の字句上の約束は、必ずしも常に字義どおりに実施されているわけではない。これに対する違反の周知の事例が数多くある。[55]ただこうした場合にはこれに対する非難が一致してなされ、またしばしば全世界的でさえあることは、そうした違反が規則の正当性をゆるがすものでないということをはっきりと示している。パナマやクウェートにおける最近の出来事が示しているように、武力紛争時においてさえ、これら規則は相当程度に遵守されている。[56]この結果、最近の中国や東欧の例、あるいは政治的庇護の伝統が特に強いラテン・アメリカの例にみられるように、大使館はあいかわらず政治的な避難所として利用され続けることになる。さらに国家は、外交官に対する強制力の行使を禁止する規範への違反に対抗して、相互主義や報復的措置を主たる手段として、強力な措置をとってきている。国際組織、とりわけ国際司法裁判所は、外交免除の原則を支持してきている。[57] 国連総会はその議事日程の年次リストのなかに、外交官の安全の問題を含めている。

外交官による接受国の安全の侵害行為も、非公然の外交活動の一形態である。外交という位置づけは、しばしば、全く外交的に関係のない活動、たとえば派遣国と接受国の公式のエリート間の交歓にかかわるような活動を、外交に与えられている免除によって「隠蔽」するために使われてきている。こうした活動の多くが、通常、監視されながらも、阻止されずにいるのは、相互にそれを認める慣例があることを示している。他方、外交のための設備を武器や麻薬の密輸のために用いることは、いくつかの顕著な例にみられるように、強力な反撃を招くことになる。[58] 接受国に利用可能な対応は国際条約によって定められ、また規制されている。[59]

外交的手段の強制的使用の主要なやり方が、超大国によって案出されていることには、疑問の余地がない。国際政治の現下における変化にともない、共通利益に関する新しい考え方がこうした過去の傾向に突破口を切り開いて、この手段の強制的な使用に対する寛容な態度に制限を加えるようになるかもしれない。

（4）軍事的手段——武力の行使

神話体系及び熱望の規範と実行準則との乖離が、もっとも明白に存在し、かつ国際秩序にとってもっとも重要であるのは、軍事的手段の一方的な行使を規律しようとする国際的な試みの分野においてである。国連の活動の最初の五年の間に、国連憲章第二条四項に対する一方的な違反のあるものは、非難はされるが、違反者はその違法行為の結果を、事実上、そのまま享受できるという一つのパターンができ上っていた。憲章の基本的法原則と世界政治の血なまぐさい現実との間の法的なグレイ・ゾーンは拡がっていった。憲章上、一方的軍事力の行使に対する一般的禁止は維持され、また国連機構はしばしばそれらを非難してきたが、多くの場合、言葉の上での非難以上のことはなされず、またできるはずもなかった。多くの重要な事例において、非難された当事国は、その不法な行為から生じた都合のよい結果をそのまま利用できたのである。さらに加盟国の数が増え、総会における勢力地図が塗り替えられたのにともない、武力行使と介入の新たな条件が現われたが、それらは一定の一方的武力行使を単に大目にみただけでなく、法的な義務にかなうものとさえしたのである。

今世紀にいたるまで、国際政治のなかにおいて武力の一方的な行使は合法であった。一九四五年になっても、コロンビア大学のハイド（Charles Cheney Hyde）教授は、「他国に対する政治的あるいはその他の優位を確保するために、力を行使し、さらに直接に戦争に訴えることは、国家の権限に属する」(60)と書くことができた。国家はその権利として、復仇から非公然の活動、さらに全面戦争にいたるあらゆる力を行使することができたのである。デモクラシー体制と工業化社会による総力戦の時代になった後、個々の武力行使を正当化するための理論を発展させることは、とくに国内動員のために政治的には有用となったが、そうした正当化は国際法的には不必要であった。

多くの人々がこうした状態を道義的に不十分なものと認めていた。一九世紀中葉以来、それまで無制限に合法とされていた一方的な武力行使の開始の要件を、調整しあるいは制限しようとする試みが、公式あるいは非公式になされるようになってきた。しかしこれらの試みのもっとも進んだものでも、武力の行使を完全に禁止するというところまではいかなかった(61)。

これらの試みは劇的といってよい程に不成功に終わったが、それは分別や知識が欠けていたからというわけではなかった。法はなによりも正当な強制の体系であり、それはそれを支えるような権力過程に裏打ちされた政治体系なしには、存在も機能もできない。中央の権威と、共同体の秩序と価値を維持するための武力行使の実効的な独占がなければ、個々の行為主体は、自ら有する諸手段にたよるほかはない。道徳家は戦争の正当事由を否定しようとしたが、国家の安全と国民に対して責任をもつ者は、だれかその能力のある他のものが彼らの任務をすすんで引き受けてくれるまでは、戦争の禁止に抵抗する以外なかったのである。

こうした構造的な問題は、国際連盟において、またより顕著かつ明白な形で、国連憲章のなかで正面から取り組まれている。国連憲章は一種の集権化された体制を作ろうとした。そこにおいては、中央の権威によって認められない武力の行使は、いかなる国によるものであれ、平和の回復のために必要な軍事力を手に入れうるものと憲章が予定していた安全保障理事会により対抗されることとされていた。憲章の文言は非常に保守的なものである。安全保障理事会が対抗するのは「平和に対する脅威、平和の破壊あるいは侵略行動」の場合であり、それらはいずれも現状の変更を強制的に志向する場合であり、いずれもその違法性が推定されていた。

憲章にみられるような集権化された体制が働けば、自助のための一方的な武力の行使はもはや必要でなくなる。そこで憲章第二条四項は、単に道義的に高い目標を掲げたものであるだけでなく、政治的にも実行可能かつ信頼できるものとなる。それは次のように規定している。

「すべての加盟国は、その国際関係において、武力による威嚇または武力の行使を、いかなる国の領土保全または政治的独立に対するものも、また、国際連合の目的と両立しないいかなる方法によるものも慎まなければならない。」

結果の点からみれば、憲章の法と慣習法との間には何らの違いもないという印象をもつ人もいるかもしれない。なぜなら慣習法のもとで国家が武力によって自ら守らなくてはならなかった国家の権利が、憲章のもとでは安全保障理事会によって守られるようになったにすぎないともいえるからである。憲章がもし機能すれば、強制的な手段に訴える慣習法上の権利は、非合法とされるにとどまらず、無意味なものとなったはずである。

この憲章の体制を当時の慣習国際法と比較してみよう。侵略が禁止されたのちにおいても、慣習法は、自衛のためにする場合はもちろん、「自助」あるいは国際的な権利の保護ないし実現のための武力の行使を許容していた。これに対して憲章の法は、いかなる理由によるものであれ、一方的な武力の行使を禁止している。唯一の例外は自衛のための武力の行使であるが、その権利も、違法な行為あるいは具体的な領域侵犯行為が先行して行なわれたというだけでは十分でなく、「武力攻撃」行為に対する反撃としてのみ認められるにとどまっている。憲章の体制のもとでは、武力攻撃という概念は国連という装置を作動させる専門技術的な概念となったのである。

第二条四項は、いつ武力を行使するかについての加盟国の一方的な判断を将来にむけて否定するものであった。しかしそれは、自衛のためであれまたそれ以外の目的のためであれ、どのように武力を行使するべきかについて国連が判断することを禁ずるものではなかった。ここで強調されるべきことは、安全保障理事会と総会からなる独特の機構的構成をもつ組織が、複雑に変化する両者の関係のあり方の問題を孕みながら、今や、憲章の文言を解釈する有権的かつ最終的な権限をもつにいたったということである。

簡単にいえば、憲章および国連の創設は、いつまたどのように軍事力が行使さるべきかについての新しい言葉の用法を確立し、新しく設置された機関にそれらの用語を解釈・適用する権限をあたえたのである。そして国連はそうした権限を行使する機会を十分にあたえられてきた。第二条四項の存在にもかかわらず、武力の行使に関する問題は依然として次々に生じたからである。

一九七〇年の友好関係に関する総会決議二六二五（友好関係原則宣言）は、次のように規定している。

「すべての国は、他の国の領域に侵入するために、傭兵を含む不正規軍または武装集団を組織しまたは組織を奨励することを慎む義務を有する。」また、

「すべての国は、他の国において内戦行為またはテロ行為を組織し、教唆し、援助し若しくはそれらに参加することまたはこのような行為を行なうことを目的とした自国の領域内における組織的活動を黙認することを、前記の行為が武力による威嚇または武力の行使を伴う場合には慎む義務を有する。」

興味深いことに、この決議からわずか四年後に、総会は「国際安全保障の強化に関する宣言」[62]において、強制力行使の全面的な禁止は、それが「自己の運命を決定する」人民の権利と抵触するときには、それには及ばないことを明らかにしている。実際、友好関係原則宣言は、「自決および自由と独立」のための強制力の行使に正当性の根拠をあたえ、またそれを支援することを命じている。一九八一年の「国内事項に対する介入と干渉の不許容に関する宣言」においても、自決権に関する場合は除外されている[63]。

総会によって再解釈された憲章の規定も、また慣習国際法上の概念も、軍事的手段の行使の規律に関して、軍事的紛争がどのように戦われるかについての次のような伝統的な前提に依拠している。つまり軍事的紛争は、組織化された社会の間で、領土をめぐって生じるものであり、明白にそれと確認できるある種の暴力の専門家集団あるいは「正規軍」によって行なわれるものであるという前提である。それらはいずれも、戦闘の前線と後背地域と呼ばれているものによって画定される戦争区域における相互の戦闘努力に専念する。紛争そのものは、公式の通告に始まり、なんらかの公式の措置により休戦を迎え、明白かつしばしば儀式的な行為により終了することが前提とされている。

軍事技術の変化と変動する政治の現実は、いつどのように武力が行使されうるかについての基本的な規則の背後にある中心的な前提を時代遅れのものにしている。一方では、核の均衡が、敵対する二超大国間の伝統的な手段による

戦争を割りに合わないものにし、また一定の程度において、その可能性を減じてきている。もちろん紛争そのものが減ったわけではなく、その代わりに、さまざまな伝統的でない方法が発展し、ますます巧妙なものになってきている。その本来の主人公が誰であるかを慎重に隠してなされる代理戦争もその一例である。これらの方法の多くは、新国家の独立や政変と結びついており、また神話化されている。交通や通信の発達が、現地社会への浸透活動や政府転覆活動、補給のゆきとどいた代理活動者による長期にわたる日常的な紛争醸成、事前に計画された人民暴動と地域住民からの「援助要請」といったものの可能性を助長してきている。国際政治は多くの非国家的な行動主体をとりこんできており、その多くが彼らの政治的な目的を達成するために、かつては考えられなかったような非伝統的な強制の手段をますます行使するようになってきている。交通通信の容易化、より大きな破壊力をもつ兵器の小型化、大衆を恐怖に陥れる手段の巧妙化により、国家の形成を熱烈に指向するものであれ、あるいは無政府主義的あるいは虚無的な思想をもつものであれ、多くの集団が軍事的な活動に加わることができるようになってきている。

2　新しい「規則」の模索——正当な例外・問題ある例外

軍事的あるい技術的な環境のこうした変化にともなって、小規模な国家は、国際連合その他の国際的な会議の場を通じて、力の行使に関する国際法の規律を彼らの価値志向と目的をよりよく反映したものに変えようとしてきている。その結果できあがった新しい「規則」のあるものは、彼らの願望以上のものではないが、他のあるものはうまく立法的な意義を獲得して実行準則の一部になろうとしている。特定の場合においてそれらを適用した結果は、それぞれの具体的な事情に応じて異なった結果を導いている。この点は少数の事例を検討することにより、直ちに明かとなろう。

(1) 自　決

まず最初に一九七〇年に総会が採択した友好関係原則宣言について考えてみよう。この文書は、アメリカが支持し、諸国によりしばしば援用され、また国際司法裁判所によって現代国際法の法典化と認められているものである。宣言はそのなかで次のように規定している。

「国際連合憲章にうたわれた人民の同権および自決の原則によって、すべての人民は、外部からの介入なしにその政治的地位を自由に決定し、その経済的、社会的および文化的発展を自由に追求する権利を有し、すべての国は、憲章に基づいてこの権利を尊重する義務を有する。」

この自決の権利の実際上の意義は、その三項後の段落で次のように規定されている。

「すべての国は……人民から自決権、自由および独立を奪ういかなる強制的な行為も慎む義務を有する。人民は、自決権行使の過程においてこのような強制的な行為に対する反対行動および抵抗において、国連憲章の目的および原則にしたがって支持を求めかつ受ける権利を有する。」[強調は著者]

これが慣習法の転回を指向する最初の試みであることに注意する必要がある。「人民」が「自決」および「自由と独立」の権利をもつものとされている。こうした人民の集団によって反対を受けている国家は、そうした闘争を妨げるようないかなる行為も慎まなければならない。つまり通常ならば自衛として意義づけることのできるような行動でも、自決に関しては慎まなければならないのである。第三国はそうした闘争集団を支援する義務を負うことになるが、この義務の実施としてなされる行為は、その行為が向けられる国に対する法的な責任を生じさせない。

この「転回」は、歴史的に例外的であったような事例が再び発生することを懸念して規定されたというにとどまらない。確かに、これら規定の起草者のある者にとっては、非植民地化の概念は歴史上の特定の事例と結びつき、ポルトガル植民地や南アのアパルトヘイト政府の事例に限定されているとしても、「自決」とくに「自由と独立」の概念は、開かれた概念であり、総会の多数が支持するいかなる集団にも適用されうるものである。リアリスト法学における法の古典的定式化として、ホームズ判事は、法は裁判所が実際になすであろうことの予測以外の何ものでもないといっている。(64)つまり、いずれの集団が「自由と独立」を求めて闘争しているものと将来認められるか、またこの新しい非対称的な権利義務の関係からいずれの集団が利益をうるかを知るためには、この宣言の成立過程をみるよりも、総会がどういう加盟国によって構成されているかをみる方が役に立つということになる。

一九七九年の「人質防止条約(65)」はこの転回をさらに明白に示唆する内容をもっている。その第一条一項は、同条約によって禁止される犯罪行為を次のように定めている。

「国家、政府間国際組織、自然人ないし法人あるいはそれらの集団などの第三者に対し、他の者（以下「人質」）の釈放を条件として、あることをなしあるいはなさないことを強制する目的で、人質を捕らえ、拉致し、または殺傷しあるいは拉致を継続することを脅迫するものはいずれも、本条約の意味において、『人質行為』（taking hostage）の罪をなしたものとみなされる。」

しかし同条約の一二条は、続けて次のように規定している。

「本条約は、一九四九年のジュネーブ諸条約およびそれら諸条約の追加議定書で定義されている武力紛争に関しては、一九七七年の追加第一議定書の第一条四項が言及している武力紛争の場合、すなわち国際連合憲章および国際連合憲章に従った諸国間の友好関係及び協力についての国際法の原則に関する宣言にうたわれている自決権を行使して人民が植民地支配および外国による占領または人種差別体制に対して戦う場合を含め、それらの過程で生じた人質行為には適用しない。」

ここでこれらの文書を引用するのは、軍事的手段の行使に関する国際法上のひとつの考え方が、これら文書の作成された時期においては、公式の国際法定立の手続きを通じて現われてきたということを示すためである。そうした国際法の考え方は慣習国際法のそれから遠く隔たったものである。一種の正戦が確立されつつあったのである。

こうした変化と平行して、新たな正戦が戦われる手段、つまり武力紛争法あるいは交戦法規（jus in bello）に関しても、法の発展が現れてきている。ジュネーブ条約に追加された二つの議定書、とくに第一議定書は[66]、医療援助および戦闘中の行方不明者の所在確認などの人道的な分野での新しい規則を創設する一方で、反乱行動を規律する伝統的な考え方の根本的な変化を求めている。第一議定書は、その第一条四項で「人民が……自決権を行使して……武力紛争」を国際化しようとし、そうすることにより、友好関係宣言（総会決議二五二六）に具体化されているそれら人民に援助を供与する義務の履行を促進している。最近の各国代表の発言にもこうした意図を再確認できる。これに加え、同議定書第四三条および四四条は、慣習法およびジュネーブ条約が定める戦闘員としての地位を認められるための要件、すなわち固着の特殊標章を身につけ、また公然と武器を携行しているという要件を緩和しているが、それは民族解放のための戦争の担い手である不正規部隊に有利な法の発展である[67]。しかしカモフラージュと非戦闘員の地位の偽装との間の区別は、この新たに発展してきた武力紛争法においても不明確のままである。この両者の区別をめぐる未解決の問題は、いずれの行為がいずれにあたるのかを不明確にしたまま、「奇計」（ruses of war）を戦闘行為として許容する一方で、「背信行為」（perfidy）を禁止する第三七条の規定にも反映されてきた[68]。この点については、今後の慣行を通じて、第一議定書の諸条項のいずれが、法として認められるようになるかを見守っていく以外にない。

（2）ブレジネフ・ドクトリンとレーガン・ドクトリン

国連の枠組みの外において、いくつかの国は、たとえそれが二四ヵ国委員会[69]などのような国際組織による認定を受けていない場合であっても、ある事態を自決の要求に基礎をおくものと一方的に性格づけた上で、これに一方的に干渉することを正当化しはじめている。いわゆるブレジネフ・ドクトリンもレーガン・ドクトリンも、それぞれ自ら設定した生存防衛地帯の防衛および自決、民族解放あるいは自由の戦士といったものになぞらえて自ら様々に名付けたものの防衛に関する規範を、そのなかに含んでいる。ブレジネフ・ドクトリンは次のようにいう。「真正の革命勢力(genuine revolutionaries)」は「国際主義者として、民族および社会の解放のための正しい闘争を行なっているあらゆる国の進歩的勢力を支援せずにはいられない。[70]」同様に、レーガン大統領の自由の戦士という主張に表わされるアメリカの見方も、これと相似した構造をもっている。一九八五年三月一日の演説において、レーガン大統領は次のようにいっている。「自由の運動は、自然に発生し自己展開する。それはおよそ人が居住する大陸のあらゆる場所において——アフガニスタンの丘陵において、アンゴラにおいて、カンボジアにおいて、また中央アメリカにおいて——そのように湧き起こっている。……彼らはわれわれの兄弟であり、自由の戦士であり、彼らに対してわれわれは助力する義務を負っている。[71]」しかしこの様な使命感を抱いたのはレーガン政権が最初であったわけではなく、現存政権に反抗する勢力に非公然の支援を提供する動きは、さまざまな形で幾度となく繰り返されてきている。トルーマン、アイゼンハワー、ケネディ、ジョンソン、ニクソン、フォード、カーターそしてブッシュと、いずれの政権も同様に、時に応じ、そうした支援を行なってきている。[72]ミハエル・ゴルバチョフはブレジネフ・ドクトリンを廃棄した。アメリカは、今のところろ、レーガン・ドクトリンを放棄はしていない。しかし冷戦の終結をうけて、かつての超大国のいずれも、これら粗削りで露骨な「ドクトリン」のもとで特定の種類の行動をとり続けるとは思われない。しかしながら、ブレジネフ・ドクトリンの地方版ともいうべき同系列の教理に、陰に陽に依拠した地域レベルでの干渉の形態が、いまでも継続して現れていることに注意が払われなければならない。たとえばカンボジアにおける中国、あるいはレバノンにおけるイスラエルのような場合である。これら具体的な特定の場合において、こうした主張が国際的にみて寛大に黙認されているのかどうかは、明確ではない。

（3）人道的干渉

国際連合の安全保障体制が機能麻痺におちいったのにともなって、自決のほかにも、一方的な強制の行使を正当化しようとする能動的事例が、繰り返し生じてきている。それゆえ一九四五年以来、人道的干渉、他国の政権エリートの交代、勢力圏内あるいは生存防衛地帯内における軍事力の行使、あるいは条約上の義務としてなされる干渉といった概念が、能動的・先制的な軍事的介入の根拠付けとして引っ張りだされてきている。

理論としては少なくともグロチウス以来、そして実際上は一八二七年のギリシャ内乱以来、「人類の良識への衝撃」となるような人権の侵害に対抗するために国家が他国に介入する権利は、その濫用が懸念されながらも国際的に認められてきている。自国民の外交的保護の理論を実際に力によって実施する場合と必然的に同様の技術的操作が用いられるが、人道的干渉の理論の場合には、干渉する者とその保護行為の対象となる者との間の直接の関係は必要ではない。

しかしこの理論の妥当性は、一方的な武力行使を禁止する憲章第二条四項および戦後の国家慣行に照らして、一部の学者によって問題視されている。[73] もっとも、多くの有力な学者はその妥当性を支持している。[74]

この理論を支持する根拠は、人権の剝奪に対する初動的な行動のあり方を創設する憲章自体のなかに見いだされうる。憲章第五五条は、国連が「すべての者のための人権及び基本的自由の普遍的な尊重及び遵守」を促進しなければならないと定めている。第五六条は、この約束を実施するために、人権の保護のために共同してまた個別的に行動する積極的な義務を定めている。「すべての加盟国は、第五五条に掲げる目的を達成するために、この機構と協力して、共同及び個別の行動をとることを誓約する」

さらに憲章前文は、「共同の利益の場合を除く外は武力を用いないことを原則の受諾と方法の設定によって確保」するという約束を含んでいる。

最後に、人道的干渉の原因となった人権の剝奪が、「平和に対する脅威」、「平和の破壊」あるいは「侵略行動」に該当する場合には、その限りで、安全保障理事会は、憲章第七章のもとで、当該事態に関して管轄権をもつことになる。安全保障理事会が機能しえない場合には、おそらく、平和のための結集決議[75]のもとで、総会が二次的な権限を行使できるようになるであろう。同決議の授権のもとでは、総会は、その行動が国連の主要な目的と原則に一致する限りにおいて、安全保障理事会のそれと同様の任務を執行し、権限を肩代わりする。[76]

人道的干渉の理論の妥当性を確認するためには、憲章中のこれと競合する語によって表明されている他の規範についても同様だが、憲章文言の厳格な文理的分析にのみ依存するのではなく、国家慣行や社会の期待の所在、および憲章の背後にある全体的な政策をみていかなければならない。人道的干渉を支えている基本的な政策判断が妥当し続けていることは、国連の行動を定める憲章の条文やジェノサイド条約のなかで繰り返し確認されている。憲章が慣習法的な人道的干渉につけ加わることによっても、人権の積極的な保護を国家の共同の責務とするような累積的な効果が生じている。加盟国は、国連と共同して、新しく組織化された明示的に条約に基づく人道的干渉を行ない、あるいは単独ないし集団で慣習国際法上の人道的干渉を行なうことが許される。

人道的干渉の理論は厳格な要件の特定を欠いており、それだけに容易に濫用されるおそれがある。この理論に言及するだけで武力の行使の正当性が自動的に認められるわけではない。それぞれの事例ごとに、その状況が不干渉の原則や国家主権といったこれに対抗する規範を押し退けてでもこれを是認することが緊急に必要であるかどうかについて、国際的かつ法的な審査を経なければならない。われわれは、この理論は社会の期待を反映して存続しつづけると思うが、それはあくまでそれが緊急な状況のもとで人道的な目的のために援用される限りのことであり、ベトナムのカンボジアへの侵入の場合にそうであったように、占領を覆い隠すための口実として用いられるべきではない[77]。北イラクにおけるクルド人を助けるための国際的救護の努力は、こうした傾向を確認するものである。

（4）生存防衛地帯

冷戦の期間を通じてソ連は、またアメリカは過去一世紀以上にわたり、一定の地理的範囲ないし生存防衛地帯[78]を指定して、これを「保護」するための排他的な大権を主張してきている。ブレジネフ・ドクトリンとかレーガン・ドクトリンとしばしば呼ばれているこうした防衛的な権利の主張は、歴史的な性質のものであり、これまでも様々な名称のもとで行使されてきている。将来においても、国際政治の構造の大変化が起こらないかぎり、地理的範囲が修正されたり、その名前のつけ方が変わることはあっても、こうした権利は行使されつづけられるものと思われる。

これらドクトリンは、自衛権にその根拠を求めようとしているが、しかし米ソは同様に、こうした地帯を保護するために先制的な措置をとる権利をも主張しているし、また実際にそうした措置をとってきている。たとえばハンガリー、チェコスロバキア、東独、ポーランドにおけるソ連の軍事的および外交的干渉は、防衛地帯という理論的基礎に明示的には言及しない場合であっても、暗黙のうちにそうした考え方に基礎をおいてきたように見える。これと対応するアメリカの主張は、一九二〇年代のラテン・アメリカ地域への度重なる軍事力による干渉や、「冷戦」期におけるグァテマラ（一九五四年）、キューバ（一九六一年）、ドミニカ（一九六五年）、ニカラグァ（一九八〇年代）、グレナダ（一九八三年）、および最近のパナマ（一九八九－九〇年）などにおける軍事干渉に現われている。

両ドクトリンは国家の安全あるいは自称「防衛的な」戦略的考慮によって部分的には基礎付けられている。いずれも、それぞれの緩衝地帯への敵対勢力の侵入は自国の安全にとって受け入れがたい危険をもたらすものであり、その危険が非常に大きいために脅威を受けた国は、他の場合には許されない、またとくに他の国々には許されない先制的な行動に訴えることを必要とするという考えを表明している。この両者はともに、いまでは時代遅れになった軍事的、戦略的な理論を前提にしている。

ソ連とアメリカの定式には重要な違いがある。アメリカのドクトリンが認めてきた一方的行動は、これまでのところすべて領域的に特定されたものである。それはモンロー宣言以来そうであったように、西半球に関係づけられている。朝鮮やベトナムの例のように、西半球を越えて行動がなされる場合には、条約上の義務、確実な現地政府の招請、真の意味では国際的ではないとしても、多国籍の支援措置といった基礎があった。（ただしカーター・ドクトリンは、後のレーガン・ドクトリンがそうであるように、西半球をペルシャ湾岸地帯に読み代えていることに注意すべきである。）[79] これに対し、ブレジネフ・ドクトリンは、一定の地域的な限定を装ってはいるが、実際は世界的な規模での権限行使の可能性を残して策定されている。つまり、いわゆる社会主義体制の構成員となるいかなる国家も恒久的にブレジネフ・ドクトリンの適用対象となったのである。

このような防衛地帯の主張が合法的なものとみなされるのは、それが直接かつ説得力をもって超大国の防衛と核戦争の回避に関連づけられる場合に限られる。つまり敵対勢力の影響力を排除することが正当化されるのは、世界秩序の維持の名においてのみであり、同盟から離脱した国家をこれに復帰させるための侵略や生存防衛地帯内の国家の国内公序への干渉は、それゆえ正当化されない。

もっとも実行準則は、こうした基準を逸脱する行為があったときにおいてさえ、ブレジネフ・ドクトリンあるいはレーガン・ドクトリンの適用を非常に寛大に認めてきている。アメリカおよび国連加盟国の多数は、アフガニスタンの場合を除くと、ソ連の「防衛的」な干渉のすべての事例を基本的に黙認している。もっともポーランドにおける戒厳令の場合におけるように、ソ連が密かに裏で糸を引いていたことに対しては、相当の抗議がなされる場合があるのも事実である。いずれにせよ、生存防衛地帯の主張が他の規範と結び付けられているときには、分析がより困難になる。

たとえば、ルーマニアにおいてチャウシェスク体制打倒を求める暴動が発生したときに、米国のベーカー国務長官がソ連に送ったシグナルでは、二つの干渉のドクトリンが合体させられている。ソ連がルーマニアにおける民主化勢力を支持するために軍隊を派遣した場合にアメリカがこれを是認するかという質問に対して、ベーカーは次のように答えている。「彼らはきわめて抑圧的かつ弾圧的な独裁主義の政権を打ち倒そうとしている。それゆえ私は、もしワルシャワ条約機構が反政権の側にたって干渉を行なう必要があると判断してそうした場合にはそれらの勢力を支持すると既に言明しているフランスの例に従うことも、十分にありうることだと思っている。……それが私の見解である。答えはイエスである。(80)」

イスラエルも同様の戦術的な権利を、レバノンの防衛地帯に対し、またイスラエルとの国境近くにあるヨルダンの高射砲陣地周辺に関して主張している。核戦争の回避という上位の正当化根拠を欠いているこうした主張は、とくにそれが外国領域の占領を結果としてもたらし、また広範な国際的な非難を受けている場合には、国際的実行準則が容易に認めるものではない。しかし、ヨルダンおよびより広く国際社会の大勢は、南レバノンにおけるイスラエルの立場を容認しているようにみえる。この点は、とくに、一九八二年にイスラエルが国境地帯を越えてレバノン領内奥深く侵攻したことに対して、これを容認しないという対応が直ちにとられたのと対照的である。(81)

核戦争の脅威が少なくなりつつある今日の情勢において、こうした生存防衛地帯がなお容認され続けるかどうかは、疑問の余地がある。こうした形で、小規模な国家の権限の制限が容認されてきたのは、核戦争の回避がもっとも緊急の共通利益にかかわる事項と見られてきたからである。その脅威が縮減するにともない、これと並行して国家権限の外国への拡張に対する容認もとり下げられていくことになるかもしれない。

3　非公然活動への適用

すでに見たように、国際法は軍事力に至らない強制で、外交的、経済的およびイデオロギー的な手段によるものを相当に広く認めている。また国家の実行上ということに限ってみれば、武力の行使あるいは干渉を絶対的に禁止したこともない。しかしそうはいっても「すべてが許容されている」というわけでもない。すなわち、すべての先制的な武力の行使が合法的であるとか、実効的な規律をうけていないというわけではない。それが意味するところは、この問題に関する実行準則は、重要な点で、形式的法の文言あるいは神話体系と一致していないということであり、またある特定の事例における合法性の決定は、われわれの見方によれば、第二章で問題提起したように、より包括的で結果を重視した政策志向的なアプローチを用いてなされなければならないということである。

以上の考察結果をそのまま、あるいは必要な変更を加えて、直接に非公然活動にも適用できるかというのが、次の問題である。つまり、もし国家が、たとえばイディ・アミンとかジャン・クロード・ボカサ、あるいはクメール・ルージュやフェルディナンド・マルコス、それにマニュエル・ノリエガというような独裁的支配者を、公然の力の行使によってその地位から引きずり降ろすことを合法的に行なえるのなら、同様の目的を、非公然なやり方で達成することもできるかという問題である。

特定の事例において「暴露された」非公然活動を分析してみることが、国際的な期待の所在を明らかにするために不可欠である。これを明らかにするための研究作業は、しかしながら、まったくもって困難をきわめる。というのは、利用できる情報は歪曲されたものである場合があり、また照らし合わせによって情報の真偽を確認する可能性が極度に限られているからである。情報を利用できないということそのものが何を意味するかについて、異なる解釈がありうる。[82] 公式の非難がなされている場合であっても、その裏では私的な是認や、ある場合には非公然の支持がなされている場合がある。われわれがここで扱っている問題のなかでは、こうしたことについての包括的な傾向分析を行なうことはできない。以下に掲げるのは、情報が利用可能である八つの事例《インシデント》に関する事実の経緯の記録である。そのうち五つは、政治的干渉の事例であるが、そこでは、年代順に、政権転覆に対する国際的な反応を跡付けてみたい。六番目の事例は、不成功に終わった「救出」活動に関するものであるが、国際的な非難の対象とはならなかった例であり、そのことが非公然活動の合法性に関する国際社会の評価が、それら活動の目的、他の選択肢の可能性あるいはその結果という要因を考慮してなされていることを示している。残る二つの事例のうちひとつは、非政府的な行為主体に対する妨害活動を含む事例であり、他のひとつは、戦犯の国際的な誘拐事件であるが、非公然活動が許される規範的な限度に関する興味ある例として掲げる。これらの事例のうち五つは、アメリカの非公然活動を含んでおり、そのうち二つの活動については、広範な非難がなされている。

われわれは、これら事例のいずれをも、現行の法が何であるかがそこに集約されたものとして掲げているわけではない。それら事例に対する国際的な反応は、それらが生じた時点における実効的なエリートの見解を示しているものであり、それは規範的な期待がどこにあるかに関する現在の傾向を分析するための一次資料を提供するものである。環境条件の変化は、当然、それによって条件づけられている期待の変化をもたらすはずである。

（1）イラン政権転覆事件（一九五三年）

第二次大戦中、イランはイギリスとソ連の勢力圏下に分割されていた。しかしソ連占領軍は一九四六年までイランから撤収せず、アゼルバイジャン地方の傀儡政権が崩壊した時にようやく軍隊を引き上げたのである。他方、イギリスはその石油産業に対する支配を通してイランの国政に影響力を行使しつづけた(83)。

第二次大戦後、イランは、名目的には、シャーであるモハムド・レザ・パーレビによって支配された。しかし統治の実権は議会が握っていた。事実上の権力は、シャーによって指名される首相および議会の下院（Majlis）の手中にあった。一九五一年、下院は、当時イギリス政府がその規制下においていたアングロ・イラニアン石油会社が経営支配していた石油産業を国有化した。一九五一年に首相が暗殺されると、シャーはナショナリストとしてその名を知られていたモハムド・モサデク（Mossadegh）を首相に指名するよう推挙をうけた。下院は、程なくして、彼に独裁的な権力をあたえた。

最初のうちは、アメリカの政策も世論もモサデク政権を歓迎した。一九五二年にはタイム誌は彼を「今年の人」として紹介した。その後、ワシントンの態度は冷えていった。イギリスの技術者が引き揚げ、またイギリス政府が石油の購入に圧力をかけたため、石油に依存するイラン経済は危機に陥った。イギリスやアメリカの利権に反対する国家主義的な暴動がしばしば生じた。モサデクが事態の掌握能力を失うに従い、ワシントンは、首相がトゥデー党（Tudeh）と呼ばれるイラン共産党の影響下におかれたのではないかと危惧するようになった。アメリカの援助は縮減され、石油の購入も停止された。一九五二年、モサデクは議会を解散した。その一年後、彼は選挙で勝利を収めたが、この選挙は一般には不正選挙であったとされている。

この時点で、アイゼンハワー政権は介入することを決意した。シャーとの交渉がなされた。一九五三年八月一三日、シャーはモサデクを解任し、後任にザヘディ（Zahedi）将軍を指名した。しかしモサデクがその任から降りることを拒否したため、シャーは夏の宮殿に安全のため避難した。その後、五日間にわたり社会不安が生じたが、アメリカが裏で糸を引いたデモ行動の結果、事態は一転して収拾された。モサデクは逮捕され、シャーはテヘランに戻った。

この八月の事件においてアメリカが果たした役割の詳細は秘密になっていた。他方で、当時の報道は、アメリカおよびそれほどではないにせよイギリスが、このイランの事態に深く関与し、さまざまな経済的および政治的説得の手段を行使したことを示唆している。しかしながら、報道のなかにも、これに対する国際的な非難あるいは関心があったということを示唆するものは何もなかった。当時まだアメリカの意向が反映されえた国際連合においても、九月一六日に出された第八回総会のための七二の仮議事日程のなかにも、イランの問題は含まれていなかった。一九五三年の秋にはチュニジアとモロッコの独立問題が審議されたが、イラン問題は一切取り上げられなかった。

一九八〇年に、国際司法裁判所がいわゆるテヘラン大使館人質事件を審理する頃までには、一九五三年八月の事件が実際にどのようなものであったかは明らかになっていた。[84] イランは口頭手続きにも出頭せず、また正式の訴答書面も提出しなかったが、イランの立場は裁判所に宛てた外務大臣の二通の書簡によって明らかにされている。一九八〇年一二月九日付けの第一の書簡において、イラン政府は次のように述べている。

「裁判所は、過去二五年間にわたるイランとアメリカとの政治的記録文書全体によって表される適切な文脈から切り離して、アメリカの請求を審理することはできない。この文書のなかには、とりわけ、アメリカ政府によってイラン国内でなされたあらゆる犯罪、とくにCIAによって引き起こされ遂行された一九五三年のクーデタがある。[85]」

裁判所は、「こうした主張が、いかなる法的な基礎のもとに、アメリカの請求に対する意味のある反論となっているかについて説明するため、イランは裁判所に出頭することができたはずである」と述べながらも、全体的文脈を考慮すべきであるというイランの抗弁を退けた。

「……主張されているようなイランにおけるアメリカの犯罪行為があったことが立証されたとしても、それが本件におけるイランの行動を正当化するかどうか、アメリカの請求に対する有効な反論として裁判所が認めるかどうかの問題はなお残される。そして裁判所は、それが抗弁とみなしうるという結論をうけいれることはできない。なぜなら外交関係法そのものが、外交使節あるいは領事職員による不法な行為に対する対応と制裁に必要とされる手段を規定しているからである。[86]」

（2）アイヒマン事件（一九六〇年）

一九六〇年五月二三日、イスラエル首相デビッド・ベングリオンは、イスラエル議会に対し、「ナチの重要戦犯の一人であるアドルフ・アイヒマンが……イスラエル国家安全保障機関によって発見され……かつイスラエル領内に拘禁中である」(87)という報告をした。ベングリオンはアイヒマンがどこでどのように発見されたかについては何も言及しなかった。しかし政府のスポークスマンは、アイヒマンが「外国政府の協力をえないままに」その身柄を拉致されたことを認めた。数日のうちに、APとタイムが、アイヒマンはイスラエルの特殊部隊員のチームによりブエノス・アイレスの路上で誘拐されたと報道した。

アルゼンチン政府はイスラエルに抗議するとともに、自国外交官をテル・アビブから召喚した。その後、両政府間で覚え書きの交換が行なわれた。イスラエルはアルゼンチンの法ないし主権を侵害したことについて遺憾の意を表明する一方で、「自ら大量殺戮の生き残りであるこの有志達は、この任務の達成をなによりも優先していたということが考慮されるべきである」と主張した。アルゼンチン政府は「こうした歴史的かつ道義的な理由の前に、理解を示す」べきである。さらにイスラエルの覚え書きは、有志の者達がアイヒマンの「完全な同意」をえて彼をアルゼンチン国外へ連れ出したとも述べていた。

アルゼンチン政府はこれに答えて、「ユダヤの人々が、強制収容所における虐殺の責任者に対して抱く感情は完全に理解する」と述べたが、同時に「国家がその命を受けた人員を他国の領域に送り込み、その領域国の許可なくいずれかの行動、とくに強制力をもちいる行動をとらせたという事実は、国際的な法的諸関係の枠組みのなかでは正当なものではありえない。」と述べた。アルゼンチンはイスラエルにアイヒマンの身柄を返還することで賠償をなすことを求めた。イスラエルは、いったんそうした後に、アイヒマンの引渡しを要求すればよい[88]。しかし、もしアイヒマンが集団殺害罪（ジェノサイド）を理由に引き渡されるという場合には、イスラエルもアルゼンチンも共にその締約国であるジェノサイド条約の定めるところにより、アイヒマンはドイツにおいてかあるいは国際裁判所によって審理されなければならなかった。

ボンの外務省スポークスマンは、これより先に、西ドイツはアイヒマンの裁判に関して証拠をイスラエルに提供すると言明していた。さらに西ドイツとイスラエルとの間には犯罪人引渡し条約がなかったので、ドイツが犯罪人の引渡しを要求する可能性は少なかった。国際司法裁判所がいずれの国の裁判所が管轄権を行使すべきかについて判断を下すまで、アイヒマンの身柄をテル・アビブのアルゼンチン大使館に一旦移して拘置するというラテン・アメリカの提案は、イスラエルによって拒否された。

イスラエルが六月八日付けの覚え書きに対して返答しなかったので、アルゼンチンはこの件を審議するため安全保障理事会の緊急会議の開催を求めた。六月二二日、アルゼンチンの国際連合代表は、安全保障理事会における審議のための決議案を提出した。その決議案は、「本件審議にかけられている種類の行動は……もしそれが繰り返されるならば、国際の平和と安全を危うくする」と述べていた。さらにイスラエルは「国際連合憲章および国際法の諸規則にしたがって適当な賠償をなす」よう要求されていた。アメリカ代表の提案により、この決議案は次のような文言をその前文に含めるように修正された。すなわち、安全保障理事会は「ナチのもとでのユダヤ人の迫害に対する普遍的な非難、およびアイヒマンが法により適正に処罰されることに対するすべての国の人民の関心に留意して」という文言である。また「アルゼンチンとイスラエルとの伝統的な友好関係が促進される」ことへの希望を表明する文言も付け加えられた。

引き続いて行なわれた議論のなかで、ソ連の代表はアルゼンチンが自らアイヒマンを逮捕しなかったことを批判した。またフランスとポーランドの代表はアルゼンチンがアイヒマンの身柄の返還を求めていることを批判した。これに対して、イタリア、セイロン、エクアドル、中国（国民党）およびチュニジアは、国家主権の侵害に関して、アルゼンチンを支持した。イギリスは修正決議案を支持した。決議は、ソ連とポーランドの棄権を含む、八対〇で採択された。[89]アルゼンチンは投票に加わらなかった。

アルゼンチンとイスラエルは、しかし、賠償の方法について合意に達しなかった。イスラエルは決議の採択そのものが賠償として十分であると主張した。七月になって、ブエノス・アイレス駐在イスラエル大使は、「好ましからざる人物」（ペルソナ・ノン・グラータ）の宣言を受けた。八月三日になって事件の終決を宣言する共同声明が出され、そのなかでイスラエルは、イスラエル国民が「アルゼンチンの基本的な権利……を侵害した」ということを認めた。[90]十月になって外交関係は完全に再開された。

アイヒマンは裁判の結果、戦争犯罪、ジェノサイド、およびイスラエル法である一九五〇年のナチおよびナチ協力者処罰法[91]のもとでのナチ組織の構成員であることの罪により有罪とされた。アイヒマンは一九六二年五月三一日に処刑された。

（3）ピッグス湾事件（一九六一年）

一九六一年四月一七日の朝、キューバからの亡命者千四百人からなる武装部隊がキューバのバヒア・デ・コキノスに上陸した。彼らの目的は第一に直接の武力の行使により、あるいは第二に人民の蜂起を扇動することにより、フィデル・カストロ政権を転覆することにあった。第三の選択肢は、エスキャンブレイの山地に引きこもって、かつてカストロ自身がシエラ・マエストラからそうしたように、ゲリラ戦をおこなうことであった。上陸の事前作戦として、四月一五日にキューバの飛行場をキューバ人の操縦する国籍不明のB26型航空機が攻撃した。その攻撃がどこから出撃したかを隠蔽するために、一人のパイロットがフロリダまで飛行を継続し、戦線離脱の事実を告げて庇護をもとめた。(92)

この部隊はCIA(米国中央情報部)が人員を募集し、訓練し、装備を提供したものであった。また作戦計画はアイゼンハワー政権時に立てられ、ケネディ政権に引き継がれたものであった。作戦行動を秘密にするために、その陸上戦闘部隊はグァテマラで訓練された。航空部隊はニカラグァから出撃した。航空部隊は韓国の放出品である八機の中古のB26爆撃機によって編成されていたが、それはラテン・アメリカのどこでも手に入れうるものであったので、理論的には、合衆国の関与を決定付けるようなものではなかった。作戦の秘密を守るためのもう一つの妥協策として、上陸地点もエスキャンブレイ山脈のふもとにあるトリニダード市から八〇マイル西にあるピッグス湾に変更された。ラテン・アメリカ諸国の反米的な反応や国際連合におけるアメリカへの非難など作戦行動がもちうる政治的な危険を縮小したいと考えた大統領にとって、トリニダードは「あまりにも見えすいた」場所と思われたからである。(93)

しかしこうしたすべての配慮をもってしても、キューバ侵攻はなお「秘密を保つにはあまりに大規模であり、成功するにはあまりに小規模であった。」(94) 一九六〇年の一〇月には、グァテマラの新聞がこの侵攻の準備の模様を掲載していた。一二月にはアメリカの報道機関がこれに加わった。侵攻の準備はキューバ政府の注意も引かずにはおかなかった。三月一三日付けの国連総会議長あての書簡において、キューバ外務大臣ラウル・ロアは次のような苦情を伝えた。

「キューバ侵攻が差し迫っていることをアメリカの新聞、ラジオ、テレビ、反革命的な指導者およびCIAに雇われた傭兵が指摘している。……この侵攻部隊がアメリカの専門家によってフロリダあるいはグァテマラで訓練されたことは周知の事実である。(95)」

四月一二日、ケネディは記者会見において、「いかなる条件のもとにおいても、合衆国軍によるキューバへの干渉はありえない。……キューバ問題は基本的に合衆国とキューバとの間の問題ではない。それはキューバ人の間の問題である。[96]」

武装部隊がバヒア・デ・コチノスに上陸するや否や、キューバはすばやくかつ有効にこれに対処した。数時間のうちに、現体制に反対していると思われる二万人の身柄が拘束された。人民の蜂起も生じなかった。上陸地点の海岸において、上陸を敢行するかしないかのうちに、武装部隊は頑強な抵抗にあった。キューバ軍はほどなく二万人の武装兵力により海岸を制圧した。キューバ軍のT33ジェット訓練機が制空権を確保した。戦闘は一部で熾烈であったが、二日間の戦闘の結果、侵攻部隊は戦闘継続能力を失うにいたった。戦闘の生存者も沼地を挟んで八〇マイル東にあるエスキャンブレイ山地まで逃げのびることはできなかった。百四〇人におよぶ亡命キューバ人が戦死し、千百八十九名が逮捕された。キューバ側の死傷者の内訳は、死者八七、符傷者二百人以上とされているが、実際にはもっと多かったと推定される。[97]

この侵攻にもっとも強硬に反応したのはラテン・アメリカ諸国であった。合衆国との関係は、この地域の全域を通じて「気まずい」ものとなった。[98]ブエノス・アイレスでも、ボゴタでも、またメキシコ・シティ、カラカス、モンテビデオ、サンチァゴでも、反米あるいはカストロ支持のデモが行なわれた。[99]ベネズェラの下院では、キューバにおける「いかなる外国の武力干渉」をも非難するとの決議が採択された。[100]

侵攻は西欧でも「広範な幻滅」をもって迎えられた。フランクフルター・ノイエ・プレスは「ケネディは政治的かつ道義的に敗退した」と書いた。しかしヨーロッパの反応は、のちのレインボー・ウォリアー号事件への反応を予感させるように、侵攻作戦がなされたことそのものよりも、むしろそれが失敗したことに向けられていた。シュレジンジャーはこれを次のように総括している。「ニュー・フロンティアは単に帝国主義者の糾合であるだけでなく、生半可な帝国主義者の集まりのように見える。さらに悪いことには、それは無能で実行力のない帝国主義者のそれである。」[101]

四月二二日、ソ連のフルシチョフはケネディ大統領に書簡をおくり、その中で次のように警告している。

「アメリカによって最近とられたキューバに対する措置のようなものを実行する権利を、もし貴殿が有すると考えるのであれば、ソ連の安全にとって脅威となるような準備活動がその領域内で現に行なわれている国との関係において、他の国も同じようなやり方で行動する十分な理由があることを貴殿は認めなければならない。もし貴殿が初歩的な論理学に背くというのでないのであれば、貴殿は他の国の同様の権利を明白に認めざるをえないはずである。」

国際連合においては、総会が、一九六〇年一〇月一八日にキューバによって提起され審議中の議事日程九〇号のもとで、エスキャンブレイ山地への武器の投下およびフロリダからの傭兵の上陸を含む合衆国の干渉行動に関して審議を行なった。[102] 総会の第一委員会は、侵攻を審議するため四月一七日から四月二一日にかけて一二回の会合をもった。

総会はアルゼンチン、チリ、コロンビア、ホンデュラス、パナマ、ウルグァイ、そしてベネズェラが共同して提出した決議案を採択するにあたり、この侵攻を非難することを避ける道を選んだ。その決議の文言は、次のように述べていた。

「総会は……そこで明らかにされた、世界の世論を不安に陥れ、それが継続されれば世界の平和をそこなうような事態を深く憂慮し……、すべての加盟国が現在の緊張を除去するために取りうる平和的な行動をとるよう勧告する。」

これら七ヶ国の共同決議案は、「アメリカ大陸を不安に陥れる」という語句を「世界の世論を不安に陥れる」という語句に置き換えるスーダンの提案にしたがって修正された。合衆国は、決議を支持する六一ヶ国の多数に同調した。キューバは他の二七ヵ国とともに決議に反対した。十ヶ国が棄権した。[103]

メキシコの決議案はより強硬なものであった。それは次のようなものを含んでいた。

「総会は……いかなる国の内政にも干渉しないという原則が、他国の内戦を助長したりあるいは促進することを慎むべき義務を国際連合の加盟国に課していることを強く確認し……、すべての国家に対し、自国の領域あるいはその種々の資源がキューバにおける内戦を助長することのないよう確保することを緊急に訴える。[104]」

しかしメキシコのこの決議案は、総会において必要な三分の二の多数を得るには至らなかった（賛成四二、反対三一、棄権二五）。ルーマニアとソ連は、キューバに対する武力攻撃を非難し、武装勢力の援助を取り止めることを要求する決議案を第一委員会に提出したが、これを投票に付することを強いて要求はしなかった。

ピッグス湾事件への反応としてもっとも注目に値することは、アメリカ国内における批判がきわめて少なかったことである。侵攻の前にも後にも、不干渉原則を正面から掲げてこれを批判する者はいなかった。下院では、この事件の後ほどなくして、キューバの封鎖あるいは侵攻を要請する声が一部であがったほどである。五月三日のギャラップの世論調査は、八二パーセントというケネディ政権への空前の支持率を記録している。[105]

ピッグス湾事件は、非公然の作戦行動であるにかかわらず、その研究資料が十分に手に入る非常にまれな例である。もっとも今現在に至るまで、そのほとんどは合衆国の側の資料ではある。作戦失敗直後の調査では、補給に関する手配が不十分であったことから生じた上陸海岸での弾薬の不足、トリニダードからピッグス湾への上陸地点の変更の決定、老朽化し効果的でない装備の使用、また大統領が合衆国空軍による空爆を指令しないという決定をしたことなど、反乱者の敗北の決定的な要因の分析に焦点が絞られた。より一般的には、この作戦の計画において秘密性と実効性の両者の間にうまくバランスをとることができず、結果的にはそのどちらも達成されなかったといえるだろう。

カストロの役割についてはほとんど語られていない。迅速に対応したキューバ軍は、適切な作戦指揮をうけ、猛然と戦い、かつアメリカの作戦計画者が予想しなかったほど装備も行き届いていた。ピッグス湾事件はアメリカの敗北であるのと同じくらいに、キューバの勝利でもあった。

その後の回想録や研究は、極秘の決定作成過程の弱点についての有益な教訓をもたらしている。アービング・ジャニス（Irving Janis）は、ピッグス湾事件を彼がよぶところの「仲間内思考」（groupthink）の古典的例としてとらえている。すなわち、「結束の硬い小集団の構成員は、知らず知らずのうちに、共通の幻想と掟をもつようになり、それが批判的な思考や現実による検証を妨げ、連帯意識（esprit de corps）に陥る傾向がある」。こうして、強さの錯覚、全員一致の幻想、個人的な疑問の消去、あるいは平凡な政治指導への従順といった症状が現われる。極秘の政策決定がくり返されるなかで、「仲間内思考」の危険は極度に高まる。[106] ピッグス湾事件に関するトレバートンの研究は、決定作成における官僚主義的要因の害悪に焦点をあわせている。彼は作戦行動を押し止めがたいものにしていく惰性の発生、あるいは秘密の任務についている官僚が抱きがちな「計画が実施されるのを見届けたい」という、専門家的な動機について分析している。[107]

侵攻の法的な評価についてはあまり関心が払われていないが、それはおそらく議論すべきことがほとんどないからであろう。[108] ピッグス湾事件は合衆国の非公然活動のなかでも、もっとも明白な「冷戦」型のものである。一八ヵ月後に生じたキューバ隔離の場合と違って、この作戦行動はほとんど国際法上の基礎をもっていないし、その実施にあたって、地域的な支持や承認をえようとする努力もまったくなされなかった。実際、ケネディ政権は、この侵攻が国際法あるいは国内法に則ったものであるという外観を装うことすら殆どしなかった。[109]

もしこの侵攻作戦に国際法上の基礎があるとすれば、それは自決の原則ぐらいである。ケネディはフルシュチョフの書簡に応えて次のように書いている。

「書記長殿、貴殿は、自由な人民は世界のどこにおいても共産革命の歴史的必然性という主張を受け容れていないことは重々ご承知のことと思います。貴下政府が何を信じておられるかは、貴殿の問題です。しかし貴下政府が世界の中でやろうとしておられることは、世界の問題です。過去、現在そして未来を通じて、人の歴史における偉大な革命は、自由を求める人々の革命です。[110]」

しかしこの事件に自決権の議論があてはまるかは疑問である。事件の経緯が示しているように、亡命者は侵攻の時点において、キューバ内になんらの民衆的な基盤ももっていなかった。そうした基盤は、仮にかつてそのようなものが存在していたとしても、侵攻以前の段階で、カストロの徹底的な治安活動により効果的に排除されていたのである。ケネディ側近の中には、民衆暴動という議論に懐疑的な人もおり、そのように大統領に進言していた。シュレジンジャーは次のように書いている。「彼の判断によれば、(侵攻を強行することを支持する議論の弱点として)決定的な問題は、上陸が反体制大衆暴動の引き金となるという考え方にあった。よかれあしかれ、カストロが一体どの程度不人気であったというのか。私は、ニューヨーク・ヘラルド・トリビューン紙から特派されてキューバを訪問したばかりのジョセフ・ニューマンが書いた連載記事に触れ、そのなかでカストロの支持する強い民衆感情が報告されている一節を引用した。[111]」

合衆国法上の問題については、キューバ作戦行動が合衆国の中立遵守法への違反にあたらないかという質問を受けた際に[112]、ロバート・ケネディ司法長官が回答した内容が、芸術的ともいえるほどに、法律家としての極致を示している。

「……中立遵守法は、個人がその信じる理由のために戦うことを目的として合衆国を出国することを制限するために作られているわけではない。中立遵守法には、キューバからの難民が自由のための戦いに参加すべく本国に帰還しようとすることを制限する何ものも含まれていない。また個人は、同様の信念を抱く人々とともに、ある国に潜入する部隊を構成する目的で、まだ第三国にいる人々と合流するために合衆国を出国することを禁止されていない。

個人が反乱集団に加わる意図をもって合衆国を離れたとしても、犯罪にあたるような要素は何もない。またその者が他の者にそうするよう要請したとしても、犯罪にはならない。何人かのものが同時に出国しても犯罪にはならない。

法が禁止していることは、軍事的な遠征軍として組織された集団が、合衆国が平時関係にある国に対して、軍隊として行動する目的で合衆国から出動することである。[113]」

ケネディ政権の国際法および合衆国中立諸法に対する見解が煮えきらないものであったとすれば、それは議会による監視という現在のメカニズムの問題により一層の注意を喚起する。このメカニズムの実態は、後にモンデール上院議員により「相棒システム」(buddy system) と呼ばれたものであるが、主要な委員会の議長に対して非公式かつ選択的な通告がなされる以上のものではない。しかしピッグス湾事件について印象的なことは、上院外交委員会議長であったJ・ウィリアム・フルブライトが、大統領自身の決定がなされる以前に、行政府の決定作成の過程に関与していたことである。一九六一年三月末にフルブライトが報道機関に対して侵攻計画の報告に対する危惧を表明したとき、ケネディは個人的に、フルブライト議長に対して、提案されている行動について状況説明《ブリーフィング》を行っている。これにこたえてフルブライトは、この構想について大統領に覚え書きを送り、作戦に対する反対を伝えている。さらにフルブライトは、シュレジンジャーが「思潮のぶつかり合い」(climatic meeting) と呼んでいる四月一四日の会合にも出席し、作戦に対する強い反対を表明している。フルブライトがピッグス湾事件の政策決定に参加していたことは、イランに対する砂漠の楯作戦あるいはリビア空襲の際に、すでに一部の航空機が出撃した後になって初めて議会指導者が作戦行動を知らされたのとは対照的であり、議会による監視という問題にとって興味ある事例である。

（4）トルヒーヨ暗殺事件（一九六一年）

ラファエル・レオニダス・トルヒーヨは、一九三〇年以来、ドミニカ共和国において政治権力を握っていた。その親族が政権の重要な地位を占め、利権を握っていた。トルヒーヨ自身、八億ドルにのぼる海外預金および資産を保有していたと報告されている。その支配の体制はどのような基準をもってしても野蛮なものであった。トルヒーヨは、一九三〇年だけでも、一千人にのぼる政治的敵対者の処刑を許可したといわれている。一九三七年に、砂糖産業に携わる一万五千人のハイチ人労働者がハイチにもどることを拒否したためにドミニカで殺害された。一九六一年二月に、ドミニカ共和国の国際連合ニューヨーク代表部の一外交官が政治庇護をもとめ、「人権が侵害され続け……監獄は政治犯であふれ、おそるべき拷問が引き続き行なわれている」と非難した。(114)

トルヒーヨはその恐怖支配を外国にまでおよぼそうとした。一九六〇年六月、ドミニカ共和国の政府機関員が、ヴェネズエラ大統領ロムロ・ベタンクールの暗殺計画に関与していることが発覚した。その結果、一九六〇年八月、米州機構（OAS）閣僚会議は、ドミニカ共和国に対する武器禁輸を採択し、またトルヒーヨ政権との関係を断絶することを決定した。一九六一年一月、米州機構は、賛成一四、反対一、棄権六により、ドミニカ共和国に対する石油、石油産品およびトラックの積出を停止するよう加盟国に勧告する決議を採択した。(115)

「その支配のほとんどの期間を通じて、合衆国政府は［トルヒーヨを］支持し、彼はカリブおよびラテン・アメリカ諸国の大多数により、合衆国の保護下にあるものとみなされていた。」[116] しかし一九六〇年、アイゼンハワー政権は第二のキューバとなることを危惧して、トルヒーヨを権力の地位から引きずりおろすための政治的行動を開始した。[117]

トルヒーヨ市にある大使館を通じて、ドミニカの反体制勢力との接触がなされた。反対派は、照準器つきの狙撃用ライフルやその他の武器を要求した。一九六〇年七月、ドミニカ共和国に駐在している合衆国外交高官がワシントンに対して次のような助言を行なった。それによれば、反対派は、「……予測できる将来において、いかなる形のものであれ革命的活動を実行する体勢を整えうる可能性はなく、できるのは彼らの主要な敵を暗殺することだけである。」[118] また総領事は、その後の公電において、次のような結論を下している。

「純粋に実際上の観点からすれば、われわれにとって、また米州機構にとって、さらにドミニカ共和国にとっての最良の事態は、トルヒーヨがこの島を離れる前に、ドミニカ人民が彼の支配に終止符を打つことである。もし彼が大衆を彼の側につけたまま自由に動ける立場になったなら、彼は亡命先から、ドミニカに安定した政府ができることを阻止し、民主主義的政府を転覆しあるいはカリブ地域に独裁政権を樹立し、また彼の敵を暗殺することに、彼の生涯をかけるであろう。」[119]

反対派への支援はケネディ政権に引き継がれた。チャーチ委員会は次のように要約している。

「一九六一年四月一七日のピッグス湾侵攻が失敗する前に、多くの重要な出来事が発生した。これらのなかには、具体的な暗殺計画が議論されたドミニカの反対派との会合、反対派による爆発装置の要求、ドミニカ共和国内での合衆国政府機関による拳銃およびカービン銃の引渡し、および反対派が要求した暗殺計画に関連して使用される機関銃の……外交封印袋での受け渡しが含まれている。」[120]

反対派に機関銃を引き渡すことへの許可は出されなかった。実際、四月下旬になって、総領事は「暗殺計画から降りる」よう訓令を受けた[121]。「ドミニカ共和国に対する非公然活動計画」と題する五月一三日付けの国務省文書は、拳銃とカービン銃の反対派への引渡しを、「トルヒーヨ体制を中和しようとする計画の実施において彼らが自らの護身用に用いる武器」として説明している[122]。暗殺の前日にあたる五月二九日、ケネディ大統領自身の許可をえて発信されたといわれるワシントンからの公電は、次のように助言している。

「……合衆国は政治的な暗殺に関与する危険を冒すべきではない。合衆国は一般的な政策として暗殺を是認しないからである。この原則は最重要のものであり、疑わしい状況において最優先されなければならないものである。……合衆国は反対派の立場を支持しており、彼らに引き続き助言を与えることを求める。[123]」

こうした決定が政策の変更やそのニュアンスの変化を意味するものであるか、あるいは総領事がいずれかの時点で予想した事態[124]への合衆国および大統領の関与の印象を薄めようとする努力の一環であるのかは、トルヒーヨ市で現に画策している人々には、知る術もなかった。チャーチ委員会の報告書は、これら最終段階での変調は、仮にトルヒーヨが亡くなった場合に、その真空状態を埋め合わせる準備が反対派にはなかったことが憂慮されたことからなされ、またピッグス湾事件の失敗に引き続いて外国で冒険的な企てをおこなうことに新たな注意がなされたためでもあろうと指摘している。しかし国務省文書は、少なくとも一部の政策担当官が、合衆国は世界の目からアメリカの道徳的な汚点としてみられるような危険を冒してまで「直接の政治的暗殺に手を貸す」べきではなく、「合衆国の外交封印袋が暗殺の武器を輸送するために使われていると世界に思われるような先例」を提供すべきではないという考えに動かされていたことを示唆している[125]。

トルヒーヨは一九六一年五月三〇日夜、反対派の待ち伏せをうけ、暗殺された。五月三一日、ケネディ大統領の報道官はトルヒーヨの暗殺について最初の公式声明を出した。この声明は数時間以内にドミニカ共和国でニュースとして報道された。しかし合衆国がこの暗殺を共謀したか否かについて、国際的な関心が表明されることはなかった。[126]その前年のベタンクール大統領の殺害の陰謀に対する国際的な反応とは対照的に、米州機構はこの暗殺については何らの行動もとらなかった。むしろ反対に、米州機構は六月五日、ドミニカ共和国に政治テロの調査の為に事実調査使節を派遣するという六月二日の合衆国の要求を承認した。[127]

（5）チリのアジェンデ政権転覆事件（一九六四―一九七三年）

一九六四年から一九七三年にかけて、米国中央情報部（ＣＩＡ）はチリにおける非公然活動に千三百四〇万ドルを支出した。[128]これらの活動は大きく三つの段階に分けられる。まず一九六四年から七〇年の時期で、この時期におけるアメリカの活動は、エデュアルド・フライとキリスト教民主党の政府を維持し、サルバドール・アジェンデと共産党の台頭を排除するための「選挙計画」に焦点を合わせたものであった。多量の金銭がフライおよびその同盟者に渡され、[129]キャンペーンの専門家が投票所などに派遣された。

一九七〇年九月、チリの大統領選挙においてアジェンデが最多数の支持をえた。チリ憲法では、候補者が人民の直接選挙で過半数をえられなかった場合には、議会の合同会期において第一順位と第二順位のもののうちのいずれかが大統領に指名されることとなっていた。議会が人民の直接投票で第一順位になったものを指名しない例はなかった。[130]九月の選挙と十月二四日に予定されている議会の指名投票との間に、アメリカの非公然活動は、アジェンデが権力を握るのを阻止するための「腐敗誘発工作」へと変化した。このキャンペーンは二つのレベルで進められ、それぞれ作戦Ｉ（Track I）および作戦II（Track II）と呼ばれていた。実際、特別委員会によれば、どちらも、軍部がアジェンデ反対に動くよう促進するという同一の目的をもつものであった。違っていたのは米国政府内におけるその組織構成上の地位およびチリにおけるCIAの関与の度合いであった。作戦Iは、チリ議会の議員に賄賂を贈ること、宣伝のためにメディアに流される基金を増加させること、エデュアルド・フライが同意することを条件に軍部クーデタを促すことであった。作戦IIは、CIAとクーデタの陰謀を計画する者との直接の接触を含んでいた。

一九七〇年十月、工作員はクーデタ計画に参加している軍部将校グループに、三挺の機関銃と六発の催涙ガス弾を引き渡した。この軍部将校らは、かつて二度にわたり、憲法擁護派でクーデタに反対していた陸軍参謀長ルネ・シュナイダー将軍を誘拐しようと試みたことがあった。[131]武器の引渡しはアメリカの支持を象徴するものとしてなされたものと後から説明されている。この武器の引渡しがなされた同じ日に、他の将校グループがシュナイダー将軍を誘拐しようとして失敗し、将軍を殺害したことが判明した。

アジェンデは政権の座につき、まずなによりも銅鉱業を国有化した。この時期から、合衆国の非公然活動ないし秘密工作はチリを「政治的および経済的に不安定化」することに向けられるようになった。この目的のために、八百万ドルが反対政党および宣伝のためにメディアに提供された。合衆国はさらに、チリに対する対外援助の実質的な削減を含む公然の経済制裁を実施した。[132]アジェンデ自身の政策の失敗と合衆国の政策の効果により、やがてチリ経済は停滞しはじめた。一九七三年七月から九月にかけて行なわれたトラック運転手のストライキは最終的な危機を促進した。一九七三年九月一一日、ピノチェト将軍の指揮下にある軍隊が実力によって政権を奪取した。アジェンデ大統領は宮殿における戦闘のなかで、殺害されたとも自殺したともいわれている。人権侵害が横行し、拷問や即決処刑が引き続いて発生した。

ほとんど同時に、合衆国がこの政権転覆に関与していたという非難が起こった。[133]ほどなくして、この時点に至るまでの全期間における合衆国の秘密工作が議会で審理された。合衆国の国内的な関心は国際法にも向けられはしたが[134]、その焦点はむしろ権力分立と秘密工作に関する国内的なコントロールの欠如ないし失敗にあてられた。

ローマとパリでは、数千人におよぶデモ隊がアジェンデ政権転覆へのCIAの関与を非難して行進した。不法な干渉に対する非難は、共産圏諸国からも寄せられた。キューバの国際連合代表は、総会においてこの政権転覆を非難して、「アジェンデが大統領になることを阻害するため……多くの陰謀計画が合衆国大使館によって策定され、」それに続いて「経済を崩壊させ、クーデタの発生を助長するための大規模な作戦」が展開されたと述べた[135]。新任のチリ国際連合代表は、キューバがチリの反乱者を訓練しているとしてこれに反論した。合衆国代表は「合衆国はチリで生じている事態に、いかなる仕方によってにせよ、関与していることは絶対に」ないと否定した[136]。

政権転覆の二ヵ月前の一九七三年七月、国際連合経済社会理事会は発展途上諸国における多国籍企業の行動に関する一ヵ年におよぶ研究計画を承認していた。チリは、国際電話電信会社（ITT）およびケネコット銅鉱業会社によるチリ政治への関与の問題を調査するように求めていた[137]。しかし九月の政権転覆とそれに続く合衆国の非公然活動への非難を前にして、国連の研究は、国家の干渉については一切なされなかった。総会も安全保障理事会もいかなる行動もとらなかった。

国際社会の反応も、政権転覆後にチリで生じた広範な人権侵害の非難を中心とするものであった。フランス、イタリア、ユーゴスラビア、キューバおよびソ連は新政権の承認を拒否した。メキシコは大使を召喚し、スウェーデンとフィンランドはその海外援助を中断した。しかしブラジルとウルグァイは九月一三日に、またパナマ、ハイチ、ベネズェラ、韓国およびアメリカは九月二四日に、それぞれ新政権を承認した。一九七四年に、国連はチリにおける政治犯の釈放と人権の回復をもとめる総会決議を採択し、また米州機構（OAS）はチリにおける人権侵害の状況を調査するための調査団を派遣した。

（6）イラン人質事件（一九八〇年）

一九七九年一月一六日、二年間におよぶ学生暴動と宗教界の反抗のまえに、シャーはその権力をバクティアル（Bakhtiar）首相の率いる摂政会議（regency council）に移譲して、イラン国外に逃れた。その二週間後、すでに暫定政権の樹立を宣言していたアヤトラー・ホメイニ（Ayatollah Khomeini）が亡命先のパリから戻った。しかしシャーに忠誠を誓っていた軍隊は、少なくともイラン革命の記念日とされている二月一一日までは戦闘を継続していた。政情不安は続き、二月一四日、武装集団がテヘランのアメリカ大使館を占拠し、大使館職員七十名を監禁した。しかし数時間以内に、革命警備隊がこれを制圧し、大使館に対するアメリカのコントロールを回復した。その一ヵ月後、イスラム共和国が創設され、国民投票による承認を受けた。

イランを逃亡したシャーは、エジプト、モロッコ、メキシコを経て、一〇月二二日、病気治療を理由に合衆国への入国を認められた。一〇月三〇日、イラン政府はシャーの身柄をテヘランに戻すよう要求した。それにすぐ続いて、アメリカ大使館前においてデモが開始された。一九七九年一一月四日、戦闘的な学生からなるデモ隊の一団がアメリカ大使館に乱入し、職員を人質にとった。また代理大使を含む他のアメリカ外交職員はイラン外務省に留置された。翌日、タブリスおよびシラースにあるアメリカ領事館が同様に占拠された。この結果、全部で六九人のアメリカ市民が囚われの身となった。[138] 後に国際司法裁判所が認定したように、イラン政府はこの占拠を予防しあるいは終了させるためのいかなる保護行動もとらなかった。[139]

この占拠がなされた直後に、安全保障理事会は、イランに対し合衆国人員の解放を要請し、両国政府に対しその紛争を平和的手段によって解決するよう要請し、かつ事務総長に対し決議の目的の実現を可能にすべく仲介を行なうよう求める決議（決議四五七）を、全会一致で採択した。[140] 一二月三一日に採択された二番目の決議は、この決議四五七の規定を繰り返すとともに、一月七日までに人質が解放されない場合には、イランに対する経済制裁の議題を投票に付することを要求していた。[141] しかし、事務総長のイラン訪問は何らの成果ももたらさなかった。一月一三日、イランに対する経済制裁を要求するアメリカ提出の決議案について、ソ連は拒否権を行使した。

これと平行して、アメリカは国際司法裁判所にイランを相手方とする訴訟を提起し、同時にイランに対して占拠された建物のアメリカへの返還と人質の解放を命ずる「仮保全措置」を要求した。裁判所は仮保全措置の命令を行なった。しかし、「合衆国大使館の即時返還と人質の解放を求める一九七九年一二月一五日の裁判所の命令は、イランの外務大臣によって公式に拒否され……またイラン当局は一切これを無視した。[142]」

アメリカはまた、国際緊急経済権限法[143]および一八六八年人質法[144]に基づく大統領の権限に基づき、イランに対し一方的な政治的および経済的措置をとった。しかし国際連合の枠組のそとで多数国間の制裁措置を組織化しようとするアメリカの試みは直ちに支持されるというわけには行かなかった。イランは、アメリカの制裁に参加するいかなる国に対しても石油の積出を停止するという脅しをかけた。

人質危機が大統領選のある一九八〇年になっても続いたことから、カーター大統領はイランに対する政治的および経済的制裁をさらに強化した。四月一七日のテレビ記者会見において、大統領は「とられた措置は、この危機を平和的手段で解決しようとするこれまでのわれわれの努力の延長線上のものである」と述べた。しかし大統領は「イランの建設的な対応が速やかになされない場合には、アメリカはさらに他の手段に訴えざるをえず、またそうするであろう」と付け加えた。質問に答える形で大統領は、もしこれらの制裁が「有効でない場合には、次にとりうる唯一の手段は…何らかの種類の軍事的行動となろう」と繰り返した[145]。一九八〇年八月二二日、ヨーロッパ経済共同体（EEC）の外交閣僚会議は、イランに対し段階的に政治的および経済的な制裁を課することを議決し、また四月二三日、二四日には、それぞれカナダと日本がイランに対する独自の制裁を発表した。大統領府の高官による複数の声明は、これら制裁の連合が軍事的行動を再考し、あるいはそれを延期することを可能にするかもしれないと示唆していた[146]。

一九八〇年四月二五日の早朝、ホワイト・ハウスはイランにおいて人質を救出するための秘密軍事作戦行動が失敗に終わったと発表した。声明では、この任務は「人道的な理由に基づき、わが国の国益を擁護し、かつ国際緊張を緩和するために命じられたものである」と述べられていた。八機のヘリコプターと六機の輸送機に分乗した一八〇人の部隊は、イラン領域内、タバス周辺の塩砂漠でテヘラン南東二百マイルにあるダシュト・イ・ハヴィール（Dasht-i-Kavir）まで侵入した。C一三〇輸送機はエジプトから発進した。数週間ないし数ヵ月前から秘かにイランに潜入していた救出部隊の他の隊員および米国情報部のために働くイラン人たちは、テヘランのそれぞれの部所で待ち受けていた。しかし機器の故障の結果、部隊の主力はイランからの撤退を余儀なくされた。この撤退の過程で、デザート・ワンと呼ばれている検問地点でC一三〇とヘリコプターとの衝突が発生した。八人の部隊員が死亡した。

この救出作戦に対する直後の反応は、それを支持するものから非難するものまで広範にわたった。イスラエルおよび西ドイツ政府の公式の声明は同情的であった。イギリスはこの侵入を非難することを差し控え、またフランスの反応はこの作戦行動について事前の通告を受けなかったという事実に関するものに止められた。これに対して、イタリアは「いかなる状況においてであれ、人質の解放のために」武力を行使することに反対した。しかしヨーロッパ共同体は、五月一八日、「アメリカ人の人質を解放しようとするアメリカの努力を支持する姿勢を表す[147]」ために、イランに対する限定的な経済制裁をとることを決議した。もっともこれらの制裁措置は四月二二日に決議された計画よりは微温的なものであった。(148)

これと対照的に、ワルシャワ条約機構側の反応は一致して否定的であった。タス通信によるソ連政府の論評は、これを「侵略的かつ覇権的な外交政策」であり、「イランにおける人民に敵対する政権転覆をもくろむ露骨な計画」であると述べた。ルーマニアはこの作戦行動を人質の状態ということでは正当化されえないイラン領域主権の侵害であるとして非難した。チェコスロバキアは、アメリカが「極端に深刻な事態をもたらした」と主張した。

イスラム世界および中東地域の反応は、概してこの作戦行動に批判的であった。インドはこれを「軍事的冒険主義」と論評し、パキスタンは「驚きと失望」と評して主権を確保しようとするイランの闘争を支持した。リビア政府も南イエメン政府もこれを批判した。ヤシール・アラファトはアヤトラ・ホメイニに書簡を送り、その中でこの作戦行動を「イランに対する野蛮な襲撃」と評した。そうしたなかで、エジプトのサダト大統領だけは、「この不運」が「人質の解放ないし救出のための更なる行動の意欲を挫くことがあってはならない」と表明していた。サダトはそのためにはエジプトの施設を引き続きアメリカの用に供すると言明した。五月には、三〇ヵ国をこえるイスラム諸国会議の構成国の外務大臣が、イランに対するアメリカの「最近の軍事侵略」を非難する決議を全会一致で採択した。同時に、別の決議では、イランの領域主権を脅かすいかなる行動にも反対することが明記された。(149)

国際連合においては、アメリカは四月二五日に安全保障理事会に対して報告を行い、作戦行動を「憲章第五一条にしたがった」ものと性格づけた。アメリカは派遣部隊が「イランのアメリカ大使館に対する武力攻撃の犠牲者であり、現在もその犠牲となり続けているアメリカ国民を解放するための固有の自衛権の行使として」行動したものであると主張した。(150) 安全保障理事会はそれ以上の行動はとらなかった。総会でも何らの決議も審議されず、また採択もされなかった。五章で議論するように、国際司法裁判所は、一九八〇年五月二四日の人質事件の本案に対する意見において、イランへのアメリカの侵入が、とくに裁判所が事案に対する判決を準備しているときに実行されたという点への憂慮を表明した。裁判所はそうした状況における作戦行動が「国際法上の裁判手続きへの尊敬を毀損する種類のものである」ことを注記した[151]。しかし裁判所は、作戦行動の合法性について結論を下すことは回避した。裁判所の意見においては、一九七九年一一月四日のイラン政府の行動も、この作戦行動とは関係がないとされた[152]。

（7）ポーランド戒厳令事件（一九八一年）

一九八一年一二月一三日深夜に、ポーランド政府は非常事態を宣言し、戒厳令を施行した。外出禁止令が発布され、基本的な市民的権利が停止され、集会が禁止され、抵抗組織の母体である「連帯」がその活動の停止を強制された。労働運動の指導者、活動家および政府職員を含む数千人が逮捕された。死傷者の発生も報告された。政権転覆に引き続き、政治権力はヤルゼルスキー将軍の率いる軍事評議会に集中された。

当初の新聞報道では、この危機は、共産党、ヤルゼルスキー将軍、ソビエトとの同盟、および自由選挙に関する国民投票を提案した一二月一二日の「連帯」の提案から生じたものとされた。しかし戒厳令の施行は、ソ連がこの事件をポーランドの「内政事項」であると公式には宣言したにもかかわらず、密かにソ連で計画されたものであり[153]、数ヵ月前から差し迫ったものとみられていたという指摘もなされた。一二月二〇日、ポーランドの駐米大使は、「『この慎重に計画された弾圧はポーランドの国内問題ではなく』、（他国の国内事項に対する干渉を慎むべきことを署名国に求める）ヘルシンキ宣言の最終議定書の『重大な』違反である」とこれを非難した[154]。三日後、駐日ポーランド大使もこれを非難し、軍部がソ連の圧力のもとで、一九八一年三月以来、戒厳令の施行を計画していたと述べた。一二月二八日、八月に解任されたポーランドの将官が、ポーランド軍の制服がソ連に送られ、ポーランドの軍服を着たソ連兵士が施設の要所を警備していると報告した。

ソ連の秘密の役割に対するアメリカの反応は素早く、また同様に速やかになされた戒厳施行に対する批判とは際立った違いを示した[155]。一二月一七日、レーガン大統領は「ソ連がこれについて十分な知識をもたないままにこの事態が発生したと考えるのは、あまりに素朴にすぎる[156]」と非難した。一二月二三日、国民向けのテレビ演説において、レーガン大統領はポーランドに対して制裁を実施すると公表し、かつ戒厳が継続されるならばアメリカはモスクワに対する制裁を考慮するであろうと警告した。一二月二九日、レーガン大統領は「ソ連はわれわれの関心の重大さを理解せず、またヘルシンキ宣言および国際連合憲章のもとにおける最も厳しい義務を理解していない[157]」と述べて、ソ連に対する制裁を実施した。

ヨーロッパ諸国は、ポーランドにおける事態に対して非難の立場を明らかにしたのとは異なり、ソ連の政権転覆への関与に関しては、当初は沈黙をもって応えた。例えば、一二月一八日、オーストリア首相ブルノ・クライスキイは、ソ連の介入の「可能性」に憂慮を示すにとどまった。また西独首相ヘルムート・シュミットは、ポーランドへの厳格な不干渉の政策を支持したにとどまった。これに対してマドリードで開かれたヨーロッパ安全保障・協力会議（CSCE）においては、ソ連の役割を非難する「厳しい」議論が展開されはしたが、しかしポーランドに対するアメリカの制裁を支持し、これに同調するという方向は打ち出されなかった。ある筋によれば、「西独は、ソ連が戒厳令の施行の張本人であるという見方に賛成しなかった。」また「カナダは、ポーランドで進行中の事態は国内事項であると依然として議論していた。[158]」

しかしソ連の非公然活動に対するヨーロッパ諸国の反応は、一ヵ月のうちに変化した。一九八二年一月四日、EECの十ヶ国の外務大臣は、ポーランドにおける戒厳令を撤回するようポーランド当局に要請するコミュニケを発表し、そのなかで「ポーランドにおける再生の努力を押し止めようとするソ連および他の東欧諸国による重大な外からの圧力および宣伝活動を憂慮し、かつこれを承認しない」という趣旨が明らかにされた。一月五日、レーガン大統領とシュミット首相は共同宣言を発表し、「ポーランドにおける事態の展開に関しソ連に責任があること」についての意見の一致を表明した。一月一一日のNATO諸国の外務大臣によるコミュニケは、ポーランドが「外国の干渉を受けずに自らの問題を解決する」ことを認めるようソ連に対して要求した。そのコミュニケはさらに続けて、「ポーランドおよびソ連との経済的関係は影響を受けざるをえない」と述べていた。しかし、そもそも何らかの制裁がとられるとしても、それぞれの国家が「自国が置かれている状況と国内法」に従って、いかなる制裁を行なうかを自ら決定するものとされていた(159)。

総会においては、「ポーランドにおける事態」に関する審議は、全体会議における意見表明の域をでるものではなかった。これとは対照的に、総会は、一九八一年一一月と一二月に、干渉の一般的な禁止に関する決議を採択し、ある特定された強制力の行使に関してイスラエルと南アを非難し、またアフガニスタンからの外国軍隊の撤退を勧告した(160)。「ポーランドにおける事態」は一九八一年、八二年の安全保障理事会の議題に上程されることもなかったし、一九八一年、八二年の期間に安全保障理事会の「注意が喚起」されることもなかった(161)。ペレス・デ・クェヤル事務総長は一九八二年九月の最初の年次報告において、国際連合が国際危機を解決できなかった世界中の問題について述べたが、その中にはポーランドは言及されていなかった。また国際連合人権委員会も、人権侵害に関する一九八二年の年次報告のなかで指摘した二二ヵ国のなかにポーランドを含めなかった(162)。

(8) レインボー・ウォリアー号事件(一九八五年)

自然環境保護団体グリーンピース[163]が所有するレインボー・ウォリアー号は、南太平洋にあるムルロア環礁で近々行なわれる予定のフランスの核実験に抗議し、おそらくこれを阻止することを計画して編成された小型船隊のうちの一隻であった。レインボー・ウォリアー号の排水量や海水の脱塩装置の装備などからみて、それは抗議行動の母船となっていたものとみられる。一九八五年七月一〇日、フランス軍の将校がニュージーランドのオークランドの港に停泊中のレインボー・ウォリアー号を沈没させた。この結果、レインボー・ウォリアー号上にいたオランダ人カメラマン一名が水死した。

二人のフランス軍将校が、偽名を使い、偽造旅券を携行して逃亡しようとしたところをニュージーランドで逮捕され、ニュージーランド法により殺人罪のかどで訴追された。オーストラリアにおいてなされたフランス籍のヨットの捜索の結果、プラスチック性の爆発物の証拠が収集された。しかしオーストラリア官憲がそれらを押収する決定をなす前に、そのヨットと三人の乗組員は姿を消した。

ニュージーランドは直ちにフランスに抗議をした。将校は逮捕され、訴追された。爆発物の使用による殺人と船舶の破壊のかどで有罪とされた将校は、懲役一〇年の宣告を受けた。最初は事件への関与を否定していたフランス政府も、やがてその将校の行動に対する責任を受けいれ、それら将校が軍の命令にしたがって行動していたことを理由に、その身柄をフランス当局に引き渡すことを要求した。交渉の進捗がみられないのに業をにやしたフランスは、ニュージーランド産のバターへの輸入割り当ての撤廃、および数週間で期限のきれる他の産品に関する貿易上の譲許の終了を示唆して脅しをかけた。

交渉がさらに続けられた結果、この紛争は、実質的には二国間の事前の合意に従って、国連の事務総長に付託された。二名の将校の身柄は、南太平洋にあるアオ島にあるフランスの軍事施設に「三年以上の期間」据え置くという条件のもとでフランスに引き渡された。さらにフランスは、ニュージーランドに対して七百万ドルの賠償を支払い、かつ次のように公的に認めた。「……レインボー・ウォリアー号に対して実行された攻撃は、ニュージーランドの領域主権を侵害してなされ、したがって国際法に違反してなされたものである。」しかしフランス政府は続けて次のように主張した。

「レインボー・ウォリアー号に対する攻撃は『グリンピース』組織の不法な活動によって惹起されたものである。それはまた、ニュージーランドの当局者によるフランスの国内事項への干渉、とくにムルロアで行なわれる核実験に関してなされた干渉を抜きにしては、理解されえないものである。」[164]

またフランス政府は、オランダ人写真家の遺族に対して四〇万ドルを支払った。仲裁裁判の結果、グリンピースは八百十万ドルの損害賠償を得た。

このフランスの作戦行動に対する国際世論および報道機関の評価は、フランスの不法な行動そのものに対する非難から、そうした任務が実行されたやり方のまずさに対する揶揄に至るまで、多岐にわたり喧しいものがあった。しかしフランスを非難する報道の激しい論調は、各国政府エリートの反応に比べ突出したものであった。強硬に抗議を申し入れ、また総会にその非難を伝えたオーストラリアとニュージーランドを除けば、この事件に対する諸国の反応は緩やかなものであった。ソ連のスポークスマンは沈黙を保った。イギリスは爆発の被害者に補償を支払うようフランスに勧告するに止まった。アメリカ国務省およびホワイト・ハウスは一切の論評を差し控えた。

学者のあるものは、レインボー・ウォリアー号事件を、領域主権の神聖性を示す先例として、あるいは国家の安全を理由として許容される防衛行動の限界を示す先例として、さらには「テロ行為に責任ある者は処罰という傾向[165]」の証拠として引用するものすらいる。フランスはニュージーランドに補償金を支払い、また口頭の陳謝（mea culpa）により謝罪した。しかしこの事件は、「国家の安全」を保護するための非公然の活動が、ある場合には、国際社会により黙認され、あるいは各国に共通の犯罪やテロリズム行為とは異なるものとして扱われるという命題を実証する例ともみることができる。しばしばグリンピースの行動の標的となってきたアメリカおよびソ連は、おそらくその核政策に関わる利益への配慮から、この事件のあいだ中、沈黙を保った。

フランス人将校は殺人と爆発物による船舶の破壊の罪で有罪とされたが、結局は通常の犯罪者あるいはテロリストとしての処遇はなされなかった。事件に関与したモファー少佐は昇進した。一九八八年には、フランス人将校は二人とも一方的にフランス本国に帰還した[166]。

4　エリートの反応を条件付けた要因

これらの事件がどのような状況のなかで発生したかということを分析してみると、非公然行動をめぐる実行準則についてのエリートの期待、および特定の行動に対する政治的に有力な地位にある者の反応が、多くの要因によって規定されていることがわかる。以下では、簡単にかつあくまで暫定的なものとして、この点についてまとめてみよう。

（1）これらの行動の多くは、冷戦状況あるいはより小規模の公然かつ未決着の紛争という状況のなかで生じている。言い換えれば、暴力行使の可能性が高いという見込みが共有され、それゆえそれに対する準備がなされていたといえる。冷戦は局面の多様な変化を見たが、敵対勢力の明確な識別、公然の紛争に備えるための臨戦体制の継続、公然の紛争を回避することへの共通の利害、地政学的な戦略価値による世界地図の色分けなどによって特徴づけられる。またそれは、その実行準則として、非公然の活動がある一線を越えない限り、これを許容する暗黙の「ゲームの規則」を備えていた。その実行準則によれば、ある一線が越えられない限り、すなわち非公然活動が敵対勢力相互の間の力関係を大きく変えるものでない限り、非公然活動は、これを契機に公然の紛争を意図的に惹き起こすことを正当化するものではないとされていた。冷戦という状況に関わる非公然活動は、これとは直接の関係をもたない場面における同様の行動とはしばしば異なる基準で評価されたのである。

長期にわたり未解決のままに据え置かれている「二国間」の紛争の場合（われわれはここでは軍事史家のいう「続き物の紛争」(serial conflicts) とは異なった場合を想定しているが）にも、敵対者間においては冷戦の状況下と同様の非公然活動に対する許容と規範意識が作用しているようにみえる。紛争の当事者でない国際社会の他の構成員は、公的あるいは私的なさまざまな場面で、こうした紛争における非公然活動を評価する立場におかれたが、その評価は、こうした紛争については他の場合とは異なっているようにみえる。例えば、イスラエル・アラブ紛争における非公然活動は、ニュージーランドにおけるフランスの非公然活動（レインボー・ウォリアー号事件）とは異なる評価を受けている。一九八〇年のイランにおけるアメリカの行動（イラン人質事件）もまた、同様の文脈において生じたものとしての評価を受けている。

いかなる条件がこうした差異を生じさせる主要な要因であるかを確定できれば、それは将来を予測するうえでも、また過去の事態を説明するためにも、大いに役に立つはずである。もっとも、もし冷戦が終結したのであれば、アメリカとソ連という依然として競争関係にあり続ける国家の間において、非公然活動が許容される限界を画する一線がどこにあるのかという問題そのものは、その重要性を低下させるかもしれない。もちろんスパイ活動は継続され、むしろ増大することもありうるが、その場合でも、冷戦が終結すれば、両国間での非公然活動は減少するであろう。

(2) 非公然活動が冷戦によって動機づけられていたのと同じく、国際社会がある活動を双眼鏡のどちらの端から覗いて見るかを規定していたのも、冷戦であった。一九八三年にレーガン大統領が「国家は、それがその利益をもっともよく確保すると信じる場合には、非公然活動に訴える権利をもっていると思う」と宣言したとき、大統領報道官は直ちに「大統領の声明はアメリカについてのみ妥当するものである[167]」と補足して、その意義を限定したのである。心からの賛同とまではいかないとしても、同様の了解と寛容の態度が、敵対者に対する友邦の非公然活動についてとられているように思われる。

イランおよびチリにおけるアメリカ政府の活動を例にとれば、その当時にそれらが国際的に議論された仕方は、ポーランドにおける戒厳令の施行に関連したソ連の活動の場合と異なっていた。にもかかわらず、両者の活動の背後にある動機がともに排他的なものであった点では同じであったということができる。いずれにおいても、軍事独裁が予想されていたし、結果として人権侵害が生じた。もちろん、そうはいっても、ポーランドの場合には、その地理的な位置とか経済的な危機への考慮といった要因が、ヨーロッパ諸国のこの事件に対する見方に影響をあたえ、あるいはそれへの穏便な対応を帰結したという事実も無視されてはならない。イランからチリ、ポーランドに至るまで、政権転覆に対しては国際社会の側から非難の声が上げられ、またそれが強まってきたことは、たとえ大国の指導的地位の要求が特別に認められた勢力圏のなかの問題であっても、大国の非公然活動という形での政権転覆への関与が許容されなくなりつつあることを反映している。しかしポーランドの事態においてソ連の果した役割だけが、アメリカの主張により本気で非難された唯一の例であることを、同時に思い起しておく必要がある[168]。

（３）しかし、以上のような特別の状況下における場合に限らず、およそいかなる状況のもとにおいても、ある形態の非公然活動は、国際法の規律を受けず、一般に許容されている。とくに外交的、イデオロギー的、経済的手段による場合にはそういえる。たとえば秘密外交に対する国際社会一般の非難の声が強められるのは、それがその意図において、あるいはその結果において、あるいはその両方が攻撃的である場合だけに限られている。

（４）国家機関による政治的暗殺は、国際法違反として一般的な非難を受けており、そうした暗殺が広く行なわれるような場合には、世界の公共秩序に対する重大な脅威として非難される。この規範への同意は、一九七三年の「外交官を含む国際的に保護された者に対する犯罪の防止と処罰に関する条約[169]」、米州機構（ＯＡＳ）が採択した「国際的に重要な人物に対する犯罪という形をとるテロリズム行為およびそれに伴う強奪行為を処罰するための条約[170]」、および陸戦の法規慣例に関するハーグ条約の付属規則第二三条(ロ)[171]の中にも現われている。こうした規範意識は、国家の実行においても確認される。たとえばハリル・アル・ワジール（Khalil al-Wazir）がチュニジアにおいてイスラエル人によって暗殺された事件については、イスラム世界だけでなく、アメリカを含む西欧諸国も、またソ連も、これを非難した。さらに安全保障理事会は、賛成一四、反対〇により「侵略を強く非難した[172]」。しかし一九八九年四月二四日にカゼム・ラジャヴィ（Kazem Rajavi）教授が、スイスのジュネーヴにおいて、おそらくイランの実行部隊に属すると思われる者によって暗殺されたときには、何らの非難もなされなかった。またカダフィ政権に反対する多数のリビア国民がリビアにおいて殺害された事件においても、国際的な論評は殆んどなされなかった。これら事件への反応の違いは、一部は構造的なものである。公式の場を利用できる国際的な行為主体が事件を積極的に取り上げるのでないかぎり、それは世論の法廷に持ち出されるところまで行かないのである。自分自身の牡牛が角で刺されたときには、怒りの叫びは大きく、また即座に発せられる。

しかしより仔細に検討してみると、抗議を行なった政府の場合においてさえ、実はそれが極めてはっきりと限定されたものであることが解る。たとえば、チャーチ上院議員は、政府活動検討特別委員会（Select Committee to Study Governmental Operation）はいくつかの暗殺を批判しているが絶対的な禁止を求めているわけではない、と明言した。同上院議員は、自分が「アドルフ・ヒトラーあるいはそれに類する事柄について話をしているのでも、また国家の存在が危うくされているような重大な国家非常事態においてとられる行動を非難しているわけでもない」[173]と語っている。しかしどういう場合に暗殺が許されるかについてのシナリオを明確に特定することはできず、また難しい法的あるいは道徳的な問題を提起することになる。トルヒーヨ暗殺事件はまさにそうしたことを示す事件である。

西欧の道徳論の伝統のなかでは、暴君を討伐する臣民の権利について長い間議論がなされてきており、またある場合にはそうした権利が認められてきている[174]。問題はこうした権利が、外国政府の主導あるいはその援助の下でなされる暗殺をも含んでいるかということにある。もしそうした暗殺が正当と認められるような場合があるとすれば、それはなによりも、アメリカの総領事がトルヒーヨ市から送った報告に述べられていたように、現政権が専制的なものとして国際的に実際に非難されており、また「その主要な敵を暗殺することを除いては……いかなる形の革命的な活動を遂行する道も見出せない」というような場合であろう。しかし誰がこうした多くの問題を決定できるだろうか。

国家の慣行を調べてみると、実際上、合法的な暗殺と非合法の暗殺との区別がなされているという結論を導きたくなる。例えば、ロムロ・ベタンクールの生命が狙われた事件とラファエル・トルヒーヨの暗殺に対する国際的な反応を比較すると、そう結論づけたくなる。この区別は魅力的ではあるが、決定的ではない。というのは国際的な判断は他の多くの要因によって影響されていると思われるからである。時は一九六一年である。ケネディ大統領は「進歩のための同盟」の計画にちょうど着手し始めたところであり、アメリカは米州機構のなかで主導権と統制力を有していた。キューバ型の暴動に対するアメリカおよび他の米州機構諸国の行動や反応には、明らかに冷戦的思考が作用していた。たとえばチャーチ委員会は「冷戦的な環境のなかで生じた策略は、危機の大きさに比例したものと認識された」と結論している。最後に、国家によって支援された暗殺の先例としての重要性は、いかにそれが道義的に弁護できるものであると主張される例はあったにせよ、ミュンヘン事件が起こるまでのその後の十年間は、十分な理解を得ることはなかった。「国際テロリズム」はしばしば敵対者によってなされる暗殺という形をとるのである。

　暗殺に関する第二の問題は、その定義に関わるものである。暗殺とは一体何であるか。また暗殺についての規範は武力紛争時においては異なるものであるのか。チャーチ委員会は、政治的暗殺といわれている五つの事件について検討したことを公表しているが、南ベトナムにおけるゲリラ戦という状況のなかで、「暗殺」の授権を明言はしていなかったものの、これを黙認しているようにみえるいわゆる「ベトナムにおける不死鳥計画」(Phoenix Program in Vietnam) は検討していない。外国の政府職員を暗殺することをアメリカ法により犯罪とするために委員会が作成した法案は、「政府職員」の概念に、反乱軍、未承認政府および政党に所属する人員を含めている。しかし同法案は、アメリカと戦争中にあるか敵対関係にある政府の職員あるいは運動体の構成員には適用ないものとされている。最後に、もし「暗殺」が国際犯罪であるとした場合、そうした禁止は文化や宗教をこえて同じ内容をもつものといえるかどうか。たとえばサルマン・ラッシュディの事件が示しているように、「正義」とか「殺人」という語は、どの文化でも共有されているが、その観念の内容は普遍的ではないのである。

われわれがここで言おうとしていることは、これまで検討した諸事例が、国家は暗殺を好ましくかつ合法的な活動として大目にみるべきであるという命題を支持しているということではない。むしろわれわれは、エリートの規範的な期待が予想したよりもはるかに確定的でないということを発見して驚いている。この問題領域ははっきりしないことが多く、確定的な結論を導くのには注意が必要である。われわれの意見では、暗殺は非合法とみられているが、政治的な動機から相互の関連性なくなされる殺害行為のすべてが暗殺と性格づけ得るかは明確ではない。ただ合法的な「暗殺」というものがたとえあったとしても、それは限られたものであるように思われる。暴君殺害はもっとも強く道義的に正当とされうる状況であるが、その場合でもその法的な評価は簡単ではない。具体的な場面への適用には困難がともなう。ある人にとっての暴君は、他の人にとっては英雄である。ムアマール・カダフィは一九九〇年の世論調査において第三世界諸国の若者の間で広く称賛を受けており、またサダム・フセインはアラブ世界において相当の人気をもっているのである。

われわれの見解では、暗殺は違法な非公然活動とみなされるべきであり、どのような意味でも法的根拠をもつものと認められるべきではない。しかしながら、エリートの間では暗殺が一定の条件のもとで黙認されていることも明らかであり、こうした傾向を踏まえる場合には、暗殺が法の問題として禁止されていると結論付けることはできない[176]。確定的な結論を述べることは困難であるから、こうした問題の合法性に関する法的な分析は、それぞれの事例における政治的な状況と武力行使を規律する伝統的な法理（すなわち目標との関係における均衡性、必要性および無差別性）の双方を踏まえて、各個別の事例を全体状況のなかで理解することによって、もっともよく達成されるであろう。

（5）安全保障理事会決議一三八（「アドルフ・アイヒマン事件に関する問題」）は、法の執行のための国際的な誘拐が国際法の違反となるという命題を支持するものとして、少なくとも一度、アメリカ連邦巡回裁判所で言及された例がある。[177] 実際、人道に関するアイヒマンのおびただしい悪業との均衡という点からみると、決議はどちらかというと国家主権の絶対性の原則を実質的に強く支持する先例である。

しかし国家間でなされた象徴的な賠償は、法の強制としては効果を欠き、再発防止の役にも立たないものともいえるし、特に身柄を誘拐、拉致された個人にとってはまったく無意味なものでしかない。さらに、現代の国家慣行が示唆するところによれば、「犯罪人引渡しの強制」は、関係の二国間のレベルではしばしばこれに対して強い抗議がなされるものの、国際的なレベルでは、身柄の捕捉に際して行使された実力が最小限でありかつ均衡性を欠くものでなく、また身柄を捕捉された者によって犯された規範が国際社会の一般的な利益に関わると認められるという条件を充たしている場合には、黙認されている。

結論として、「犯罪人引渡しの強制」を禁止する規範は存在するが、具体的場合にどの程度強く要請されるかは他の多くの要因に依存しているということができよう。合法性に関する判断は、「誰が」、「誰を」、「なぜ」また「いかなる方法で」捕捉したかという問題に対する、具体的解答次第で変わってくるのである。上記巡回裁判所はトスカニーノ事件判決で、「その決議［U. N. Doc.S／4349］は、他国領域内にいる個人を誘拐することはその国の領域主権への侵害になり、通常は身柄の返還によって原状回復することで賠償がなされるという国際法の伝統的な原則を確認したものにすぎない。」と述べているが、われわれの意見では、これは余りに楽観的すぎる。ともあれ、非公然の犯罪人送還が増えてきつつあるようにみえる。[178]

（6）レインボー・ウォリアー号事件は、非公然活動の将来を考える上でより一層示唆的である。というのはこの事件が国家を対象とする行動ではなく、他国の管轄下にある個人を対象としてなされたものであり、その個人の無害化のための襲撃の事前準備と実行が、その対象である個人にも、またその個人が現に所在する領域国にも秘密にされなければならなかったからである。この事件の場合、その管轄権を侵害されたニュージーランドの忿懣は、ニュージーランドが過去二〇年にわたりフランスの核実験を自国の国際的権利を侵害するものとみなしてこれに抗議をし続けてきたことを考えれば、十分に理解できるものである。ニュージーランドはグリンピースを、光輝く鎧に身を固めた非政府的な騎士と見ていたのである。他の国家的な行為主体、そのなかにはかつてグリンピースの標的となったことがある国、あるいはテロリストや麻薬密売人に対してそうした行動をとろうとしたことのある国が含まれているが、それらのこの事件に対する反応は、メディアや一般人の反応よりもずっと抑制されたものであった。この点で、この事件と、西欧あるいは他の地中海地域でなされたアラブ・イスラエル相互の間の非公然作戦行動との間には、構造的な類似性を見出だすことができる。PLO所有のフェリーであった不運なアル・アウダ号（元船名ソル・フライネ号）のキプロスにおける奇怪な沈没とこれに対する国際的な反応がまったくなかったことが、比較検討されうるであろう。(179)

（7）非公然活動に対する非難は、それが殺人とか暗殺のようにそれ自体で暴力を規制する他の規範への違反あるいは均衡を欠く違反を含んでいる場合には、よりしばしばなされているようにみえる。コントラに対して空中からの補給活動を行なっている最中に撃墜されたユージン・ハセンフュスに対する扱いと、フランス将校であるマファールとプリューアが爆発を仕組み、その結果としてレインボー・ウォリアー号上にいた乗組カメラマンがたまたま死亡した場合の取り扱いとを比較してみれば、そのように言える。同様に、外国にいる自国民に対する非公然の監視は、時に応じて渋々ながら黙認されてきているように思われる。レテリア（Letelier）事件が示しているように、暗殺についてはそうではない[180]。しかしこれら三件のいずれに対する反応も、抗議、沈黙、あるいは外交のいずれが現状における利益に合致するかによって影響を受けていることは明らかである。

（8）各国政府は相互の関係において強制力を依然として行使し続けているが、その手段と大権はもっぱら政府が独占すべきであるということに共通の利益をもっているようにみえる。国家の非公然活動は、同じ目的で、同じ手段を用いてなされる場合でも、私人の非公然活動より黙認される可能性がずっと高い。チリの例がそのことを示している。国際連合はアジェンデ政権を不安定化するうえでＩＴＴおよびケネコット社が行なった行為を調査し、その結果をうけて、「多国籍企業及びその他の企業、下部組織その他関係者による腐敗慣行に対する措置」と題する総会決議三五一四が採択された。しかしチリにおける外国政府の介入に関しては、同じような調査はなされなかった。

（9）非公然かつ地域的な紛争から、公然かつより一般的な紛争にいたるまで、紛争の特性に応じて、非公然活動の合法性をめぐる対応も変化する。公然の軍事行動を支援するための非公然作戦行動は、行動全体の一構成単位をなすものとして分析され、全体的な作戦任務の合法性との関係でその許否が判断される。武力紛争法がしばしば、それ以外の部分では合法的に遂行された任務についても、部分的に不法とされる事柄を区別して規定しているという事実にもかかわらず、実際上はそのように扱われている。アメリカが自国民の人質を救出しようとして結局は失敗した作戦任務においても、これを支援するためになされた個々の非公然活動は、それが判明した後においても批判も非難もされなかった[181]。同じくエンテベ襲撃以前のイスラエルによる作戦行動も、全体的な作戦任務と切り離して議論されることはなかった。

こうした態度は、ある意味では、ジュネーヴ条約への追加議定書でその正当性を認められている。たとえば、第一追加議定書は、その文言上は、攻撃に先立つ非公然の軍事展開を容認している。第四四条三項は、その該当箇所において次のように規定している。

「……武装した戦闘員は、武力紛争において敵対行為の性質のため文民たる住民から自己を区別させることができない状況があることが認められるので、当該状況において以下の場合には、武器を公然と携行している限り、戦闘員としての地位を保持するものとする。

（a）交戦に従事している間

（b）参加することとなる攻撃の開始に先立つ軍事展開に従事しているときにおいて敵に目撃されている間…」

エンテベとイランの場合においては、第四四条三項は事件の評価に直接は関わらず、また「テロリスト支持」を弁護するものでも必ずしもない。しかし、戦争と平和の間の灰色の領域は、一九四五年以降の国際政治の一つの特色であり、それがこの種の規定の実施を困難にしている。

5　国際法的評価

（1）先制的かつ公然の力の行使

誰でもが想像できるように、先制的かつ非公然の強制力の使用に関する法律家の意見の食違いはきわめて大きく、またその議論は熱がこもっている。カロライン号事件(182)にみられるような意味で自衛権とみなされるもの以外の一切の一方的な武力の行使を否定する人々にとっては、先制的かつ非公然の活動の合法性の問題はそもそも生じない。もし国際法の厳格に字義的な解釈をするのであれば、これらの問題に解答するためには、国際連合憲章をみれば済む。憲章第二条四項は、自衛の場合以外における力の行使を禁止しており、武力攻撃があることが自衛の条件とされている。こうした読み方をすれば、第二条四項は、公然か非公然かをとわず、すべての一方的な先制的力の行使を違法なものとしていることになる。

しかし第二条四項のこうした読み方は、事件の状況を度外視した硬直的な解釈であり、われわれはこうした法の解釈には、いかなる場合にも、賛成することはできない。一般的にみて、ある規則に魂を吹き込んでいる政策や原則への不断の配慮なしに、その規則の細部における合意を知ることはできない。第二条四項は、実際上は政治的あるいはイデオロギー的な強制にあたるが軍事力の行使を含まないような非公然活動の多くの場合について、そもそも適用されることを予定したものではない。しかしそれらの非公然活動の多くは、違法とみなされるべきであるように思われる。他方、それらの活動を一律に許容することが、世界秩序の保持に役立つかどうかは疑問である。字義的な法解釈の結果は国際連合の利益にもその基本的な目的にも資するものではなく、また最小の世界秩序の維持という包括的かつ共通の利益の実現にも貢献するところがない。

こうした分野を研究している学者や研究者の直面している問題は、先制的な戦略手段の行使を合法化するような政策や偶発事態を、できるだけ特定して明らかにすることである。われわれの世紀における政治的正当性の基本的な前提が、人民がその政治社会を自ら形成する権利と、人民が自らの希望に応えかつ国際的な人権規範の基準を充たした政府を自由に選択する権利とにあることは、疑問の余地がない。そのことは、国際連合憲章や世界人権宣言、国際人権規約、友好関係宣言あるいはヘルシンキ宣言をはじめ、その他多くの国際文書からも明らかである。過去三年間における国際的な事件は、これらの文書が今世紀のほとんどの人々の心の底からの熱望を表明したものであることを確認させるものである。

また地球上のあちらこちらにおいて、こうした国際基準を充たすには程遠い状況のなかで、またそうした政府のもとで、人々が生存していることも同様に明らかである。深刻な社会的な病理を矯正するうえで社会的な力あるいは市場的な原理が自動的には働かない場合に、政府による支援を動員することによってそうした状況におかれた他の人々を助力しようという寛大な精神につき動かされている人は、政治的な国境の向こう側における、同じ人類の苦しみを目のあたりにすれば、こうした状況に対する何らかの実効的な矯正の手段を求めずにはいられないであろう。今日に至るまで、国際組織はそれが設定した約束を充足しまたその基準を達成する上ではなはだ微力であるから、その限りで、個別国家（あるいは非国家的な行動主体）が行動するのを待つか、あるいはそうした前提を放棄するかのいずれかの可能性しかない。この選択から逃れる道はない。エイスケ・スズキは、「相互依存と共時性によって特色付けられる地球社会の現状においては、国内的な事件に対する『外国の干渉』に関する伝統的な規範は今や時代遅れのものとなった」[183]と述べている。「外部の行為主体は、その行動を調節することにより、あるいは権力闘争にかかわっている敵対勢力に向けて象徴的な意志を伝達することにより、事件の帰趨を左右する政策決定を行なう立場にある。[184]」この論理によれば、介入しないことは、実際上は、正当性の根拠を欠いているが現に支配を行っている敵対者の側を、国家をあげて支援しているのと同じことである。

古色蒼然たる基本原則を表明する憲章、総会決議、大国の要求、あるいは新たに生まれつつある実行準則など、しばしば相矛盾するものからなる分権的な構成の基本法体系においては、決定的な問題は、強制力が行使されたかあるいはされるべきかということではなく、その行使が社会秩序ないしは基本的な政策のためになされたか、なされようとしているのか、それともそれに反してなされ、あるいはなされようとしているか、またその行使のあり方の全体としての結果が、社会全体の目標や最小限度の秩序との一致を高めるものであるかということにある。真正な自決は、われわれのみるところ、こうした社会目標の一つであり、今世紀における政治的正当性の基本的な前提である。

われわれは一方的でとりわけ非公然な形による力の行使を、たとえ制限的であっても、その濫用の潜在的な可能性を規制する制度を欠いた国際政治体系において認めることがもたらす危険を軽視しているわけではない。国家がある状況において一方的に行動をとらざるをえなくなるのも、この同じ制度的な弱点に由来する。幸い国際社会過程は、ある出来事を直ちに地球上のすべての場所に送信し、またそれらを受信した側の反応を伝達するコミュニケーション体系とますます一体化してきている。それは国際決定過程の一部を構成するものとなっており、一方的な力の行使に対しても迅速かつ有効な評価の形成を可能にするものであるかもしれない。そうした評価において適用さるべき基準についての一般的な合意があるならば、非難をうける見込みがある種の制約となるかもしれない。もちろんこの制約は、特にサダム・フセイン統治下におけるイラクのような全体主義社会が出現した場合には、ほとんど無意味であることを認めなければならない。しかし、それではこれに替わるものがあるかといえば、それらの方がもっと好ましくないとすらいえる。「正しい」状況においても、あるいは「正しい」理由のためのものであっても、およそすべての一方的な強制力の使用を包括的に禁止するという代案は、単に邪悪な側を矯正から免除するだけである。しかし、責任ある政府の行動と、アナーキストや特定の争点だけをとりあげる熱狂者などによる気ままな私的な行動とは区別したいと思う。その実質について正不正の評価をしないで、非公然の行動を許容することは、われわれの考えでは、すべての代案のなかで最悪のものに属する。

あらゆる介入は悲しむべきものであるが、それらのあるものは、その総計的な結果において、人民が自らの政府や政治体制を自由に選択する蓋然性を高めるのに役立っているという事実がある。それが唯一の可能性である場合もある。他の介入はそれとはまったく反対の明確な意図でなされ、またそうした結果をもたらす。それゆえ、一方で、戦後の時期に自決権の実現を模索しつつあったギリシャやイタリアにおいてなされたアメリカの非公然の作戦行動と、他方で、人民の運動を制圧し、強制力で人民が希望しない体制を押しつけたポーランドにおけるソ連の非公然の介入や中米におけるキューバの作戦行動とを、機械的に同列に扱うべき理由も必要もない。グレナダやパナマにおけるアメリカの行動と、ハンガリーやチェコスロバキア、あるいはアフガニスタンにおけるソ連の行動とを、機械的に同列に評価することは、目的と結果という、政治学や道徳論、そして法学にとってのイロハを無視することになる。それは追はぎが路上で市民にナイフを突き刺すのと、外科医が苦しんでいる市民から腫瘍を切り取る行為とを、ただある人間が他の人間にナイフを突き刺すという行為を含んでいるというだけで、同列に扱うのと同じことである。これらの多様な事例が国際法体系によってまったく異なる評価を受けてきたことは、何ら驚くべきことではないのである。

(2) 先制的かつ非公然の力の行使

介入が一定の場合には合法とされるという事実は、同じような状況において非公然の介入も同様に合法とみなされるということを必ずしも意味しない。秘匿性は戦術的な利点をもつが、他の多くの政策には余計なコストをもたらす。厳格な効用理論は、正当な力の行使によっても同じ成果を達成できる場合でも、非公然の活動の方に有利な議論を展開する。たとえば、ある国のエリートが他の国のエリートと紛争に陥り、外交手段が失敗に終わった場合、非公然の行動に訴える方が軍事的な介入よりも、価値の剝奪や生命の損失という点での費用は少なくてすむ。さらに非公然の活動の場合には、軍事力には至らない程度の手段を用いるに止めることができるから、それは直接の武力攻撃が引き起こすであろう一方的な対抗措置や国際社会の側からの反応を回避することができる。

しかし非公然活動にも重大なコストが伴なう。公然の活動の場合には、どのような価値剝奪が科される場合でも、その対象となるものを非難する社会的な決定が先立ってなされなければならず、それゆえ問題となった規範も社会の決定手続も補強される。非公然活動はこうした重要な目的に少しも資するところがない。公然の活動の場合には、誰がこれを計画したかがはっきりしており、したがって評価に晒され、場合によっては訴訟を受けて立たなくてはならない。非公然活動の場合には、そうしたことはない。国内的には、非公然活動は決定を広範な社会大衆の手からとりあげてより少人数の限られた人々にゆだねるが、その結果、ピッグス湾事件の計画作成においてアメリカで生じたような「仲間内思考（groupthink）」の危険を冒すことになる。

以上の指摘は、「危険人物」を「検束」する警察の予防行動と、その人物を法の手続にしたがって公然に逮捕して訴追することの違いに似ている。後者の手続をとる場合には、膨大な刑事司法予算や警察官の生命といった費用がかかるが、それらは一般的には必要な社会的費用として受け入れられている。国内社会のなかでは、規則に従って行動することが、政策にも効用にも合致しているとされているのであろう。

しかし国際社会では、公然の活動が常に政策に合致するといえるであろうか。議論を簡単にするために、邪悪な殺人鬼である独裁者の場合を考えてみよう。その場合、公然の手段は非常に膨大な費用を要するであろう。経済的な価値剝奪という戦略は、およそ経済というものがすべてそうであるように、富を最大化し、その富を保持する条件を最適化しようとする合理的な行為者からなる世界を前提にしている。殺人鬼に対する経済的戦略の使用は、公然であれ非公然であれ、ノリエガやウガンダのイディ・アミンについて報告されているように、自国が貧困化することに頓着しない指導者に対しては、ほとんど無意味である。制裁を課している国がその経済的な圧力を掛けるほど、無辜の民がその犠牲者となる。邪悪な独裁者は、その間、その人民を惨々な目にあわせることでその恨みを晴らそうとし続けるかもしれない。またそうした暴政にあえいでいる社会が、そうした邪悪な独裁者を排除する手段をただ持っていないだけであるという場合もありうる。

同じような考慮が、圧政者の場合にも生じる。トルヒーヨ事件に関しては、すでに検討したように、単に独裁者を追放するだけでは効果がないということが、現地における反対派の人々によっても、またアメリカ大使館に所属する専門家によっても認められていた。トルヒーヨは海外に膨大な隠し財産を貯えており、政権を受け継いだ政府を、たとえばスペインにおける基地から、無慈悲にかつ何かにとり憑かれた者のように悩まし続けることが予想されていた。こうした場合に何がなされるべきなのであろうか。

こうした状況の下においては、決定作成者がとりうる選択はいずれも魅力的なものではない。いずれの選択肢も、長期的あるいは短期的に重大な社会的費用を要求する。大規模な侵入は、直接的にも付随的にも費用を必要とする。非公然の作戦行動は、エリートが標榜している目的に関するエリート間の紛争に限って言えば、全体的な価値の破壊を最小限に抑える場合がありうる。それはある場合には、使命を達成する唯一の可能な手段であることがある。それはまた紛争の場の拡大を最小に止めるかもしれない。しかし、すでに見てきたように、それにはまたそれなりのコストがかかるのであって、その費用はとても無視することのできるようなものではない。

われわれは、非公然活動の合法性は、それが自決といった憲章の基本的な政策目標を促進するものであるかどうか、また最小の国際秩序の保持に資するものであるかどうか、公然の力の行使をも正当化するような事態にあてはまるか、あるいは非公然の強制が他のより穏便な強制的措置を試みた後でとられたかどうか、ということによって評価されるべきであると考える。非公然の措置は、均衡性や無差別性という武力紛争法の要件を充たしていなければならない。そうした措置が想定されたその対象への通告を必要とし、その攻撃的な態度を変更する機会を与えることを要求している限りで、非公然の措置は、カーター大統領が指令した救出行動の場合にそうであったように、それに先だって、まず警告が発せられる必要がある。

（1）G. Hufbauer, J. Scott and K. Elliot, *Economis Sanctions Reconsidered : History and Current Policy*（1985）参照。この本では外交政策目標を達成するために実施された一〇三の経済制裁の事例から得られる教訓がうまくまとめられている。

（2）Seidl-Hohenveldern, The United Nations and Economic Coercion, 18 *Belgian Rev. Int'l. L.* 9, 12（1984-1985）.

（3）ブラジルの二条四項に関する修正提案は次のように規定していた。

「全ての加盟国は……武力による威嚇又は武力の行使、並びに経済措置による威嚇又はその行使を……慎まなければならない」（"All Members shall refrain. . . from the threat or use of force *and from the threat or use of economic measures in any way inconsistent*. . .）（強調は著者）。しかしこの修正案はサンフランシスコ会議において賛成二、反対二六で否決された。Id. at 10.

（4）例えば国連総会は、ニカラグァ事件に関する国際司法裁判所の実体判決以前および以後におけるアメリカのニカラグァに対する経済禁輸措置（economic embargo）を非難した。例えば、G. A. Res. 185, Trade Embargo against Nicaragua, 43 U. N. GAOR Supp.（No. 49）at 139, U. N. Doc. A /43 /49（1988）（89-2-50）（"Deplores the continuation of the trade embargo contrary to its resolutions 40 /188, 41 /164, 42 /176 and the judgement of the International Court of Justice."）参照。他の決議では、経済的強制力に関してより一般的かつ強い願望を込めた言及がなされている。G. A. Res. 173, Economic Masures as a Means of Politicaland Economic Coersion against Developing Countories, 42 U. N. GAOR Supp.（No. 49）at 130, U. N. Doc. A /42 /49（1987）（128-21-5）（これら決議は"Development and International Economic Co-operation"と題する年次議事題目と関連して採択されている点が示唆的である）。G. A. Res. 2625,（Friendly Relations）, 25 U. N. GAOR, Supp.（No. 28）121, 123, U. N. Doc. A /8028（1970）、G. A. Res. 3281（XXIX）, Charterof Economic Rights and Duties of States, 29 U. N. GAOR Supp.（No. 31）, 50 U. N. Doc. A /9631（1975）参照。

（5）例えば、S. C. Res. 333, 28 U. N. SCOR, Resolutions and Decisions 14, U. N. Doc. S /INF /29（1973）（sanctions against Rhodesia）; G. A. Res. 35 /206, 25 U. N. GAOR Supp.（No. 48）at 29, U. N. Doc. A /35 /L. 13（1980）; G. A. Res. 1761, 167 U. N. GAOR Supp.（No.17）at 9, U. N. Doc. A /5276（1962）（sanctions Against South Africa）. またテヘラン人質事件に関する国際司法裁判所の判決

[Case Concerning United States Diplomatic and Consular Staff in Iran,（U. S. v.Iran), 1980 *I. C. J.* 3, at 16‐17, 27‐28, 54（Morozovの反対意見)〕、参照。

（6） 米州機構憲章［Charter of the Organization of American States（OAS), 2 U. S. T. 2394, T. I. A. S. 2361, 119 U. N. T. S. 3］、とくに第一八条、一九条、二〇条参照。

第一九条は次のように規定している。

「国家は、他の国の主権意思を強制し、それによって何らかの利益を得るため、経済的又は政治的性質を有する強制手段を用い又は用いることを奨励してはならない。」

しかし、第一八条と二〇条は、二二条と照らし合わせて読まれる必要がある。第二二条は次のように規定している。「現行条約に従い平和と安全の維持のために執られる措置は、第一八条及び第二〇条に掲げる原則の違反とならない。」

（7） アメリカ国民が国家安全保障上の情報を提供した見返りに外国から賄賂を受け取ったとして訴追された最近の事例については、Meeting the Espionage Challenge, Report of the Select Committee on Intelligence, United States Senate, S. Rep. No.522, 99th Cong., 2d Sess. 12‐15（1986）参照。

（8） 15 U. S. C. secs. 78dd‐1, 78dd‐2, 78ff（1982）（amended by P. L. 100‐418 Title V, sec. 5003（a), 102 Stat. 1415（1988)（この修正では、とりわけ章の表題において“Prohibited Foreign Trade”が“Foreign Corrupt”に換えて用いられるようにされた。）

（9） W. Reisman, *Folded Lies*（1979）［リースマン（奥平訳）『贈収賄の構造』（岩波現代選書一九八三年）［邦訳、リースマン（奥平訳）『贈収賄の構造』（岩波現代選書一九八三年）］; Iga and Auerbach, Political Corruption and Social Structure in Japan, 17 *Asian Survey* 556（1977); Bribery : A Shocker in U. S., but a Tradition Overseas, *U. S. News & World Report,* Apr. 19, 1976, at 33.

（10） 報復（Retorsion）は、相手の非友好的ではあるが合法的な先行行為に対してとられる違法ではない非友好的行動のことである。F. Kalshoven, *Belligerent Reprisals* 27‐28（1971). ゾラーは報復の中に、「国際違法行為に対する返報としての行為（act as a response to international wrongful acts)」をも含めている。E. Zoller, *Peacetime Unilateral Remedies* 5（1984)。報復に関する議論については、本書第五章参照。

（11） Hufbauer, Schott & Elliott, *Economic Sanctions Reconsidered* 参照。なお一九七三年の禁輸に関する文書、解説、条約などの資料については、J. Paust and A. Blaustein, The Arab Oil Weapon—A Threat to International Peace, 68 *A. J. I. L.* 410（1974）参照。なおShihata, Destination Embargo of Arab Oil : Its Legality Under International Law, 68 *A. J. l. L.* 591（1974）と比較せよ。

（12） 前出注（4）、参照。

（13）J. Paust and A. Blaustein, The Arab Oil Weapon—A Threat to International Peace, in Paust and Blaustein, *The Arab Oil Weapon* 67（1977）; Parry, Defining Economic Coersion in International Law, 12 *Tex. Int'l L. J.* 3（1977）; Comment, Use of Nonviolent Coercion: A Study in Legalty under Article 2（4）of the Charter of the United Nations, 122 *U. Pa. L. Rev.* 983（1974）.

（14）Seidl-Hohenveldern, 前出注（2）文献、p. 14.

（15）例えば、E. Herman, *Demonstration Elections: U.S. Staged Elections in the Dominican Republic, Vietnam, and El Salvador*（1984）参照。ニカラグァの選挙に関して、Intelligence Committee および Appropriations Committee の特定的な同意なしに野党および野党候補を密かに援助することが禁止されることについては、Sec. 104, Intelligence Authorization Act, FY 1990、参照。

（16）背景事情については、B. Murty, *The International Law of Propaganda*（1989）; J. Whitton and A. Larson, *Propaganda: Towords Disarmament in the War of Words*（1963）; W. Davidson, *International Political Communication*（1965）; S. Neumann, *Permanent Revolution: Totalitarianism in the Age of International Civil War*（2d ed. 1965）参照。

（17）International Convention concerning the Use of Broadcasting in the Cause of Peace, 186 U. N. T. S. 301, 32 *A. J. I. L. Supp.* 113（29 Parties.）アメリカは条約締結会議には出席せず、また条約に署名もしていない。

（18）ジェノサイド条約（Convention on the Prevention and Punishment of the Crime of Genocide, 78 U. N. T. S. 277, 45 *A. J. I. L. Supp.*）アメリカについては、一九八九年二月二三日に発効。

（19）*The Trial of German Major War Criminals: Proceedings of the International Military Tribunal sitting at Nuremberg Germany*, Part 22, 501-2（1950）. シュトライヒャー（Streicher）は、一九二三年から一九四五年にかけて、反セム主義の週刊新聞 Der Sturmer の発行人であった。ニュールンベルク法廷によれば、「シュトライヒャーは『ユダヤ人いじめのナンバー・ワン』として広く知られていた。……すでに一九三八年には、シュトライヒャーはユダヤ人種の抹殺を叫んでいた。一九三八年から一九四一年にかけて掲載された異なる二三の Der Sturmer の記事が証拠として提出されたが、そのなかではユダヤ人種の『根を絶ち、枝を払う』よう説かれていた。」シュトライヒャーは、計画の策定と共同謀議を扱った第一法廷では無罪とされたが、人道に対する罪を扱った第四法廷で有罪とされた。」

（20）Murty 前出注（16）文献 at 143-47.

（21）プロパガンダ（propaganda）の語は、一六二二年にローマ・カトリック教会の枢機卿によって構成される委員会として創設された布教会（College of the Propaganda）に由来するものであるが、その任務は外国に派遣した司祭の監督にあった。それゆえ現代では Congregatio de propaganda fide（布教聖省）というラテン語名がつけられている。*Oxford English Dictionary* 632（2d ed.

1989).

(22) G. A. Res. 110 (II), *Yearbook of the United Nations* 1947-1948, 88-93 (1949).

(23) Murty, 前出注(16)文献, at 3-4; Wright, The Crime of "War-Mongering", Editrial Comment, 42 A. *J. IL.* 128 (1948).

(24) 例えば、Declaration on the Inadmissibly of Intervention and Interference in the Internal Affairs of States, II (j); G. A. Res. 2625 (Declara-tion on Friendly Resolutions).

(25) 999 U. N. T. S. 171, 6 *I. L. M.* 368 (1967) (G. A. Res. 2200A, 21 U. N. GAOR, Supp. [No. 16] 49, 55, U. N. Doc. 6316 [1966]).

(26) 26 U. N. GAOR, Annexes (Agenda Item 51) 1, U. N. Doc. A/8340 (1971).

(27) G. A. Res. 2200A, 3 (b), 前出注(25).

(28) Declaration on Fundamental Principles concerning the Contribution of the Mass Media to Strengthening Peace and International Understanding tothe Promotion of Human Rights and to Countering War Propaganda, Racialism, Apartheid and Incitement to War, 20 UNESCO GCOF, Resolutions 100, UNESCO Doc. 20C/Resolution 3/3. 1/2 (1978).

(29) 37 U. N. GAOR, Supp. 51 (No.51) 98, U. N. Doc. A/37/51 (1983). なお Gorove, The Geostationary Orbit: Issues of Law and Policy, 73 *A. J. I. L.* 444 (1979), 参照。

(30) Murty, 前出注(16)文献、at lxi. 最近のキューバ向けのアメリカからのテレビ放送をも含む例については、French, "Cuba Fights New Telecast from U. S.," *N. Y. Times,* Mar. 17, 1990, at 3, col.2.

(31) International Telecommunication Convention (Nairobi, 1982), United States Senate, Treaty, Doc. 99-6, 99th Cong., 1st sess. (1985). この条約はマラガ・トレモリノスにおいて採択された前条約 (Oct.25, 1973, 28 U. S. T. 2495, T. I. A. S. 8572) に代わるものである。

(32) 634 U. N. T. S. 239, 59 *A. J. I. L.* 715, 62 *A. J. I. L.* 814.

(33) 海洋法条約は一九八二年のために署名に開放されている。U. N. Doc. A/CONF 62/122, reprinted in 21 *I. L. M.* 1261 (1982). この条約は六〇番目の国が受諾した後一二ヶ月で発効し、一九五八年条約にとって代わることになる。本書の執筆段階では四二ヶ国が当事者となっている。[国連海洋法条約は、その後必要な批准国数を得て一九九四年一一月一六日に発効した―訳注]

(34) 民主主義の女神号は、「天安門の春」事件の際に、国際水域から中華人民共和国に向けて民主化闘争を支持する番組を放送するための私設局を設置する目的で、世界出版連合 (Worldwide publication) によってチャーターされた。しかしその船は、香港に入港を拒否され、また当初は受け入れをほのめかした台湾も、もしそれが無許可放送を行なったならば、中華民国への帰還を認めないであろうと言明した。一九八二年の国連海洋法条約を引いて、台湾の主席スポークスマンは、「国際社会の一構成員として、われわれは国際海域からの無許可放送を支持するわけにはいかない」と語った。こうした状況の結果、この試みは最終的に放棄された。Kristoff, *N. Y. Times,* May12, 1990, at A7.

（35）例えば、"Radio Truth", "The Voice of the Broad Masses of Eritorea", "The Voice of the Resistance of the Black Cockerel", "Radio Namibia", "The Voice of the Mozanbique National Resistance" などがある。C. Mitchell, "Insults, Songs, Heroic Victories," Proprietary to the UPI, Sept. 16, 1984.

（36）J. Barron, KGB 225（1974）. Schultz and Godson は、"covert disinformation" を、匿名または偽名による、書面または口頭による情報伝達であって、誤っているか、不完全か、あるいは誤解されやすい国際的情報を含み（しばしば真実のな情報に紛れ込まされている）、読み手を欺妄し、誤った情報を与え、同時に誤解を生じせしめるもの、と定義している。R. Shultz and R. Godson, *Dezinformatsiya : Active Measures in Soviet Strategy* 194（1984）.

（37）統合参謀本部は「心理作戦」を、「外国の受け取り手に対して、その情緒や、動機や、客観的な推論、さらに最終的には、政府、組織、集団および個人の行動に影響を与えるために、選別された情報や示唆を伝える計画された作戦」と定義し、「心理作戦の目的は、外国の態度や行動を作戦者の側の目的に添うように誘導しあるいは強化することにある」と述べている。JCS Pub 1,292（1987）. 一九五四年のＣＩＡによるグァテマラにおける作戦の生々しい事例については、G. Treverton, *Covert Action*（1987）.

（38）国際的武力紛争の犠牲者の保護に関する追加議定書（第一議定書）（Protocol Additional to the Geneva Conventions of 12 August 1949, and relating to the Protection of Victims of International Armed Conflicts, Art. 37. 2（Protocol I）（1977）, 16 *I. L. M.* 1391（1977））.

（39）Service A of the first Chief Directorate, KGB. Meeting the Espionage Challenge, Report of the Select Committee on Intelligence, United States Senate, S. Rep. No. 99-522, 99th Cong., 2d Sess. 30-33 and appendix F（1986）; Soviet Active Measures, Hearings before the Permanent Select Committee on Intelligence, House of Representatives, July 13-14, 1982（1982）参照。ソビエトの学説では、情報撹乱（disinformation）は「積極的な手段（active measures）」による政治的影響力の行使のなかに位置づけられている。R. Shultz and R. Godson, *Dezinformatsiya*（1984）. 前出注（35）文献。

（40）例えば、"Moynihan Assails India—C. I. A. Charge," *N. Y. Times,* Nov.21, 1989, at 10; "Britain Tells of 70s Anti-I. R. A. Drive," *N. Y. Times,* Feb. 1, 1990, at 3; "Of British Smears in 1970s, and a Mess in 1990," *N. Y. Times,* Feb. 4, 1990, at 8; Article 19 World Report

1988, 300 (1988, K. Boyle ed.).

(41) 例えば、エイズ・ウィルスをアメリカの生物兵器研究と結び付けるソビエトのキャンペーンのような例がある。*L.A. Times*, Apr. 19, 1987, at 2; W. Post, Nov. 3, 1987, at 27. SSCIはソビエトによる最近の情報撹乱計画の例として、ロス五輪の警備への不安の醸成、宣伝のためにチェルノブイリ事故を利用して捏造されたUSIA職員からDurenberger上院議員に宛てた偽造の書簡などをあげている。

アメリカ側による情報撹乱といわれている最近の事例については、J. Richelson, *Foreign Intelligence Organization* 339 (1988)、カダフィ大佐に関するものについては、B. Woodward, *Veil: The Secret Wars of the CIA 1981-1987*, 471-77 (1987) 参照。Gregory Trevertonは、一九八一年に出版されたClaire Sterlingの*The Terror Network*という本のうち、とりわけソビエトによる国際テロリズムへの支援を記録している部分は、大部分がCIAの情報操作に基づくものであり、いわゆる「撹乱情報の逆流」(blow-back) の問題を例証しているといっている。G. Treverton, 前出注(37)文献 at 165. しかしGodsonはこの主張には何の証拠も、「脚注すらも」ないと反論している。Roy Godson, "Conditions Affecting Present Trends: Activities Destructive of World Order by Intelligence Services," at 13, *United States Institute of Peace, Conference*, Oct. 14, 1989.

(42) 例えば、Foreign Agents Registration Act, 22 U.S.C. secs. 611-21.

(43) Convention on the International Right of Correction, 435 U.N.T.S. 191 (Aug. 24, 1962). この条約では、通報があった後五日以内に、締約国は、問題となった事実に関する見解の如何に拘わらず、通信員および通常その領域内で活動している情報機関に対して、また最初の通信の発信元である情報機関に対して、訂正を提出するものとされている。締約国がこれを怠った場合は、被害国は、事務総長に訂正を提出し、事務総長は「その利用できる情報チャネルを通じて、適正に公表すること」を義務づけられている。現在、この条約の締約国は、一九八七年のブルキナ・ファソの加入を含めて、一二ヶ国である。

(44) *Many Voices One World* (Report of the International Commission for the Study of Communication Problems, (MacBride Commission) UNESCO 249 (1980).

(45) インド領通行権事件(本案)(Case concerning Right of Passage over Indian Territory [merits]) (India v. Portugal), 1960 I.C.J. 6; なお、Tribunal Arbitral Pour La Determination de La Frontiere Maritime (Guinea-Bissau v. Senegal), 1990 Affaire Relative a la Sentence Arbitrale du 31 Juillet 1989, Annexe 23 Aout 1989 参照。

(46) 23 U.S.T. 3227, T.I.A.S. No. 7502, 500 U.N.T.S. 95 (Apr. 18, 1961). アメリカについては、一九七二年一二月一三日、効力発生。国内的な履行確保のための法令については、Diplomatic Relations Act, 22 U.S.C. sec. 254a (1988) 参照。

(47) 例えば、国連憲章二条四項、米州機構（OAS）憲章一八、一九、二〇条。

(48) G. McClanahan, *Diplomatic Immunity* 27 - 34 (1989).

(49) なお、二二条（公館）、二四条（公文書）、二六条（移動の自由）、二七条（通信）、三〇条（個人的住居、書類）、三七条（家族の特権）など、参照。外交官による強制行為に適用される条文としては、三条（使節団の任務）、四条（アグレマン）、九条（ペルソナ・ノン・グラータ）、三一条（裁判権免除）、三二条（免除の放棄）および四一条（法令の遵守および国内問題への不介入）などがある。

(50) 21 U. S. T. 77, T. I. A. S. No. 6820, 596 U. N. T. S. 261 (1963).

(51) 国際的に保護される者（外交官を含む）に対する犯罪の防止及び処罰に関する条約（Convention on Prevention and Punishment of Crimes against Internationally protected Persons, Including Diplomatic Agents), Dec. 14, 1973, 28 U. S. T. 1975, T. I. A. S. No. 8532, 1035 U. N. T. S. 167.

(52) 第二条は、条約の当事国に、国際的に保護される者の殺害、誘拐、輸送手段への暴力的侵害行為などを含む一定の国際的行為、またそれらの脅迫、未遂、加担を、国内法上、犯罪と規定するよう求めている。アメリカの立法措置については、Act for the Prevention and Punishment of Crimes against Internationally Protected Persons, P. L. 94 - 467, Oct. 8, 1976, 90 Stat. 1997, 18 U. S. C. secs. 1116, 112, 878, 1201 (1988)、参照。第七条では、容疑者が国内に所在する締約国に対して、容疑者を関係国に引き渡すか、または訴追のために権限ある当局に事件を付託することを義務づけている。

(53) 例えば、Agreement relating to the Privileges and Immunities of all Members of the Soviet and American Embassies and Their Families, with Agreed Minute. 30 U. S. T. 2341, T. I. A. S. 9340.

(54) 例えば、国際連合の特権及び免除に関する条約（Convention on the Privileges and Immunities of the United Nations）21 U. S. T. 1418, T. I. A. S. No. 6990, 1 U. N. T. S. 15（1946); International Organizations Immunities Act, 59 Stat. 669（1945), 22 U. S. C. A. Sec. 288 et seq.（1976).

(55) 例えば、一九九〇年に、イラクがクウェイトにある外国公館に対し食料、必需品の供給、移動の自由を拒否した例、テヘラン大使館人質事件、文化大革命中の一九六七年に、中国において英国大使館が襲撃された例などがある。一九六八年以来、現職のアメリカ大使であった者が六名殺害され、また一九七六年以来、四名のイギリス大使が殺害されている。McClanahan, 前出注(49)文献 at 142 – 53.

(56) パナマ侵攻の際にアメリカ軍は、キューバ、リビア、ニカラグア、ペルー、バチカンなどの外交施設の周辺に安全保障区域

(security perimeters）を設定したが、ウィーン外交関係条約への違反であるという非難をうけた。さらに、一九八九年一二月二九日、アメリカ軍は実力でニカラグァ大使の居宅に突入し、武器類を押収した。ＯＡＳは、この行動を国際法違反と宣言する決議を、賛成一九、反対〇、棄権六で採択している。これに対してブッシュ大統領は、この侵入を「無理強い」(screw-up) と呼び、また米国外務省は、ニカラグァ外務大臣に「遺憾」の意を伝える書簡を送り、また押収された武器を返還した。ニカラグァは、これに対抗して、マナグァにいるアメリカ外交使節を3分の2に縮小するようにとの命令を出した。クウェイト市の外交官の場合には、食料、水、その他の必需品の供給は拒否され、また移動の自由も否定されたが、大使館から物理的に立ち退きを強要されることはなかった。

（57） 1980 *I.C.J.* 3, at 30-33, 35-41.

（58） 国家によって支援されたテロリズムのための外交免除の濫用に関する議論、および一九八四年にロンドンで発生したリビア人民事務局（Libyan People's Bureau）発砲事件に関しては、G. Levitt, *Democraties against Terror* (1988) 参照。外交官による麻薬不正取引に関しては、McClanahan 前出注（48）文献 155-59（1989）。クーデタ支援のためにアメリカが外交チャネルを利用した例に関しては、トルヒーヨ暗殺事件、一九七三年のチリにおけるクーデタに関する議論をみよ。

（59） ウィーン外交関係条約、前出注（46）二七条。国際司法裁判所はテヘラン人質事件において、外交関係法の規則は「自己完結的な制度」であると述べている。1980 *I.C.J.* 40.

（60） C. Hyde, *International Law* 1686（2d ed. 1945).

（61） ニュールンベルグ国際軍事法廷はすべての一方的な武力の行使を非難したわけでもないし、また実際そうはできなかった。それが判決の中で述べているのは、「『侵略戦争』を開始することは、一つの国際犯罪であるにとどまらず、最大の国際犯罪（the supreme international crime）である」（『 』は著者）ということである。

（62） G. A. Res. 2734（xxv), 25 U. N. GAOR, Supp.（no.28） 22, U. N. Doc. A /8028（1970).

（63） G. A. Res. 103, 36 U. N. GAOR, Supp. (No.51) 78, U. N. Doc. A /36 /51（1981).

（64） Holmes, The Path of the Law, 10 *Harv. L Rev.* 457, 461 (1897). reprinted in O. W. Holmes, *Collected Legal Papers* 167（1920).

（65） 人質をとる行為に関する国際条約 (International Convention against the Taking of Hostages), 34 U. N. GAOR Supp. (No. 39) at 23, U. N. Doc. A /34 /39（1979).

（66） 国際的武力紛争の犠牲者の保護に関する追加議定書（第一議定書）(Protocol Additional to the Geneva Conventions of 12 August 1949, and Relating to the Protection of Victims of International Armed Conflicts (Protocol I) (1977), 16 *I. L. M.* 1391 (1977)（締約

国数は78ヶ国)。

(67) Feith, Law in the Service of Terror: The Strange Case of the Additional Protocol, *The National Interest* 36 (Fall 1985); Roberts, The New Rules for Waging War: The Case against Ratification of Additional Protocol, 26 *Va. J. Int'l L.* 109 (1985)、参照。これとは異なる見解については、Gasser, An Appeal for Ratification by the United States, 81 *A. J. I. L.* 910 (1987) 参照。より一般的には *Armed Conflict and the New Law* (M. Meyer, ed, 1989) をみよ。

(68) 第一追加議定書第三七条は以下のように規定している。

1　背信行為に訴えて敵を殺傷し又は捕らえることは、禁止される。敵の信頼を裏切る意図をもって、武力紛争に適用される国際法の諸規則に基づく保護を受ける権利を有するか又は保護を与える義務があると敵が信じるように敵の信頼を誘う行為は、背信行為を構成する。次の行為は背信行為の例である。

a　休戦旗又は降伏旗を掲げて交渉の意図を装うこと

b　文民又は非戦闘員の地位を装うこと

c　国際連合又は中立国若しくは紛争当事者でない他の国の標識、標章又は制服を使用して、保護されている地位を装うこと

2　戦争の奇計は、禁止されない。奇計とは、敵を誤導し又は無謀に行動させることを意図した行為であるが、武力紛争に適用される国際法の諸規則を侵害せずかつ国際法に基づく保護に関して敵の信頼を誘うものではないために、背信的でない行為をいう。次のものは、奇計の例である。すなわち、偽装、囮、陽動作戦及び虚偽の情報の使用。

(69) 国連特別委員会は、いかなる人民が植民地独立付与宣言 (Declaration on Granting Independence to Colonial Countries and Peoples) の規定の適用上、これに該当するかを決定する権限を有する。この宣言は、とりわけ、「すべての人民は自決の権利を有する」こと、「従属人民に直接に向けられた軍事行動あるいは抑圧手段は、いかなるものも、それら人民が完全な独立の権利を平和的かつ自由に行使できるようにするために、終了されなければならず、またそれら人民の国家領土の保全は尊重されなければならない」ことを宣言している。G. A. Res. 1514 (XV) (89–0–9), reprinted in *Yearbook of the United Nations* 1960 48; G. A. Res. 1654 (XVI (97–0–4), reprinted in *Yearbook of the United Nations* 1961, 56.（委員会は、当初、一七人で構成され、独立付与宣言の適用を検討することを任務とした。）

(70) Kovalev, Sovereignty and the Internatonalist Obligations of Socialist Countries, *Pravda*, Sept. 26, 1968, trans.in 20 *CDSP*, No.39. ただし、"Warsaw Pact Condemns' 68 Prague Invation," *N. Y. Times*, Dec.5, 1989, at 1, col.4 も参照せよ。なおニューヨークタイムズは、ソビエトの声明として、次のような記事を載せている (*N. Y. Times*, Dec. 5, 1989, at 15, col.1)。

……一九六八年、当時のソビエトの指導者は、客観的に困難な問題をめぐるチェコスロバキアの内紛の一方の側の立場を支持していた。そうした均衡を欠いた不十分なやり方、友好国の国内問題への介入は、厳しい東西対立のなかで当時は正当化されていた。

われわれは、一九六八年に社会主義国五ヶ国の軍隊をチェコスロバキア領土に投入したことには正当な根拠がなく、またそれら決定が、現在知られているすべての事実に照らして、誤ったものであったというチェコスロバキア共産党中央委員会幹部会議およびチェコスロバキア政府の見解を共有する。

(71) Remark at the Conservative Political Action Conference's Twelfth Annual Dinner, 21 *Weekly Comp. Pres. Doc.* 243 (Mar. 8, 1985).

(72) 例えば、Truman (Eastern Europe, Ukraine), Eisenhower (Guatemala, Tibet), Kennedy (Cuba, Tibet), Johnson (Laos), Nixon (Southeast Asia), Ford (Angola), Carter (South Yemen, Afganistan), Bush (Afganistan, Cambodia) といった具合である。J. Prados, *President's Secret Wars : CIA and Pentagon CovertOperations since World War II* (1986) ; W. Blum, *The CIA, A Forgotten History* (1986) 参照。

(73) Frank and Rodley, After Bangladesh : The Law of Humanitarian Intervention by Military Force, 67 *A. J. I. L.* 275 (1973) ; Brownlie, Humanitarian Intervention, in *Law and Civil War in the Modern World* 218 (J. Moore ed. 1974) 参照。

(74) L. Oppenheim and H. Lauterpacht, *International Law : A Treatise,* vol. 2, 280 (7th ed.1948) ; M.Ganji, *International Protection of Human Rights* (1962) ; F. Teson, *Humanitarian Intervention : An Inquiry into Law and Morality* (1988) ; Bayzelr, Reexamining the Doctrine of Humanitarian Intervention in Light of the Atrocities in Kampuchea and Ethiopia, 23 *Stan. J. Int'l. L. 547* (1987) ; Lillich, Forcible Self Help under International Law, 62 *Readings in International Law from the Naval War College Review* 134–37 (1988) 参照。一般的には、*Humanitarian Intervention and the United Nations* (R. Lillich ed. 1973) 参照。

(75) Nov. 3, 1950, G. A. Res. 377A (v), 5 U. N. GAOR Supp. (No. 20) 10, U. N. Doc. A /1755 (1951).

(76) Response by Professors McDougal and Reisman, 3 *Int'l Law.* 438, 444 (1969). 77. *Digest of United States Practice in International Law* 1979, 16–25, 122–23, (M. Nash ed. 1983).

(78) この点に関するより詳細な議論については、Reisman, Old Wine in New Bottles : The Reagan and Brezhnev Doctrines in Contemporary International Law and Practice, 13 *Y. J. Int'l L.* 171 (1988) 参照。

(79) Id. at 178–79. さらに The State of the Union, 16 *Weekly Comp. Pres. Doc.* (Jan. 23, 1980) 参照。カーター・ドクトリンについて、Transcript of President's News Conference on Foreign and Domestic Matters, *N. Y. Times,* Oct. 2, 1981, at A26, col. 5.

（80）Friedman, "Baker Gives U.S. Approval if Soviets Act on Rumania," *N.Y. Times*, Dec. 25, 1989, at 13, col. 5. フランス外務大臣Roland Dumasのコメントについては、*L.A. Times*, Dec. 25, 1989, at 14, col. 1.（この中で、Dumasはとくに次のように述べている。「私は昨日ソビエト当局に対して、もし彼らが介入を必要と考えるのであれば、フランスはこれを不都合とは考えないし、それどころかそうした行動を支持するであろうと伝えた。」）

（81）Hufford and Maley, "The War in Lebanon: The Waxing and Waning of International Norms," in W. Reisman and A. Willard, *International Incidents* 144 (1988).

（82）ある著者は、ソビエトの秘密工作に関する情報がないことは、秘密工作がそもそも存在しないことを意味するとまで言っている。「KGBの秘密工作については、客観的な証拠はほとんどないに等しい。ピッグズ湾やチリの政情不安定化に匹敵するようなKGBの重大な秘密工作は一つも明らかにされていない……ほとんど唯一の例外は最近のポーランドの事例であるともいえる……この四〇年間、いかなる諜報機関も忙しく働くほどに優秀ではなく、また幸運でもなかった。従って、KGBは、たとえなかったとはいえないにしても、秘密工作に従事することは極めて希れであったと結論せざるをえない。」Johnson, Making Things Happen, *London Review of Books*, 6-19 Sept. 1984, at 14.

（83）事実関係の要約は、主として *Facts on File* 1953 からのものである。なおアメリカの秘密工作に関しては、G. Treverton, *Covert Action* (1987) 参照。

（84）Kermit Roosevelt の見解については、一九七九年に発刊された *Countercoup: The Struggle for the Control of Iran*［邦訳ーカーミット・ルーズベルト『CIAの逆襲』（毎日新聞社、一九八〇年）］

（85）両書簡ともにICJの判決理由のなかに採録されている。Case concerning United States Diplomatic and Consular Staff [U.S. v. Iran]（イラン大使館人質事件）、1980 *I.C.J.* 3, at 19.

（86）1980 *I.C.J.* 3, at 38.

（87）*Keesing's Contemporary Achives* 1959-1960, at 17489. なお、*Facts on File* 1960; M. Whiteman, *Digest of United States Practice in International Law*, Department of State, vol. 5, 208-14 (1965) 参照。イスラエルの立場からの叙述に関しては、P. Malkin and H. Stein, *Eichmann in My Hands* (1990); D. Raviv and Y. Melman, *Every Spy a Prince* (1989); I. Harel, *The House on Galibaldi Street* (1975) 参照。

アイヒマンは、親衛隊の第三帝国安全保障本部の「Section IV 4b」の主任であった間に、ドイツ占領地域から数百万のユダヤ人を連行、尋問することを命じた。一九四四年、アイヒマンは連合国に対して、百万のユダヤ人と引き換えに、一万台のトラックと千トンのコーヒー、紅茶を提供するよう提案したといわれている。アイヒマンに対する一五の罪状に関しては、*Facts on File* 1961, at 127、参照。アイヒマンの追想録は、*Life*, Nov. 23 and 30, 1961、に掲載されている。

(88) イスラエルとアルゼンチンは五月九日に犯罪人引渡条約を締結したが、同条約は「軍事的、政治的犯罪あるいはこれらに関連する犯罪」を引渡から除外している。*Keesing's*, 前出注(87)文献 at 17490 参照。

(89) 15 U.N. SCOR (865th mtg. at4), U.N. Doc. S /4349 (1960).

(90) Joint Communique of the Governments of Israel and Argentina of Aug.3, 1960 (quoted at 36 *Int'l L. Rep.* 59) 参照。

(91) Attorny General of Israel v. Eichmann, Israel Supreme ct. (1962), 36 *Int'l L. Rep.* 277 (1968).

(92) *Facts on File* 1961 ; *Keesing's Contemporary Archives* (1961 - 1962) ; Bissell, Reflections on the Bay of Pigs, 8 *Strategic Review* 66 (Fall1984); G. Treverton, *Covert Action* (1987) ; P. Wyden, *Bay of Pigs* (1979). ケネディ時代の回顧録としては、A. Schlesinger, *A Thousand Days* (1965), T. Sorensen, *Kennedy* (1965)、政策決定の過程の分析としては、I. Janis, *Groupthink* (2d ed. 1982) 参照。

(93) Schlesinger, 同前 at 242.

(94) Sorensen, 同前 at 303.

(95) 15 U.N. GAOR Annex XV (agenda Item 90) at 5, U.N. Doc. A /4708 (1960 - 1961).

(96) 大統領の指令により、合衆国の兵員は直接に襲撃に加わることを禁止された。この禁止は実際には従われなかったようにみえるが、それは秘密工作にしようとしたことを示すというより、作戦行動区域における過激な行き過ぎとみるべきであろう。少なくとも一人のアメリカの潜水部隊員が最初の上陸に参加し、またアラバマ州軍の四人の契約パイロットが、作戦の最終日に、武装蜂起側のB26爆撃機で空からの作戦支援のために飛行している時に殺害された。

(97) *Facts on File* 1961, at 146.

(98) Sorensen, 前出注(92)文献 at 534.

(99) Schlesingerは、これらの示威行動は「共産主義者によって教唆された短期的なものであり、深刻なものではない」と重視していない。前出注(92)文献 at 290 - 91.

(100) *Facts on File* 1961, at 138.

(101) Schlesinger, 前出注(92)文献 at 291. しかし、Schlesinger も Sorensen も、裏の世界からの批判については報告していない。

(102) アメリカがキューバに対して行おうとしたさまざまな侵略や干渉行為の計画に関して、キューバ革命政府は、それが領土保全、主権、独立への明白な侵害であり、また国際の平和と安全に対する明らかな脅威であるとする苦情を申し立てた。15 U.

N. GAOR Annex XV, (Agenda Item 90) at 2, U. N. Doc. A /4744 (1961).

(104) Id., at 7.

(105) Schlesinger、前出注（92）文献 at 292.

(106) I. Janis, *Groupthink*, 35 (2d ed. 1982).

(107) Treverton, 前出注（83）文献 at 84-98.

(108) ピッグス湾侵入は法学者によって理路整然と批判されている。Falk, American Intervention in Cuba and the Rule of Law, 22 *Ohio St. L. J.* 546 (1961); J. Moore, *Law and the Indo-China War*, 215-16 (1972); Wright, Intervention and Cuba in 1961, 55 *Am. Soc. Int. L. Proc.* 2 (1961), 109 参照。当時ケネディの顧問でありかつこの問題についてホワイトハウスで開かれた多数の会議に出席した Arthur Schlesinger は、次のように語っている。「不干渉を指示する硬直した議論は、私を強く動かすものではなかった。共産主義の影に覆われた世界にあって、純粋理論は少しも力をもっていなかった。」Schlesinger は、ジョン・スチュアート・ミルの次の一文を引く。「不干渉の原理が道徳の正当な原則となるためには、それがすべての政府によって受け入れられている必要がある。自由な諸国と同様に、専制主義者もこれに拘束されることに同意する必要がある。彼らがそうしない以上、自由な諸国だけがこれを受け入れることは、悪者が悪事を助け、善人が善を見殺しにするという悲惨な結末をただ助長するだけになる。」（引用は、Mill, A Few Words on Non-Intervention, *Fraser's Magazine*, Dec. 1859 (Falk, ed., *The Vietnam War and International Law*, Am. Soc'y Int'l L. (1968) に採録されている)。

(110) Pub. Papers, *John F. Kennedy*, 286-87 (Apr. 19, 1961).

(111) Schlesinger, 前出注（92）文献 at 246-47. Schlesinger および Sorensen は、ケネディ政権内部の決定機構についての貴重な洞察を提供している。しかし、他の回顧録と同様、彼らの結論は一定の偏見から免れ得てはいない。例えば、Schlesinger の分析は、作戦の背後にいる専門家の役割を強調する反面、作戦前および作戦期間中におけるケネディ自身の決定の意義を過小評価している。

(112) 18 U. N. C. secs. 958-962.

(113) M. Whiteman, *Digest of International Law*, Department of State, vol.5, 275-76 (1965).

(114) *Facts on File* 1961, at 67.

(115) *Facts on File* 1960, at 314; *Facts on File* 1961, at 8.

(116) *Alleged Assassination Plots Involving Foreign Leaders*, An Interim Report of the Select Committee to Study Governmental Operations

with respect to Intelligence Activities 191 (1976) [hereinafter *Alleged Assasination Plots*].

(117) *Alleged Assassination Plots,* at 192.

(118) Id. at195 (quoting letter from deputy Chief of Mission Dearborn to Assistant Secretary of State Inter-American Affairs Robottom, 7 / 14 /60).

(119) Id. 195 (quoting letter from Dearborn to Assistant Secretary of State for Inter-American Affairs Thomas Mann, 10 /27 /60).

(120) Id. at 198.

(121) Id. at 206.

(122) Id. at 211.

(123) Id. at 211 (quoting cable, Department to Dearborn 5 /29 /61).

(124) トルヒーヨの暗殺の後、国務省は現地ＣＩＡ本部に対して、非常時計画に関するものおよび一九六一年五月二九日の交信記録を除いて、反政府側との接触の記録をすべて破棄するように命令した。ＣＩＡ要員および領事は呼び戻された。Id. at 214.

(125) Id.at 210.

(126) *Facts on File* 1961, at 189, 209 − 10. 上院の調査は、アメリカが提供した武器が実際に暗殺に使われたかどうかを確認できなかった。委員会は「渡された武器が暗殺に使われたことを示す直接の証拠はない」と結論した。*Alleged Assassination Plots,* at 191.

(127) *Facts on File* 1961, at 210.

(128) Hearings Before the Select Committee to Study Governmental Operations with Respect to Intelligence Activities (Dec. 4 - 5, 1975), vol.7, Covert Action 154 (1976) [hereinafter *Church Report*]（この文書には、Covert Action in Chile, 1963 - 1973, Staff Report of the Select Committee to Study Governmental Operations with Respect to Intelligence Activities, Dec.18, 1975 が含まれている。）

この事実の要約はチャーチ委員会報告（*Church Committee Report*）から引用したものである。*Facts on File* 1973 and 1974 ; M. McDougal and W. Reisman, *International Law in Contemporary Perspective* 1022 − 26(1981) ; Treverton、前出注（83）文献。

(129) *Church Report* at 10, 11, 156. Church Report は、次のように記している。「ＣＩＡの推計によれば、キューバは（一九七〇年の）アジェンデの選挙運動に三五万ドルを提供し、またソビエトはそれよりは少ない額ではあるが追加的な財政支援をしている。」(at 167.)

(130) *Alleged Assassination Plots,* at 225.

(132) 経済的措置に関する議論については、G. Hufbauer, J. Schott, and K.Elliott, *Economic Sanctions Reconsidered: History and Current Policy* 439 − 44(1985); *Church Report* at 180 参照。

(133) Staff Report of the Select Committee は、最終的には次のように結論しようとした。「アメリカが政府転覆を援助したということがしばしばいわれているけれども、アメリカが直接にこれを支援したという確実な証拠は存在しない。むしろアメリカは……軍事クーデタを好ましくないものと見るとは限らないという印象を与えたのかもしれない。一九七三年以前の数年間の時期にアメリカの政府職員は、土着の政府転覆計画の進展を監視することと現実にこれを盛り上がらせることとの間の細い境界線を踏み外すことなく、いつもうまく歩けたとはいえないかもしれない。」*Church Report*, at 175. なお、*Alleged Assassination Plots*, at 226 も参照せよ。

Select Committee はまた、チリのトラック運転手達を直接に支援することは許可されなかったが、私的な分野の組織に提供された資金がストライキを実施したトラック運転手達に渡ったということはありうるとしている。Id. at 178.

(134) 第一章の米国の政策項、参照。*Church Report*, at 6 − 7, 54.

(135) 28 U.N. GAOR (2148th mtg.) at 23 − 25, vol. 1.

(136) Id. at 41.

(137) 一九七三年、上院外交委員会は、一九七〇年から一九七一年にかけての、チリ内政へのＩＴＴの干渉に関する独自の報告書を提出した。そのなかで、とくにＩＴＴがアジェンデの当選を阻止するために百万ドルをＣＩＡに提供したと結論している。

(138) 一九七九年一一月、一三人の人質が解放されたが、それは「黒人と女性は、スパイでないことが証明された場合には、彼らがイランから直ちに追放されるようにするために、イラン外務省に引き渡すように」というホメイニの命令による。1980 *I.C.J.* 3, at 13. 他の六人のアメリカ人が密かにカナダ大使館を通じて引き渡された。また病気を理由に一人が釈放された。残る五二人の人質は四四四日間拘束された。

(139) 1980 *I.C.J.*, at 12, 13. なお Reisman and Freedman, The Plaintiff's Dilemma: Illegally Obtained Evidence and Admissibility in International Adjudication, 76 *A.J.IL.* 739 (1982)、参照。

(140) Sec. Res. 457, Dec. 4, 1979, (Unam.), *Resolutions and Decisions of the Security Council* 1979 24 (1980).

(142) 1980 *I.C.J.* 3, at 35.

(143) 50 U.S.C. secs. 1701 − 5 (1982 & Supp. V 1987).

(144) U.S.C. secs. 1732 (1988). Dames & Moore v. Regan, 453 U.S. 654, 675 − 79 (1981); American Int'l Group, Inc. v. Islamic Republic

Iran, 657 F. 2d 430, 452 (U. S. App. D. C. 1981) (Mikva, J., separate statement). 人質法の立法の経緯およびレンキスト判事が「『人質法』という名称はこの訴追のために新たに考案された」と述べていることをめぐる議論については、M. Reisman, "Should We Just Write off Hostages?" *N. Y. Times,* Dec. 3, 1986, at 31参照。

(145) *Facts on File* 1980, at 281.

(146) Id. at 298.

(147) *Facts on File* 1980, at 378に収録されているところによる。

(148) 一〇日以内に、イギリスは禁輸措置を新たな契約に限ってとることとし、また現にイランと取り引きを行なっていない企業についてのみ適用するむね発表した。当時のイギリスの対イラン貿易の規模は、一月あたり一億ドルを超えていた。政府のスポークスマンは、「こうすることで、アメリカは制裁への協力を獲得し、われわれの輸出業者は依然として商売を続けることが可能とされた」と述べた。*Facts on File* 1980, at 378, 393.

(149) イスラム諸国会議は、一九八〇年当初の緊急会合の段階では、ソビエトのアフガニスタン侵攻ならびにイランの人質行為を非難していた。

(150) 1980 *I. C. J.* 3, at 18. 人質救出作戦に関するＩＣＪの議論については、同、paragraphs 32, 93, and 94参照。

(151) Id. at 43.

(152) Id. at 43-44.

(153) 戒厳令の宣言は明らかに事前にソ連で印刷されたものであった。R. Johnson, "Making Things Happen," *London Review of Books,* Sept. 6-9, 1984, at 14. ポーランド参謀に関するアメリカの情報源であったWladyslaw Kuklinski大佐は、ＣＩＡに宣言に先立って発出された作戦命令のコピーを提供している。J. Richelson, *The U. S. Intelligence Community* 240 (2d ed. 1989).

(154) 欧州安全保障・協力会議最終文書・ヘルシンキ最終議定書(Conference on Security and Co-operation in Europa, Final Act (Helsinki Accords)), Dep't of State Publication 8826, Gen. Foreign Policy series 298 (Aug. 1975), 14 *I. L. M.* 1292 (1975). おそらく他の国の内政への不干渉の原則と国際関係における武力行使の禁止に関して、これ以上はっきりと言明した文書はないと思われる。例えば、「参加国間の関係の指針となる原則の宣言」(The Declaration on Principles Guiding Relations between Participating States)は、次の一〇項目にわたる条項を含んでいる。すなわち、主権平等、主権に固有の権利の尊重、武力行使の威嚇の回避、国境の不可侵、国家の領土保全、紛争の平和的解決、国内問題への不介入、思想、良心、信教の自由を含む人権および基本的自由の尊重、人民の平等および自決、諸国間の協力、国際法上の義務の誠実な履行である。とくに第六条は次のように規定している。

「同様に［参加国］は、いかなる状況にあっても、他の参加国の主権に固有の権利の行使を、自らの利益やその他の便宜の確保に服せしめることを目指した軍事行動あるいは政治的、経済的、その他の強制行動を自粛する。」

(155) *Facts on File* 1981, at 945, 961.

(156) Id. at 961.

(157) Id. at 961, 962.

(158) Id.

(159) ギリシャは、参加一五ヶ国の中で、コミュニケを全面的には支持しなかった唯一の国である。ギリシャのスポークスマンは、ギリシャは「アメリカが主導する措置には参加する用意がない」と述べた。*Facts on File* 1982, at 10.

(160) G. A. Res. 103, Declaration on the Inadmissibility of Intervention and Interference in the Internal Affairs of States, 36 U. N. GAOR Supp. (no. 51) at 78, U. N. Doc. A /36 /51 (1981) (Dec.9, 20–22–6); G. A. Res. 27, Armed Islaeli Aggression against the Iraqi Nuclear Installations and Its Grave Consequences for the Established Internati onal System concerning the Peaceful Uses of Nuclear Energy, The Non-Proliferation on Nuclear Weaponsand International Peace and Security, 36 U. N. GAOR Supp. (no. 51) at 130, U. N. Doc.a /36 /51 (1981) (Nov. 13, 109–2–34); G. A. Res.34, The Situation in Afganistan and Its Implications for International Peace and Security, 36 U. N. GAOR Supp. (no.51) at 26, U. N. Doc. A /36 /L. 15 (1981) (116–23–12); G. A. Res. 172C, Acts of Aggression by the Apartheid Regime against Angola and Other Independent African States, 36 U. N. GAOR Sup p. (No. 51) at 40, U. N. Doc. A /36 /51 (1981) (17 Dec., 136–1–3) 参照。

(161) これとは対照的に、一九八一年に限って、安保理は次の二〇件の強制力の行使あるいは秘密工作活動と主張された事例を審議した。それらはイラクのイスラエルに対する苦情、リビアに対するマルタの苦情、南アに対するアンゴラの苦情、シェイシェルの苦情、ラオスとタイとの間の関係、チャドの事態、モザンビークと南アの関係、アフガニスタンの事態、チャドとスーダンの関係、エジプトとリビアの関係、リビアとスーダンの関係、リビアとアメリカの関係、ニカラグァの事態である。Index to the Proceedings of the Security Council Thirty-Sixth Year-1981, ST /LIB /SER. B/S. 18 (1982).

(162) *Facts on File* 1982, at 704.

(163) この部分の事実は学生の未刊行のペーパー (E. Eisold, *The Rainbow Warrior Incident* (1989)) に手を加えたものを利用した。ただし、事件の分析と結論は本書の執筆者によるものである。南太平洋におけるフランスの核実験計画については、Nuclear Tests Case (Australia v. France), 1973 *I. C. J.* 98（仮保全措置の指示）、Nuclear tests Case (Australia v. France), 1974 *I. C. J.* 252（本案

判決）を参照せよ。なお New Zealand v. France, *International Arbitration Award of the Tribunal,* Apr. 30, 1990 をも参照せよ。

（164） 国連事務総長による「虹の戦士号 (Raibow Warrier) 事件から生じたフランスとニュージーランドとの間の紛議に関する裁定」(July 9, 1986, 1361, 1358, 部分的に 26 *I. L. M.* 1349［1987］に所収）については、Eisold, 前出注（163）論文、at 11 - 12 参照。

（165） Note, The Rainbow Warrior Affair : State and Agent Responsibility for Authorized Violations of International Law, 5 *B. U. Int'l. L. J.* 398, 411 (1987).

（166） フランスの行動の背景事情およびその合法性に関する議論については、NewZealand v. France, *International Arbitration Award of the Tribunal* (Apr. 30, 1990) 参照。ニュージーランド政府は、フランスが両国の合意なしには、関係政府職員の身柄をフランスに戻さないという約束を破ったと主張した。後に国際仲裁法廷は、「ニュージーランドに対する条約上の義務をフランスが破ったことを非難する宣言を裁判所が公表することは、諸般の事情において、ニュージーランドが蒙った法的、精神的損害の適切な外形的満足による救済となる」と述べた。

（167） *N. Y. Times,* Oct. 23, 1983, at 19.

（168） これとの比較で、一九六一年に議題№78「アメリカ合衆国によるキューバ革命政府に向けられた新たな侵略および干渉行動に関する計画によって引き起こされた国際の平和と安全に対する脅威に関するキューバ政府からの苦情」に応えて決議案を提出したのは、チェコスロバキアおよびモンゴリアであった。より融和的なモンゴリアの決議案 (A /L. 385 /Rev. 1) は、「国家の国内問題への不介入の尊重が国連の恒久的な目的である」ことを確認するものであったが、三分の二の賛成を得られなかったため、総会の一一〇五会合において否決された。より最近には、ニカラグァが「グレダナの事態」を第三八回総会の議事日程に含めるよう要求した。Oct. 31, 1983, letter, Gen. Docs. A /38 /245. 169. 28 U. S. T. 1975, T. I. A. S.8352.

（170） 27 U. S. T. 3949, T. I. A. S. 8413.

（171） Convention concerning the Laws and Customs of War on Land, Oct. 18, 1907, 36 Stat 2277, TS 539.

（172） Res. 611, Apr. 25, 1988, 43 U. N. SCOR (2810th mtg.) at 185 (1988).（アメリカは棄権した。）

（173） *Alleged Assassination Plots,* at xix (Introduction by Sen. Frank Church). 暗殺とアメリカの国内法に関しては、第六章で詳しく議論する。

（174） Reisman, The Tormented Conscience : Applying and Appraising Unauthorized Coercion, 32 *Emory L. J.* 499, 520 (1983) ; Paust, Aggression against Authority, 18 *Case W. Res. J. Int'l Law* 283 (1986).

（175） *Alleged Assassination Plots,* at 256. さらに Hufbauer and Schott, at 302 - 7 参照。

(176) さらに中東の緊張が暗殺の波を惹き起こした、あるいはむしろ、これまでにも存在した国家の行動をより目立ったものにしたというべきであろう。一九九〇年三月に、武器設計者であり武器商人であるブル（Gerald Bull）がブラッセルで殺された。当時、ブルはイラクのために、核兵器、生物兵器、化学兵器にも使える「スーパー・ガン」（NBC capable super-gun）を設計していたといわれている。エジプトの国会議員マルマグーブ（Rifaat Al-Mahgoub）は一〇月一二日、カイロにおいて銃で撃たれた。また一〇月二一日には、ベイルートでレバノンのキリスト教の指導者シャムン（Danny Chamoun）が、妻と二人の子どもとともに殺された。

(177) United states v. Toscanino, 500 F. 2d 267 (2d Cir. 1974). この裁判で、裁判所は次のように言っている。「本件で訴追されているような国際的誘拐が国連憲章に違反するものであることは、一九六〇年のアドルフ・アイヒマンの不法な誘拐事件についてなされた安保理の議論の結果、今では確立している。」

(178) アメリカの判例の典拠については、第六章を参照

(179) *L.A. Times*, Feb. 16, 1988, at 1, col. 3.

(180) Letelier v. Republic of Chile, 488 F. Supp. 665 (1980) 参照。

(181) 元DCIのターナー（Stansfield Turner）は、その論文 "Covert Common Sense : Don't Throw the CIA Out with the Ayatollah," (*Wash. Post*, Nov. 23, 1986) で、そうした三つの事例を挙げている。すなわち、カナダ大使館から6人のアメリカ人を救出するためにテヘランに派遣されたCIA職員の例、軽飛行機による砂漠の着陸地点の土壌のサンプルを採取の例、救出兵力の偵察とトラックの購入を行なうためのテヘランへの数次にわたる人員の派遣である。

(182) カロライン号事件における国務長官ウェブスター（Daniel Webster）による有名な（しかし不正確な）自衛権に対する制限は、一八三七年のカナダの叛乱におけるイギリス軍によるアメリカ蒸気船のアメリカ領域内での破壊に関連して表明されたものである。ウェブスターは、自衛における武力の行使は、「自衛の必要が、緊急であり、不可欠であり、他の手段の選択の余地がなく、かつ考慮の暇がない場合」にのみ正当化されると述べた。

この事件は、カナダ人の叛徒を支援するアメリカ人の私的な試みから生じた。一八三七年一二月、アメリカ人の有志による支援は、彼らがニューヨーク州北部から侵入して、イギリスの所有するナイアガラ川にあるネイヴィ島を占拠するという形で具体化した。そこにおいて、彼らはカナダ暫定政府を樹立した。島を占拠した男達は、蒸気船カロライン号から補給を受け、またカロライン号は叛徒とカナダ河岸との連絡にも使われた。

一二月二九日の夜、イギリス軍は川をわたり、ニューヨーク州フォート・シュロッサーに停泊中のカロライン号を拿捕した。

この急襲のなかで、二人のアメリカ人が殺された。カロライン号には火が放たれ、とも綱が断ち切られた。船は川の流れに流され、やがてナイアガラ滝の藻くずと消えた。アメリカは損害の回復を求めた。しかしイギリス政府は「蒸気船カロライン号の海賊的な性格、自衛と自己保存の必要性」を理由に、この急襲を正当化した。国務長官ウェブスターは、特命大臣アクバートン(Achburton)卿に書簡(July 27, 1842)を送り、「本件における必要性」を証明するよう求めた。

アクバートン卿は返書において「必要性は……措置がとられる場の状況によって異なる」と答えた。イギリス軍はカロライン号がネイヴィ島沖合いで係留されているのを発見するはずであった。そして急襲の過程で、カロライン号をアメリカ領域まで侵入して捕獲する決定がなされた。しかし卿は、急襲がアメリカ領域内で生じたことを遺憾とした。この陳謝が受諾され、事件は解決された。Jennings, The Caroline and McLeod Cases, 32 *A. J. I. L.* 82 (1938) 参照。

(183) Suzuki, Extraconstitutional Change and World Public Order : A Prologue to Decision-Making, 15 *Hous. L. R.* 23, 78 (1977). なお、Singer, Commitments, Capabilities and US Security Poliics in the 1980s, IX *Parameters* 27, 29 (No. 2, 1979) 参照。

(184) Id. at 78.

第四章　非公然活動に対する対抗手段の国際法的規制

「低強度紛争」(low-intensity conflict) という用語は、兵力の形態や破壊の程度が相対的に限定される紛争を概念的に区別するために用いられるが、他の多くの法律用語あるいは軍事専門用語と同じように、比較上のあるいは相対的な用語として使われる。(1) 低強度紛争という用語は、あいまいな概念であり、広い範囲の政治的、経済的および軍事的な手段を含むものである。ある者にとっての低強度紛争は、他の者にとっては高次元の緊張または全面的な紛争であるかもしれない。国際連合の実行のなかで使われる場合には、この用語はとりわけその不明確性ゆえに使用に耐えうるものとはなっていない。

この章においてわれわれは、非公然の軍事行動に対する反作用を規律しはじめている国際法について検討し、また国際連合がそれら問題をどのように扱ってゆこうとしているかを跡付けてみたい。非公然活動は、その性質上、一般的には低強度のものであるから、これに関する問題は、低強度紛争という文脈のなかで検討しなければならないのである。非公然活動に対する合法的反作用は、外交的、経済的あるいはイデオロギー的な手段によってなされるが、その合法性は、ウィーン外交関係条約や相互性の法理 (norm of reciprocity)、および次の章で検討する対抗措置の法理によって、主として、規律されている。国際法において低強度紛争に関する反作用の合法性を規制する際に用いられる専門的な概念は、「武力攻撃」(反作用の前提となる与件) と「自衛権」(武力攻撃に対する合法的な反作用) である。「武力攻撃」という用語は、政策決定者が軍事的な手段の行使に直面したときに、これを認識しまた評価する際の裁量の幅を認めるように作られている。この用語は、明確ではない。

総会は低強度紛争の問題を、間接侵略の一般的な禁止、またある場合には非公然活動の禁止という枠組みでとらえている。こうした広範な禁止は、武装集団に対する国家的な支援との関係で議論されてきている。総会が友好関係原則宣言（決議二六二五）[2]で、とくに次のように宣明していることが思い起される。

「すべての国は、他の国の領域に侵入するために、傭兵を含む不正規軍又は武装集団を組織し又は組織を奨励することを慎む義務を有する。」

また、「すべての国は、他の国において内戦行為又はテロ行為を組織し、教唆し、援助し若しくはそれらに参加すること又はこのような行為を行なうことを目的とした自国の領域内における組織的活動を黙認することを、前記の行為が武力による威嚇又は武力の行使を伴う場合には慎む義務を有する。」

自助の権利は、その文言上では限定されている。たとえば、「国は、武力の行使を含む復仇行為を慎む義務を有する」ものとされ、「武力による威嚇は……国際紛争を解決する手段としては決して使用してはならない」とされている。しかし決議の「一般的部分」として規定されている部分においては、次のように宣言されている。すなわち、自衛の権利を含め、「この宣言のいかなる部分も……憲章規定……をいかなる方法によっても損なうものと解釈してはならない。」

国際安全保障の強化に関する宣言は[3]、これを再確認して次のようにいっている。

「国は、人民がその運命を自ら決定する権利、とくに公然たると非公然たるとを問わず武力による威嚇あるいは武力の行使を含む、外国の干渉から自由に決定する権利を十分に尊重しなければならない。……また国は、他国における内戦あるいはテロ行為を組織し、教唆し、支援しあるいはこれに参加することを慎む義務を有する。」

この決議は、紛争の平和的解決の努力をするよう諸国に求めると同時に、憲章に反して武力が行使されないよう再確認している。

「侵略の定義」決議（総会決議三三一四）[4]を通じて総会は、どのような場合に自衛における武力の行使が憲章第五一条に合致してなされていると認められるかを決定するために、自衛権の発動要件をより明確に特定しようとした。[5]侵略の定義特別委員会の報告書あるいはその注釈は、明文では述べていないものの、武力攻撃を「侵略」とみなし、これが第五一条の下で自衛を行なう権利を発生させるものであることを示唆している。第五一条の枠組みにおいて決定的に重要なことは一方的な行動が認められていることであり、ある行動が侵略であるか否かも一方的に認定されるのである。しかし決議三三一四はすべての武力の行使が「武力攻撃」及び侵略又はそのいずれかとなるわけではないと定めている。この新機軸の一つの帰結は、攻撃の対象となった国がその攻撃を侵略と性格づけ自衛をもってこれに対抗する権限を実質的に縮減しようとすることにある。この点で、自衛の権利は弱められた。

このことは、非公然の活動が侵略とみなされる場合があるかという問題にも関係をもつ。このような問題が、攻撃をうけたと主張する国の一方的な権限内のものであり続ける限り、その国はケース・バイ・ケースにより事案を処理していくことになろう。しかし、第五一条の権利が弱められたことにより、非公然の活動に関して憲章の枠組みがもつ意義を検討することが緊急の課題となってきている。

憲章の文面上は、憲章による軍事力の使用の禁止が「非公然の活動」あるいは間接侵略を含むものかどうか、またそうした強制の行使が自衛権を発生させるものであるかは、明らかではない。[6]もう少し簡単にいえば、低強度の強制の行使が「侵略」とみなされて、侵略の法的効果をすべて同様に発生させる場合がありうるかについて、憲章の意義が問題となる。上記決議の起草過程において、特別委員会のいわゆる六大国は、次のような提案を、第一条の定義規定のなかに盛り込もうとした。「侵略の語は、平和に対する脅威あるいは平和の破壊の認定を害することなく、国際関係における公然・非公然、直接・間接の力の行使に適用される。［強調は著者］」この提案は、これを「どのように行使されるかにかかわらず」という文言に置き換える修正提案と同様、採択されなかった。諸国は、これらの文言があまりに包括的で、あまりに安易に平和の破壊を侵略行動とみなすことになってしまうことを危惧したのである。(7)

こうした経緯の最終的な成果は、第五一条の焦点を、侵略の対象となった国について発生する結果ということから、侵略者の攻撃の態様（mode of attack）へと移し変えたことにある。これ以後は、一定の度合いをこえて行なわれた特定の類型の間接侵略だけが、定義のなかに含まれることになった。このための客観的な基準を作成することを明らかに目指していた起草者たちの頭の中には、それまで濫用の危険があったにもかかわらず一方的な認定に任されていた事項に、ある程度の国際的な監視と規制（コントロール）を導入しようとする考え方があったかも知れない。しかしそのことは、同時に、憲章体制をこれまで受け入れ可能なものとしてきた安全弁の栓を閉じることでもある。こうした企図は、国際的な執行の制度が、これによって生じる真空状態を埋め合わせ、これまで自衛権によって対処されてきた種類の事件について有効に対応するのでなければ、受け入れることはできない。しかし現状では国際安全保障の機構は依然としてまったくの麻痺状態にある。その結果、以上の経緯にみられる発展は単に見かけだけのものとなる。また非公然の強制力の問題そのものは、どこにも触れられていない。第六条は、この定義中のいかなる規定も憲章の範囲を拡大しあるいは縮小するものではないという趣旨の文言を挿入して、決議の意義を限定している。はっきりしていることは以上の通りであるが、それが採択されなかった提案を支持した者をいくらか慰撫する規定をもっているのも事実である。

第三条（g）が、低強度紛争との関係で解釈上問題となってくるのは当然である。第三条は、とくに、「次に掲げる行為は、……侵略行為とされる」として次のように規定している。

「(g)　上記の諸行為に相当する重大性を有する武力行為を他国に対して実行する武装した部隊、集団、不正規兵又は傭兵の、国家による若しくは国家のための派遣、またはかかる行為に対する国家の実質的関与」

他の力の行使についての決定権は安全保障理事会に授権されている（第四条）。ベンジャミン・フェレンツが報告しているように、「かかる行為に対する国家の実質的関与」の語は、「侵入若しくは攻撃」という前提となる行為を規定する文言と「あるいはかかる行為に対する国家の公然かつ積極的な参加」というより制限的な定式との妥協の産物であった。アフリカ及びアラブ諸国グループは柔軟な適用を主張して前者の文言を支持したが、それは民族解放運動への彼らの支援を許されたものとするためであった。これに対し、西欧諸国は後者の文言を挿入させようとした。[8] 後に見るように、自衛の許容をより限定しようとする考え方は、ニカラグァ事件において国際司法裁判所が採用することになる。

「国家の国内事項への介入および干渉の不許容に関する宣言」（総会決議一九八一年）は、「侵略の定義決議」に関して六大国が支持したのと類似した用語を採用して、非公然の強制力の行使をより包括的に禁止している。しかしこの決議は、既存の憲章上の権利を尊重するという昔ながらの規制の仕方に立ち戻り、結局「憲章の目的と原則にしたがって、自決権を十分に支援するための国家の権利義務……および……それら目的のために政治的および武力による闘争を遂行する人民」をその適用対象から除外している。[9]

これらの決議の採択に引き続いて、総会は強制力を使った自衛権行使を「武力攻撃」の場合に限定しようとしてきている。その結果、どの程度の強制力の使用ならば「武力攻撃」といえるかという問題よりも、それが行使される態様の方に法的な関心がより多く寄せられるようになってきている。さらにある種の行動が、例えば「武装集団」とか「不正規軍」と呼ばれる場合には、それらは「武力攻撃」にはあたらないという仮定がとられているようにみえる。しかしこの仮定すら変化してきている。その結果、侵略の定義決議からニカラグァ事件の本案判決に至るまでの過程で、国際連合およびその機関が用いた表現に示されているように、非公然の活動に対する武力による反撃がどこから合法的になるかという基準は、より厳しいものになってきている。

これら決議の一つの効果として、諸国は非公然の強制や行動の事例を、限定された公然の武力として報告するようになってきているという事実がある。これは結局、これらの事件を、自衛権という弁明に代わって正当化してきている。(10) 皮肉なことに、「『国際安全保障と善隣の強化に関する宣言』の履行」と題する議題のために集められたこれらの報告は、同時に、これら決議に示された規範が、実効性を欠くものであることを明らかにしている。これら報告のなかで表明されている苦情が、事件のきっかけとなった最初の武力使用に向けられているか、あるいはこれに対する反撃として使用された武力に向けられているかを問わず、冷戦的な利害や最近では自決やアパルトヘイトに関わらない事例については、非難もなされなければ対抗的な措置もほとんどとられないようになってきている。その結果、非公然の武力侵略の対象となった国自身が、非公然かつ低強度の手段でそれに対応するようになるという、法そのものが原因となった奇妙な一例が現出してきており、そうした状況は、低強度の冒険主義的な行動を抑止できないだけでなく、現実にはかえって何ら規制を受けない強制力の使用の範囲を拡大する結果になっている。どこからが武力攻撃になるかについての基準を設定したことが、公然の軍事力や「公然の非公然活動」(“overt covert” action)とよばれる混合した形態のものに代わって、非公然の強制力に対抗する非公然の強制力の使用の例を増大させるように作用してきているのである。

規範を逆手にとって適用するこうした新しい傾向は、最近における国際連合の政治的機関の決定や国際司法裁判所の判決を検討することを通じて明らかとなる。たとえば南アフリカの事例として、一九八六年五月一九日の南アによる近隣アフリカ諸国への侵攻に対する国際的な反応を見てみよう。この紛争の原因は、現存する国家としての必要に基づく南アの要求と、超国家的な価値の侵害（人種差別や人権の顕著な侵害）あるいは民族自決の侵害を基礎とする要求との対立から生じている。ここではこうした対立のどちらが絶対的にあるいは相対的に正しいかということではなく、そこから生じる基本的な法的思考のあり方、あるいはそれが将来にとってどのような意義をもっているか、について考えてみたい(11)。

南ア軍はジンバブウェのハラレ市街にあるＡＮＣ（African National Congress アフリカ民族会議）の施設を攻撃し、ボツワナのガバロンおよびモグディチャーン近郊をヘリコプターおよび地上軍により攻撃し、またザンビアのルサカ近くのマケニにある難民センターおよび住宅施設を空襲した。ＡＮＣがこれらの場所を作戦の拠点とし、正規あるいは不正規の兵力を使って南アへの侵入を仕掛け、また南アの首都圏における不法な活動を指令していたことについては、多くの証拠があった。

南ア代表フォン・シャーンディング氏は安全保障理事会において自国政府の行動を弁護して次のように述べた。

「……南アはわれわれの安全を脅かす活動を容認しない。……われわれは国民の防衛と安全のために、またわれわれの国内およびその地域内での殺人と破壊の拡大を意図するテロリスト分子を排除するために、適当とおもわれるいかなる行動をとることも躊躇しない。われわれは攻撃したものが無処罰のままに放置されることを認めない。われわれは自己の防衛のために適当とおもわれる措置をとるであろう。」

これに対抗する主張、すなわちＡＮＣのような集団が遂行している事柄を合法と認めるアフリカ流の公式的な考え方は、一九七九年の南西アフリカ人民機構（ＳＷＡＰＯ）に関するアフリカ統一機構（ＯＡＵ）の決議に端的に現われてい

る。それによれば、OAUは、

「すべての進歩的かつ平和愛好的諸国が、SWAPOに対する物質的、財政的、軍事的およびその他の援助を通じて、その支援を継続し、またますます拡大するよう要請し……ナミビア人民の解放のための正当な武力闘争の強化を容易にするよう要請する。」

この事件に対する国際社会の反応は非常に示唆するところが大きい。アメリカはこの攻撃を非難したが、その際、それがその直前に実行されたアメリカのリビア攻撃とは異なるものであることを強調した。それは南アがその攻撃を正当化するためにリビア攻撃を先例として援用していたからである。アメリカはANCを「ある種の反政府集団」と性格づけることにより、彼らをテロリストとみることに間接的に反対した。アメリカはワシントン駐在の南ア大使館付武官を国外に強制退去させ、またプレトリアにいるアメリカの大使館付武官を召喚した。イギリスとECもこの攻撃を非難した。カナダは一時的にプレトリアから大使を呼び戻した。アルゼンチンは外交関係を断絶した。しかし安全保障理事会に提案された決議案はアメリカとイギリスの拒否権によって採択されなかった。

この事件は、そこで問題となった事項に関して伝統的な国際法の公式が転換したことを確認させる意味で重要である。不正規な兵力が隣国という安全な避難所から出没してその攻撃の対象となる国に繰り返し侵入する行為は、今では違法な活動とはみられなくなっている。むしろ攻撃を受けた国家の側の「その根を断とう」とする行動が違法とされているのである。

こうした事例は二重の意味で革新的である。第一に、「熱望の規範」(aspirational norm)が、それまで合法とされてきた状況を遡及的に違法なものと再評価するために用いられるようになっていることである。変化に逆行して自己弁護をしようとする国家は、そのこと自体により法の破壊者とみなされる。この変化の結果、「自由と独立」のための闘争を行なっていると国際連合が認める側に有利に、法が作用するようになる。第二に、そこからその含意として読み取れるにすぎないが、侵略と自衛に関する憲章概念の内容が、攻撃を仕掛けた側が拠点とした外国領域に、これに対抗するため攻撃を受けた側が侵攻する場合には適用されないように変化したことである。この革新の結果、攻撃の対象となっている国の領域の外から長期にわたって低強度の武力行使を行なう側は無処罰のままに放置されるのに対して、攻撃の対象となった国はその領域内においてのみ敵対勢力に対抗できるにとどまることになる。

南アへの対応が現行法からの国際的に承認された逸脱として性質づけられ、普遍的に非難をうけているアパルトヘイトを終了させるために強制力を行使することを許容するある種の「特別法」があるというのであったならば、その法的な影響はずっと少なかったであろう。しかしこの事件において、南アに対抗する主張はきわめて一般的な形で提示されており、もしそれが受け容れられたというのであれば、そこには新たな一般原則が作用していたとみるほかなく、またそれゆえ将来のすべての類似の事例で、そうすることが適切な場合には、この一般原則が適用されるであろうということを意味しているのである。そしてまさにそうしたことが生じてきている。一九八六年五月の南アの侵攻の事件においてその底流をなしていた自衛の形式的な理論の修正の試みは、その後の期間を通じて展開してきている。

憲章規定の文面だけでは、果たして憲章は単に慣習法上の自衛の権利がその法的な効果を継続することを認めているのか、それともそうした慣習的な権利を否定して、憲章に基礎をおいた全く新しい「権利」を創設したのかは明らかではない。この問題は抽象的あるいは理論的なものではない。というのは、もし後者であれば、自衛を行なおうとしている国家の権限を、「武力攻撃」という言葉によって規定される新たな条件によって制限することになるからである。すでに見たように、国際連合はこの「武力攻撃」という専門用語を通じて、合法的な自衛の範囲を決定する権限を主張してきた。

「侵略の定義」決議の第三条（g）は、すでに簡単に考察したように、自衛権がどのような事態から具体的に発生するかというその前提条件として量的な基準を導入しているように最初は思われていた。つまり武力攻撃は次のものを含むとされていたのである。

「［とくに第三条（a）に規定されている正規軍によってなされる現実の武力行使］に相当する重大性を有する武力行為を他国に対して実行する武装部隊、集団、不正規兵または傭兵の、国家による派遣、若しくは国家のための派遣、またはかかる行為に対する国家の実質的関与」（強調は著者）

その肯定的な面においては、この定義は、他国から武装部隊が侵入し、その国で軍事活動をしただけでは、侵入された国が他国に侵攻して反撃することをも正当化するような「武力攻撃」とはならないとすることにより、いかなる結果が生じたか（結果基準）よりも、それがいかなる態様でなされたか（手法基準）という基準を重視している。その場合には、そうした反撃そのものが侵略とみなされることになる。ただ不正規兵による攻撃が現実の武力攻撃に相当する重大性を有する場合にのみ、国家は反撃できるのである。より一般化していえば、この特定されていない基準をこえた攻撃を受けた場合にのみ、その攻撃の犠牲となった国は自衛のために行動する権利をあたえられるのである。低強度紛争はその定義上「武力攻撃」とみなされる水準に達しないことが多いから、明らかにこれは低強度紛争を遂行する側に有利な規律である。

この革新の意味するところは、一九八六年六月二七日のニカラグァ事件（本案）に関する国際司法裁判所の判決により明らかにされるとともに、さらにもう一歩進んだその論理的展開を導いている。その判決において、裁判所は憲章の定義をとりあげ、それが慣習法となったことを認め、反対に、復仇の一般的権利を含む古い慣習法上の権利をことごとく排除したようにみえる。

判決第一八一節を検討してみよう。

「しかし、依然として無修正のままで存続する国際慣習法からの顕著な乖離をなすどころか、憲章はこの分野においてすでに慣習法となっていた原則に表現を与えたのである。そして、当の慣習法はその後の四十年にわたる期間において憲章の影響のもとで発展し、憲章に含まれている多くの規則はいまや憲章とは独立にそれ自身の地位を獲得するに至っているのである。基本的に重要なことは、憲章も国際慣習法も、国際関係における力の行使を違法化する共通の基本的な原則から派生しているということである。」

憲章と国際慣習法をいわば「一本化」した判決のこの論理は、慣習法に由来する武力行使の一方的な権利を排除し、憲章体制と憲章装置に至高の輝きを与えようとするものである。それでは、裁判所の意見において、どういう場合に憲章上自衛権を発動できるとされるのであろうか。

裁判所は総会の考え方よりもさらにこれを狭めている。それは「武力攻撃」から、したがって自衛権から、多くの低強度紛争を遂行する手段を除外している。第一に裁判所は武装部隊の行動は「重大な規模で生じる」のでなければならないと主張している。第二に、裁判所は武力攻撃の概念から、定義上当然のこととして、「反乱者に対する武器の提供や兵担の補給といった形での援助」を除いている。

この部分での裁判所の議論の仕方には示唆するところが多い。「そうした援助は力の威嚇あるいは力の行使とみなされうるかもしれないし、また他の国の国内事項あるいは対外事項への干渉に相当するかもしれない。」ところでここで並びたてられている事態は、いずれも国際連合の権限が場合によっては発動されるようなものである。もし攻撃の対象となっている国が国際連合の支援を得ることができると考えるのであれば、国際連合の安全保障機構が有効に作用し（実際はめったにそうでないのだが）、同時に、その国を攻撃している集団あるいはその国内でなされている軍事行動を援助する集団が「自由と独立のために闘っている」ものではないと国際連合によって認定されない限りにおいて、その国は、国際連合の場で、低強度の手段の行使によって生じている混乱を修復することができる。強調さるべきことは、攻撃集団が遂行していることは武力攻撃にはあたらないとされ、それゆえこれに対しては自衛と性格づけられうるような反撃はできないということである。一方的な行動は許されないことになる。もし国家がこうした低強度の軍事行動に武力で反撃するようなことがあれば、その反撃そのものが国際法違反となることは明らかである。

このようにして生まれた法理論は、様々な形態をとる長期化した低強度紛争を容認するものである。それら紛争は国際法上は合法的ではなく、さまざまな抗議をうけるかもしれないが、裁判所の展開した議論によれば、にもかかわらずその犠牲となっている国は自衛権の枠内で行使され得るような規模の強制力を行使することを許されないことになる。さらに、こうして作り出された非対称性は、裁判所の見解とは異なるが、条約による国際法（国連憲章）でも、慣習国際法でも、同一である。

こうした多くの発展が、「もてる」国、もてるものを保持し続けることに関心をもっている国、またそれゆえ自らを主として防衛的な姿勢をとるものと自認している国に、新たな戦略的な問題を課するようになってきている。一方で、そうした国は自らを現状維持の価値に最も強くコミットした国とみる傾向があり、それゆえ公式に授権されたものでないにせよ権威をもって承認された変化であっても、これをもたらすための武力の一方的な行使については、制限することに傾きやすい。これらの国が望む法は、憲章に書き込まれていると彼らが信じている自衛の「固有の」権利である。

しかし現代国際法の変化の方向は、かつての法秩序をただ墨守しようとする古い保守主義の土台をつき崩しつつある。多くの場面で、伝統的な戦闘とは異なる仕方で闘いを遂行している者達が目ざす変化を支持する多くの国家が、根拠地の提供、軍事的補給や兵站、情報支援や安全地帯の提供という形で、これら伝統的なものとは異なる活動に進んで一定の援助を提供するようになってきている。もちろんこうした活動は以前から行なわれてきたことではある。しかし法的な承認という形がとられることで、より多くの国がこうした活動を行うことが奨励され、また援助を必要とする不正規部隊がその提供をより求めやすくなっているのである。

そうした状況のなかでは、それら保護地帯から仕掛けられる攻撃の対象とされている国が、たとえそれが他国の領土や管轄への物理的な介入になるとしても、彼らに対する攻撃の根城への侵攻を許容する規範あるいはその類《たぐい》の創設を求めたとしても、驚くにはあたらない。イスラエルがレバノンあるいはチュニジアにあるPLOの基地について行った主張も、南アがスワジランド、ボツワナ、ジンバブウェ、モザンビーグあるいはアンゴラにあるANCの基地について行った主張、ソ連がパキスタンにあるアフガニスタンのレジスタンスの集結地について行い、またアメリカがエル・サルバドルに対するニカラグァの関与について行った主張、さらにニカラグァがホンジュラスにあるコントラ組織について行った主張も、いずれも実質的には同様のものである。それらの主張は、みな、すでに検討したような憲章の法についてのより広い方の概念か、あるいは復活《リバイバル》した、もしくは生き延《サバイバル》びた慣習法をその根拠としている。

ソ連は憲章第二条四項を広範なものと把える考え方に最初に明確に反対した国である。民族解放戦争に関しては、その例外が認められるべきことを主張していた。しかしモスクワは、今では、その利害関係の所在が変化したことをみてとり、将来ソ連自身が民族解放闘争の槍玉にあげられるかもしれないと思い始めている。ソ連は長らく維持してきたこの考え方を吟味しなおし、これに対してより批判的になりつつあるようにみえる。反対にアメリカは、あちらこちらでの「自由の戦士」を支援する過程において、新しい国際法を活用してきている。

変化は未だ途上にある。アメリカの行政府のためらいがそのことを最もよく示している。たとえば一九八五年一〇月に、イスラエルの航空機が千五百マイル飛行してチュニス南方のPLO司令部を爆撃した時のことを思い出してみよう。ニューヨーク・タイムズ紙は三〇人から六〇人が死亡したと伝えた。イスラエルは、敵がイスラエルを攻撃する意図を明らかにしている戦闘状況のなかでは、その攻撃の対象とされている国はこれに対抗するためには、敵が攻撃の時期を特定するまで待つことを義務付けられるわけではないと主張した。イスラエルの表現とは異なるが、攻撃の対象となっている国は、いつ自衛行為をとるか、自ら決定できたのである。これは西欧諸国の多くの政府によって共有されている法的な見解のように思われる。しかし同時に、南アの場合と同様、多くの西欧諸国の政府およびその主要な指導層は、イスラエルとパレスチナの抗争に嫌気がさしており、パレスチナ国家の創設による解決を望んでいたのである。

この攻撃に対するホワイト・ハウスの最初の反応は、それは「テロリストの攻撃に対する正当な反撃」であるというものであった。翌日、シュルツ国務長官はイスラエルの行動を弁護したが、ホワイト・ハウスは少々立場を異にしていた。その後に出された国務省の声明では、この攻撃は「自衛の発現として了解できる」とされつつも、爆撃は「許されるものではない」ということが付け加えられていた。安全保障理事会は一四対〇でイスラエルの行動を非難した。アメリカは、決議の文言ではイスラエルの「積極的な武力侵略」が非難されていたにもかかわらず、棄権するのにとどまった。

一週間後、アキレ・ラウロ号がPLOの活動家によりハイジャックされた。その二日後、ハイジャック犯は取引をしてエジプトに投降したが、その取引の時点ではエジプト側はハイジャック犯がアメリカ国民を殺害していたことを知らなかった。安全保障理事会は全会一致で船舶に対するハイジャック行為を非難した。翌日、アメリカの航空機がチュニジアにハイジャック犯を輸送中のエジプト航空機の進路を変更させ、イタリアに強制着陸させた。ハイジャックに直接関与したPLOの活動家が一時的に身柄を捕捉された。この進路変更は、領域への侵入ではないが、エジプトおよび多くのアラブ諸国政府によって批判された。しかしアメリカおよび西欧諸国では広い支持を受けた。

アメリカのこの一連の行動は、「優柔不断」とも「荒馬馴らし的」とも、あるいはその両者の結合とも解釈されるかもしれない。しかしそれは、誰がホワイトハウスにいるかにかかわらず、またイスラエルにかかわる問題であるか否かにかかわらず、処理の難しい複雑な問題への手探り的な遅々とした対応とみるべきものであった。アメリカのリビア攻撃とかアキレ・ラウロ号のハイジャック犯人を輸送中の航空機の進路変更といった事例は、二つのやり方でみることが必要である。すなわち、一方で、それはおよそ伝統的ではない低強度の戦闘手段による抗争への、個別の状況に応じた対応とみることができる。しかし意識的ではないとしても、より深い意味においては、それはアメリカが軍事的手段に対する国際的な法定立の過程を再構成して、この問題をこれまでアメリカの利益と両立しない結果を多く産み出してきた、数がものをいう組織的な場から切り離し、票数の力ではなく政治の実力が切札となる慣習法の場に移し替えようとする努力を反映したものといえる。

個別の事件《ケース》あるいは事例《インシデント》ごとに、アメリカはこの問題に関して異なる国際法の基礎を設定しようとしている。こうした方法はアメリカにとっては受け入れがたい多数派の政策を迂回し出し抜くものではあるが、他方それは、反アパルトヘイト法の制定がなされた時の突発的な方法同様、アメリカが積極的あるいは消極的に対応しなければならなくなるかもしれない将来の多様な状況を想定した上で、何が法であるべきかを確定するものではないため、一貫性を欠いたものとなっている。このように法定立の場を移し替えようとする試みは、アメリカがジュネーブ諸条約第一追加議定書および海洋法条約を拒否して以来のアメリカの態度の一般的な傾向の一部をなすものである。

現在の国際政治の構造を前提すれば、このアメリカの戦略はソ連がこれに加わらないかぎり完全には成功しないだろう。ロシアの力がさらに低下し、ゴルバチョフ大統領の関心が国内問題に集中しつづけるにしたがって、その成功の可能性は高まるように思われる。緊張緩和（デタント）が同盟（アンタント）に発展すれば、アメリカとソ連はその同盟国とともに、すでに検討したような憲章の修正の試みを見直し、低強度紛争に厳しい制限を課し、慣習国際法の概念により近い自衛の一方的な権利を認めるように圧力をかけることになろう。もしそうした方向での協力がなされないのであれば、アメリカおよびその同盟国のあるものは、多数派諸国によって創設された法に対抗して、自らの法的見解を押しつけようとするであろう。これは過去三〇年間にわたりソ連が「民族解放戦争」の教義に関してやってきたことである。この曖昧な概念は闘争を行なっている様々な集団にとって役に立つシンボルとなり、結局は彼らの法の基本構想として採用された。そのアメリカ版のものも、同様に採用されるようになるかもしれないし、またそうでないかもしれない。いずれにせよ、それは国際法が定立される過程を混乱させ、またこの問題に関する法の特定を困難にするであろう。

こうした基本法レベルでの移行に加えて、アメリカは、状況次第では自らこれを使用しあるいはその使用を支持しているにもかかわらず、低水準の軍事的手段の使用に関して新しく生成してきた法の内容の多くについて、不満足の意志を明らかにしている。アメリカの行動そのものが、旧い法制が今や有効に機能できないとするアメリカの考えを伝えているが、しかしそれらは新しい状況のなかで何が新しい法たるべきかについては何も示していない。これは危険なことである。というのは現在の行動は不可避的に規範的な期待を発生させるものであるが、短期的にはアメリカの利益に資することがその長期的な利益を損なうことも十分にありうるからである。

低強度の軍事力の行使に対する対抗措置についての新たな法がどのようなものになるかは今のところ明らかではない。しかし現時点でおそらくいえることは、総会や国際司法裁判所によって発展させられた理論が、アメリカにとって少なくとも受け入れ可能なものでないということである。政治と法との間の必然的な関係を前提にすれば、この事実だけでも、法定立に関するそれらの努力がおそらく有効ではなく、将来修正されなくてはならないことを意味している。たとえそのように修正された規範が一九四五年に意図されたものにより近いものであるとしても、国際連合によって行使される影響力が正当性に関する見方を左右するから、国際社会の多数の支持をえて政府を転覆しようとしている集団を利するような「例外」への要求が依然として作用しつづけるであろう。

しかし短期的には、これまでにみてきたような発展に示唆されているような低強度紛争の許容が国際政治における暴力の増大という総体的な結果を導く可能性が高い。低強度紛争の対象となる国は、同様の手段をとる以外の選択肢をもたないであろう。その結果、戦争法の究極の目標でありまた現代の技術の水準からみてもっとも緊要である紛争の局地化に失敗して、地球上のあちこちで低強度の戦争がそれを支持する者によっても反対する者によっても闘われるという事態が、地理的に拡大する可能性がある。

（1）　低強度紛争（Low-Intensity Conflict）は、統合参謀会議により次のように定義されている。

「政治的、社会的、経済的または心理的目的を達成するための限定的な政治的軍事的闘争であり、それはしばしば長期間におよび、また外交的、経済的、心理的圧力から、テロリズムや反乱にまでおよぶ。低強度紛争は、一般に特定の地理的範囲に限定され、使われる兵器、戦術あるいは暴力の程度においても制約されている。」（JCS Pub 1, Department of Defense *Dictionary of Military and Associated Terms* 214–15 [1987]).

この概念は新しいものではないが、とくにこの十年の間に、私的軍隊やテロリズムが横行したのと平行して、アメリカ軍内部で、特別の注意が払われるようになっている。それは、ワシントン判事（Justice Washington）が用いた「完全な戦争」と「不完全な戦争」との区別を思い起させる。Bas v. Tingy, 4 U. S. (4 Dall.) 37, 1 L. Ed. 731 (1800)。

「もしそれが正式に宣言されるならば……それは完全な戦争である。なぜなら一つの国家が全体として他の国家全体と戦争するからである。戦争を宣言した国のすべての構成員は、場所のいかんを問わず、またいかなる状況のもとでも、相手の国のすべての構成員に対して、敵対行動をとることを認められる。……しかし二つの国の間の敵対は、その性質や程度において、より限定されたものでもありうる。場所の限定、敵対行動の対象となる人や物の限定である。これらは、「不完全」戦争と呼ぶのが適当である。」

（２） 友好関係原則宣言（Declaration on Principles of International Law concerning Friendly Relations and Co-Operation among States in Accordance with the Charter of the United Nations), Oct.24, 1970, G. A. Res. 2625, 25U. N. GAOR, Supp. (No. 28) 121, U. N. Doc. A /8028 (1971).

（３） G. A. Res. 2734 (XXV), 25 U. N. GAOR, Supp. (No. 28) 22, U. N. Doc. A /8028(1970).

（４） G. A. Res. 3314, 29 U. N. GAOR, Supp. (No. 31) 142, U. N. Doc. A /9631 (1974).

（５） 国連憲章五一条が、自衛権が許容されるすべての状況を規定しているかについては、MacDonald, The Nicaragua Case : New Answers to Old Questions? 24 *Can. Y. B. Int' l L.* 127, 143- 46 (1986) 参照。

（６） Report of the Special Committee on the Question of Defining Aggression, 11 Mar. - 12 Apr. 1974, 29 U. N. GAOR, Supp. (No. 19) 14- 40, U. N. Doc. A /9619, (1974) 参照。例えば、日本の井口代表は「自決の権利を力によって奪い取られた人民の自決のための闘争やそれら闘争への支援の行動は、国連憲章や友好関係宣言の諸原則に合致したものと理解すべきである。……日本はこれまで常に侵略戦争の一部を構成しない侵略行為は、国家責任を生じさせるに止まるという考えをとってきている。」またルーマニアのCeausuは「侵略を定義することの本質的な目的は、自動的に自衛の権利を問題とする」と述べた。またメキシコのCorreaは、「三条（g）は、いかなる場合でも、憲章に従って自衛権を援用できる場面を拡大するように解釈されるべきではない。もしこの条項が、その領域内で破壊行為やテロリズムが行われた国に対して、他の国が軍事力の行使を正当化するために、自衛権を援用する根拠となるのであれば、それは非生産的である。」と述べた。カナダのWangは、「三条（g）は、……直接侵略と間接侵略の区別は人為的なものであるという考え方を受け入れたことを反映している。決定的な基準は、軍事力を行使した国によって、侵略というのに十分な程度の兵力が行使されたかどうかである」と述べた。

Lobelは、憲章の武力行使の禁止は、直接と間接の武力行使を区別していないと主張している。Lobel, Covert War and Congressional Authority : Hidden War and Forgotten Power, 134 *U. Pa. L. Rev.* 1035, 1054 n.28 (1986).

（７） B. Ferencz, *Defining International Aggression,* vol.2, 28 (1975).

（８） Id. at 40.

（９） G. A. Res. 103, 36 U. N. GAOR Supp. (No. 51) at 78, U. N. Doc. A /36 /51 (1981).

（10） 例えば、「国際安全保障強化宣言」（Declaration on the Strengthening of International Security）を受けて議題に上程された

“Good Neighborliness”や“International Security Declarations”を参照せよ。過去一〇回の会期（34th–43rd, 1979–1988）における苦情や非難の多くは、アフガニスタンとパキスタンの間およびラオスとタイとの間の領域への侵入や武力攻撃への苦情であった。その外のものとしては、南沙諸島の領有紛争に絡む中国とベトナムの間の武力の行使、マプト（Maputo）の攻撃に関するモザンビーク問題、エチオピア陸空軍によるソマリア攻撃、アンゴラにおける南ア軍、タヤカン・マニュアル（Tayacan Manual）の導入およびニカラグァ領域内でのアメリカに支援された反政府活動に関するニカラグァをめぐる問題、アフガニスタン国民祖国戦線（National Fatherland Front）によるアメリカの内政干渉への非難、エジプトにいるアメリカ軍に関するリビアの苦情などがあった。

同じ時期に、総会において別個の議題として取り上げられた非公然の強制に関する具体例には、中央アメリカ問題、カンボジア問題、東南アジア問題、アメリカのリビア急襲の事例、アフガニスタン問題、一九八一年のイスラエルによるイラク攻撃、南アとの軍事・核協力問題、アンゴラに対する南アの侵略行為、グレナダ問題、アメリカによるニカラグァへの禁輸措置があった。さらにアフガニスタンの事態は、総会の第六回緊急特別会期（10–14 Jan, 1980）で取り上げられた。

同じ時期における安保理の議題は一四四に上るが、それらは非公然の強制措置を伴うものであり、またそのほとんどの事例で公然の強制が行われたといえるであろう。これら議題のうち一〇のものにおいては、秘密工作活動への非難およびその帰結が別個の議題として取り上げられた。これらの事例については、Appendixに掲げた議題リストを参照されたい［同リストは本訳書では省略した］。

（11）　この節は、Reisman, No Man's Land: International Legal Regulation of Coercive Responses to Protracted and Low Level Conflict, 11 *Hous. J. Int'l L.* 317 (1989) に若干手を加えたものを再録している。

第五章　対抗措置と非公然活動

国際連合憲章の起草者達が企図した法制のもとでは、武力を一方的に行使する国家の主要な権利は自衛にあった。前章でみてきたように、ニカラグァ事件に至る多くの決定の流れは、この自衛の権利が行使される場合を縮小することを模索してきた。これは、「武力攻撃」という専門用語を定義し直した上でそれを一方的な自衛権行使の基準として用いるというように、一方的な武力行使の前提要件を新たに設け、あるいは、より厳しくすることにより行なわれてきた。この新しい見方によれば、合法的な自衛行動を一方的にとりうるためには、その前に、この前提要件を越える規模の攻撃がなされている必要がある。この基準が国際法となるのか、あるいは一九七〇年代の総会の立法的な計画が流産に終わったように、国際的な規範の定立過程における不可欠の行動主体である諸国家によって拒否される運命にあるのかは、明らかではない。

皮肉なことに、総会も国際司法裁判所も、憲章に由来する自衛権と慣習法上の自衛権を縮小しようとすると同時に、国際法委員会と共に、自衛権に替わり得る、そしてまた自衛権には課されている制約が殆んどないいわゆる「対抗措置」というものを創設し、一方的な武力行使の根拠を拡大するようになってきている。

こうした形態の一方的行動の発展は、「復仇」（reprisals）との関係で考察されなければならない。慣習国際法は、自衛権の場合に加えて、対抗的な武力の行使が認められる別の場合について規律している。すなわち、国際違法行為に対する「非交戦時（平時）における武力復仇の権利」（non-belligerent right of armed reprisal）である。[1] 平時における復仇は、戦争中に交戦者が戦争法の違反に対抗してなす復仇の権利とは明確に区別される。(2) 伝統的には、戦時復仇は毒ガス兵器のような違法かつ非人道的な兵器を交戦者のいずれかが最初に使用することを防止しようとする試みと結びついてきた。復仇は報復（retorsion）とは区別されなければならない。報復は、例えば人権の侵害に対抗して対外援助や武器の売渡しを停止する措置のように、それ自体は違法ではないが、しかし非友好的な行為である。これに対し、復仇は本来は違法な行為であるが、それが他国の先立つ違法行為に対抗してとられるときに正当化されるものである。

平時の復仇と自衛との相違は慣習的には、その動機の違いにあるとされてきた。すなわち自衛は、理論上は、防衛的な性質をもち、現に行なわれている攻撃あるいはその脅威を防止するために行使されるものである。復仇は救済的あるいは報復的である。復仇は、先立ってなされた不法行為の結果生じた損害と均衡し、その必要性（この概念が武力紛争の他の場合とはその適用上違ってくるのは必然である）に相当の理由があり、また一定の場合には、賠償要求ないし違法行為の停止の要求が事前になされている場合に、合法的な力の行使とみなされてきた。

国連憲章とりわけ第二条二、三項は、何人かの学者によって、武力復仇そのものを禁止したものと解釈されてきた。(3) その理由は、もし集団安全保障体制と国際連合による国際法上の権利の執行とにより戦争が排除されるのであれば、それは同時に諸国が自己の権利を確保するためにいかなる形態の軍事力を行使することも必要でなくなるはずであるというものである。しかし憲章の集団安全保障体制が機能しないことが明らかになるや、そこに生じた真空状態は相矛盾する一連の国家実行により埋められていった。

国家は復仇に相当するものに訴え、明示的あるいは暗黙のうちに、そうすることの正当性を主張した。しかし法律用語としての「復仇」という言葉は、法的正当化のためにはもはや使われることがなくなった。ある場合においては、政策的理由から「復仇」の用語の使用が避けられた。たとえばアメリカにとって、復仇を行なうことは必要でない。事実上復仇にあたるすべての場合において、アメリカはこれを自衛に関わる事項とみなすからである。また他の場合においては、復仇という概念そのものが単に事実に合わないものであった。宣戦布告なしに闘われるゲリラ戦のような低強度紛争と呼ばれるようになってきた形態の武力の行使やテロの応酬のような事態においては、双方の側が相対的に低い強度で間欠的に強制力を使用するので、抑止や報復、あるいは先制自衛や侵略といった観念をそのままの形で適用することが難しい。こうした種類の紛争を伝統的な概念を用いて法的に分析しようとすると、相互の強制力の応酬がどこから始まり、いずれの側のどの違法行為が対象とされているのかを認定しなければならないという困難に逢着する。(4) あまりに多くの場合、暴力が一方的に使用されているため、法律家がなすべきことがあまりに多くなってしまっている。しかし合法性を評価する法的な基準がないので、国際的決定は根拠の希薄なものにならざるをえない。

これまで非交戦時復仇あるいは平時における国家の復仇権と呼ばれてきたものの少なくとも一部は、対抗措置という新しい考え方のなかに取り込まれてきている。対抗措置という概念は、自衛、報復（retorsion）、復仇（reprisals）および相互性という古くからある諸観念の混合物であるが、しかし最近の新たな傾向に対処する要素を取り込んで、強制力行使が合法的とされうる強度水準という新たな概念を内包している。これまでの法定立の努力や国際判例、それらの注釈あるいは事例の検討から、この変化が単に用語の変化以上のものを含んでいることを知ることができる。第一に、対抗措置の範囲と形態はより広い射程をもつ。それは武力行動によってなされた違法行為に対抗する措置には限られない。対抗措置は軍事的な違法行為とともに、経済的あるいは政治的な違法行為に対しても正当な反撃とみなされている。第二に、それは、たとえば要求が受け入れられないことというような復仇の場合と表面的には同様の要素をその要件として掲げつつも、国際法委員会の国家責任条文草案にみられるように、この新しい考え方は、多くの点で、古い諸概念に比べてより許容的である。そこでは被害国に、どのような場合に対抗措置をとりうるか、また誰に対して対抗措置をとりうるかという点で、より広範な裁量の余地が与えられているのである。

国際司法裁判所は、後にみるように、アメリカとイランの間の「テヘランにおける合衆国外交および領事職員に関する事件」（以下、「イラン人質事件」）およびニカラグァとアメリカとの間の「ニカラグァにおける及びこれに対する軍事的あるいは準軍事的活動に関する事件」(5)（以下、「ニカラグァ事件」）において、対抗措置の考え方を採用している。しかしながら、対抗措置の考え方は導入され始めたばかりであり、それを確立したものと評価できるかについて結論を下し、あるいはそれがどういう方向に発展していくかを予測するにはまだ時期尚早である。それは自衛の主張や強制力の行使を正当化するために援用されてきたその他の例外に取って代わったわけではない。前章でみたような自衛を制限しようとする試みにもかかわらず、諸国はまだ対抗措置を自衛に代わる根拠として主張しはじめたわけではない。

1　「対抗措置」概念の発展

対抗措置という用語は米仏航空役務協定事件(6)およびイラン人質事件(7)において初めて用いられた。しかしこれらの判決以前においても、諸国は復仇の名のもとで実質的に対抗措置にあたる手段を長い間にわたって行使してきているので、この問題の学問的な検討は、戦時復仇および非交戦時復仇に関する近代の重要な先例である国際的な裁定、すなわちナウリラ事件（Naulilaa）(8)およびスィズニ号事件（Cysne）(9)における仲裁裁判の裁定の検討から始められるべきであろう。この両裁定はともにポルトガルとドイツとの間の紛争に関するものである。これら裁定において裁判所は、一方的武力復仇権に関する制限的原則を支持し、これを係争事件に適用した結果、ドイツが国際法に違反したと判断している。

ナウリラ事件は当時のポルトガル領アンゴラにおける三人のドイツ人官憲の殺害と他の二人に対する身柄の拘束から生じた。これに対抗して、ドイツはポルトガルの要塞と四ヵ所の前哨地点を攻撃、破壊し、その結果、多くの死傷者が発生した。このドイツの行動が仲裁裁判で争われた。裁判所は、「復仇は被害国みずからの手により法を確保する行動であるが、それは――攻撃国への要求がみたされなかった場合に――攻撃国の国際法の違反に対抗してのみとられうるものである」と述べた。先立つ国際法違反行為への対抗という「動機づけを欠く場合には、それは違法となる。」[10]裁判所は、この事件において、ドイツはこうした動機づけを欠いていたと認定した。さらに、その復仇行為はポルトガル当局のなした原因行為との均衡性を欠いており、また復仇がなされるためには、事前に要求がなされ、それがうけいれられないという事実がなければならないという規則にも違反していると指摘された。

スィズニ号事件は、一九一四年にドイツのUボートによってポルトガル船スィズニ（白鳥）号が撃沈された事件である。海戦法規に関する宣言（「ロンドン宣言」）は、一定の物品を戦争法上の「絶対禁制品」と定めていた。しかしドイツはそれらリストに一方的に品目を追加し、それらの品をイギリスに輸送中のスィズニ号を撃沈した。ドイツはその行動をイギリスのロンドン宣言への違反に対する合法的な復仇であると弁明した。しかし裁判所は「挑発的な国に対してのみ復仇は許容される」と判示した。[11]ポルトガルは挑発的な行動をとったとは思われず、また現に、事件発生の時点では紛争の局外にあった。

対抗措置はまた、自助（self-help）の措置とも重複する。コルフ海峡事件[12]において国際司法裁判所は、とくに、一九四六年一一月一二日および一三日のコルフ海峡の機雷掃海作業によってイギリスがアルバニアの主権を侵害したかについて決定することを求められた。この事件においてイギリスは復仇の権利は明示的には援用しなかったが、裁判所はイギリスの拡大された自衛権の主張、すなわち自己保存ないし自助の権利の主張を検討した。

切迫していたギリシャ内戦という状況を背景に生じたこの事件では、まず一九四六年五月にアルバニアの沿岸にある砲台からコルフ海峡を通航中のイギリス海軍軍艦に対して砲撃がなされた。ついでイギリス海軍は一九四六年一〇月に、海峡の「無害通航」の権利を主張して再び軍艦の通航を強行したが、この時には装備されている大砲を船首方向および船尾方向に向けていた。二隻の駆逐艦が機雷に触れて重大な損傷をうけ、四四人の乗組員が死亡した。後にイギリスは裁判所において、この機雷掃海作業を自己保存および自助を理由に正当化しようとした。裁判所は「イギリス海軍の行動はアルバニアの主権を侵害するものである」と判断したが、そうした判決を言い渡すこと以外の、その他の制裁をイギリスに対して科すことを拒否した。また裁判所は、イギリスが違法に回収した機雷を証拠として採用することは問題としなかった。それどころか、裁判所は物証としてのそれら機雷に依拠して多岐にわたる事実の認定を行なったのである。コルフ海峡事件は最近では、ペルシャ湾への機雷敷設に対する反撃として積極的行動にでるアメリカの権利を支持するために引照されている[13]。

国際裁判所が合法的な対抗措置という概念を受け入れる方向に動いてきたのにともない、国際連合は安全保障理事会の授権がない場合における武力復仇の禁止を強めようとしてきた。その第一歩は、中東紛争を処理する過程で安全保障理事会によって踏みだされた。たとえば一九四八年の安全保障理事会決議五六は、「いずれの紛争当事者も、相手方への復仇ないし報復を理由に停戦協定を破ってはならない[14]」と宣言した。一六年後に安全保障理事会は、ハリブ事件に関して決議一八八を採択したが、それは「復仇を国際連合の目的と原則に反するものとして非難[15]」していた。一九六六年、安全保障理事会は「イスラエルにむかって、軍事的復仇は許されないことを強調[16]」した。

総会もまた武力復仇の権利を明示的に否定している。友好関係原則宣言（総会決議二六二五）は、「国は、武力の行使を伴う復仇行為を慎む義務を有する」と宣言している。総会決議三三一四（「侵略の定義」決議）は、復仇の問題に直接には触れていないが、「政治的、経済的、軍事的又はその他のいかなる性質の事由も侵略を正当化するものではない」と規定している。さらに同決議は、「国家による憲章違反の武力の先制的行使は、侵略行為のいちおうの証拠を構成する」としている。これらの文書が循環論法に陥っていることは明白である。「憲章違反の武力」はすべての武力ではないし、またすべての武力の行使が「侵略」となるわけでもない。実際上、これら文書によって表明されているのは、復仇の古典的な権利をさらに限定しようとする意図だけである。それらは対抗措置と呼ばれるようになる新たな法理のもとで、何が合法化されることになるかを明らかにするものではない。

対抗措置を肯定する考え方は、航空役務協定事件仲裁裁定と国際司法裁判所のイラン人質事件およびニカラグァ事件で、より明確化された。航空役務協定事件は一九四六年の航空役務協定の解釈をめぐってフランスとアメリカとの間で生じた紛争であり、自らの協定解釈を押し通そうとしてフランスがとった行動に対してなされたアメリカの対抗措置の有効性が問題とされた(17)。フランスの民間航空局（DGAC）は、パンナム航空会社の一九七八年の業務飛行計画を認可することを拒否し、パンナム便がパリのオルリー空港で旅客を積み降ろすことを禁止した。航空機は警察の包囲をうけ、機長はロンドンに戻るよう指示された。パリ発着のパンナム便の運航はその後停止された。これに対抗して、アメリカの民間航空理事会（CAB）は、エール・フランス社および仏航空運輸協会に対し、アメリカ発着のすべての現行の飛行計画を取り消すよう命令した。CABは二度目の命令において、パンナム社がその飛行の実施を禁止されたのに相当する期間、エール・フランス社がパリとロサンジェルス間の週三便の定期便を運航することを禁止したが、この命令は出されはしたものの、実施はされなかった。

仲裁裁判所においてフランスは、アメリカが復仇として行なったとされる行動に対し四つの点をあげて抗弁した。第一に、フランスは、仏民間航空局の決定は協定に違反するものではなく、したがって復仇を正当化するものではないと主張した。第二に、アメリカの行動は、紛争を解決するための別の方途が利用可能であったから、必要性（necessity）の要件を充たしていない。[18] 第三に、「報復（retaliation）の手段は、国際法が要求しているように、これに先立って正式の要求が拒否されたことが必要である。」最後に、アメリカのとった措置は、違反と主張されていることとの均衡性を欠いている。[19]

これに対してアメリカは、先行するフランスの一連の行動が国際義務の違反であると主張し、またフランスはアメリカの行動の結果としていかなる被害も受けなかったと主張した。さらに次のような主張がなされた。

「フランスが提示したような復仇の理論は、もしそれが正しいものであるとしても、武力復仇にのみ適用されるものである。本件のような場合には、この理論は、国際裁判所が仮保全措置を直ちにとる権限を与えられるような段階に国際裁判制度が進化するまでは受け入れることはできない。なぜなら、そうでない場合には、被告国は仲裁裁判手続きを迅速に締結するよう協力するいかなる動機ももたないからである。[20]」

被害に関しては、フランスは精神損害の賠償を求めていること、またCABの命令が物的損害をもたらしたことをもって反論した。さらに、CABの命令は失効したわけでなく、将来の損害発生の可能性があると主張された。[21]

「『対抗措置』の正当性に関する原則」について判断するにあたり、裁判所は、本件へこれを適用するのに先立ち、一般的な規則を明示して次のように述べた。「国際義務への違反となるような行為が他国によりなされたとある国家が主張するような状況が生じた場合には、後者の国家は、武力の行使に関して国際法の一般的な規則が定める制限の範囲内にあるかぎり、『対抗措置』によりその権利を確保する権限をもつ。[22]」

これら一般的規則は、対抗措置が主張されている義務違反との間で一定の同等性（equivalence）ないし均衡性（proportionality）をもつことを要求するものであるが、この判断は被害の程度とともに、問題とされている原則の重要性をも勘案してなさるべきものであるとされた。「対抗措置の目的は、当事者間の立場の対等性を回復し、両当事者が受け入れ可能な解決をめざして交渉を継続することを促進することにある。」しかし国家は、対抗措置をとるに先立って、交渉の義務あるいは仲裁裁判ないし司法的解決手続きに紛争を付託する義務を果たすことを必ずしも求められるわけではない。つまり対抗措置に関しては、国家は国際連合憲章第三三条が定めている「交渉の一般的義務」を必ずしも守る必要はないということになる。[23] こうした注目に値する一般的な原則を適用して、「仲裁裁判所は、国際関係の現状においては、交渉中に対抗措置をとることを禁止する規則を定めることは不可能であると考える」[24]と結論づけた。また国家は「紛争を解決できる仲裁的あるいは司法的機関がある場合」でも、またある場合には裁判手続きが進行中である場合でさえ、必ずしも対抗措置を慎むべきであるとは限らない。しかし、もし「それら裁判手続きが、義務の執行をある程度まで確保するような制度的枠組みの一部をなしているのであれば、対抗措置を正当化する理由がなくなることは疑いない。」言い換えれば「裁判所が自ら行動するものとして確立されれば、その位置づけも変化する。」しかし「仮保全措置を決定する裁判所の権限の目的と範囲が極めて限定的に狭く定められている限り、当事者が対抗措置を自らとり、あるいはそれを維持する権限もまた、これを完全に否定してしまうことはできない。」[25]と判示した。

航空役務協定事件は仲裁裁判所に提訴された商事事件であった。また裁判所の判決自身が、「本件事情のもとにおいては、アメリカ政府はそれが実際にとった行動をとる権利を有していた」[26]［強調は著者］と述べることにより、判決をこの事件限りに限定していた。イラン人質事件における国際司法裁判所の判決では、対抗措置の問題そのものは事件の中心的な論点ではなかったが、この法理を是認するより肯定的な見解がとられた。イラン人質事件判決もまた、対抗措置が許容される限界を法的に確定することから論旨の展開をはじめている。本事件の一部は既に第三章で検討したので、ここではごく簡単にふり返っておくことにしよう。

一九七九年一一月四日、テヘランにあるアメリカ大使館が戦闘的学生集団によって占拠された。翌日、タブリースおよびシラースにあるアメリカ領事館もまた占拠された。一九七九年一一月九日、アメリカの国連常駐代表は安全保障理事会にこの事態を緊急に検討するよう求めた。一九八〇年一月一三日、イランに対する経済制裁を勧告する決議が安全保障理事会で投票に付された。投票は賛成一〇、反対二、棄権二であったが、常任理事国であるソ連が拒否権を行使した。

一九七九年一一月二九日、国務省の法律顧問が、「友好、通商および領事の権利に関する二国間条約」を含む五つの条約に規定されているイランのアメリカに対する国際法上の義務への違反を請求原因として、国際司法裁判所にイラン・イスラーム共和国を相手方とする訴えを提起した。

しかし国際司法裁判所に訴えを提起する以前に、アメリカはイランに対して一定の一方的な措置をとった。その措置には、追放を目的とするビザ違反学生の確認、原油購入の停止、在米のイランの公的資産の凍結などが含まれていた。裁判所の仮保全措置命令をうけて、アメリカは、外交関係の断絶、アメリカからの対イラン輸出の禁止、すべてのイラン人のアメリカ旅行のためのビザの取り消しなど、イランに対する一方的措置を強めた。さらにアメリカは、凍結したイラン資産をもって人質およびその家族の損害の賠償に充当しようとした。これらアメリカの一方的な行動の結果、イランは「一九五五年条約を根拠とすることが、アメリカに許される」かどうかについて反論した。裁判所は、アメリカのとった措置は、先立ってなされた違法行為とアメリカがみなすものに対抗してとられたと述べて、暗にその有効性を認めた(27)[強調は著者]。

裁判所にとってより問題であったのは、アメリカが一九八〇年四月二四日から二五日にかけておこなった人質救出作戦であった。アメリカは当時これを、人道的な理由および自衛権により正当化していた。この作戦行動の合法性について判断することを回避しつつ、裁判所はその失望を次のように述べている。

「……一九八〇年四月二四日の作戦行動が行なわれた時に、裁判所はアメリカのイランに対する請求を判断するこの判決を準備中であった。こうした状況のなかでそうした作戦行動がとられたことは、それがいかなる動機によるものであるにせよ、国際関係における裁判過程の尊厳を害なうことを意図して行なわれたものと見ざるを得ないように思う。……」(28)

アメリカのこの作戦行動は、航空役務協定事件の裁定が示唆していた対抗措置をとることが辛うじて正当化される時点でなされたものである。裁判所はその手続きが「執行をある程度保障する」ものとなるかどうかまだはっきりしなかった段階で、「行動する用意」をもっていたのである。しかし、もしアメリカが一九八〇年五月二四日の裁判所の決定をまって行動していたとしたら、航空役務協定事件裁定で採用された法理の適用は、軍事的対抗措置がさしあり憲章によりそれ自体としては禁止されていないとすれば、まったく異なる結果を導いたかもしれない。

ソ連のモロゾフ判事はその反対意見の中で、対抗措置について、イラン人質事件の多数意見と異なるずっと制限的な見解を提示している。同判事によれば、アメリカは、裁判所が係争事件を審理している最中に、経済制裁や軍事的攻撃を含む一方的な強制措置をイランに対してとったことにより、一般国際法および憲章に違反した。たとえば資産凍結措置は、その実際の目的は性質上国内的なもの（つまり、人質や人質の家族、あるいはその他のアメリカ人被害者のイランに対する請求を保障する目的でなされたもの）であり、許容されるものではない。またアメリカは、安全保障理事会が同様の制裁を採択するのに失敗した後に、これら一方的な措置を決定している。(29)

対抗措置については、国際法委員会で現在行なわれている作業の中で、より体系的な法典の形にまとめられつつある。(30)国家責任条文草案(31)は、とりわけ、アメリカがこれまで非難を受けてきた「判決がでるまで我慢できない原告」の問題については、判例法の法典化をこえて法の「漸進的発達」に大幅に踏み込んでいる。「国際責任の内容、形態および程度」を扱う条文草案第二部に規定されている第一〇条では、とくに次の場合には、侵害をうけた国は平和的解決の国際的手続きを尽くす義務を負わないものと定めている。すなわち、「(b)……国際違法行為を犯したと申し立てられた国が、国際裁判所ないし国際法廷によって命令された仮保全措置に従わない場合[32]」

この条文に対する注釈では、次のように説明されている。

「(7)……第三者は、請求国あるいは被告国のために、実効ある仮保全措置を命令する権限をもたない場合がありうる。そのような場合には、請求国は一方的にそれらの措置をとる以外には選択の余地がない……。」[強調は著者]

(8)最後に、第三者によって命令された仮保全措置が従われない場合には、制度は機能しなくなり、復仇措置をとる権利が甦る。[33]」

国際司法裁判所は、一九八六年に、ニカラグァ事件の本案審理のなかで、対抗措置の問題に再び触れている。しかしこの事件では、対抗措置の問題は自衛の許容性の問題に付随的なものとして扱われている。武力の行使を含む対抗措置に関する裁判所の短い言及は、第二四八段落および第二四九段落に見いだされる。

「二四八段落……それ(アメリカのコントラに対する支持)を、こうした概念(自衛権)によって基礎づけることは否定されるが、しかし裁判所はさらに干渉に対する対抗措置によってこの行動が有効とされるかどうかを検討する必要がある。」

「二四九段落……武力攻撃は集団的自衛権の権利を発生させるが、より低い強度水準の武力の行使は……武力の行使を含む集団的対抗措置をとる権限を発生させるものでない。ニカラグァが非難されている行動は、その直接の被害国であるエルサルバドル、ホンジュラスおよびコスタリカが、侵害と均衡した対抗措置をとることを正当化するだけである。それは第三国であるアメリカが対抗措置をとることを正当化するものではないし、とくにアメリカの武力行使を含む干渉を正当化するものではありえない。」

裁判所の論旨では、復仇についても対抗措置についても均衡性の原則の必要性が重ねて強調されている。また武力攻撃がこれと均衡した行動、すなわち軍事行動の権利を発生させることが示唆されている。しかし武力攻撃に至らない軍事的な挑発行為は、武力攻撃がなされたという名目のもとで低強度の軍事的対応をとることを許容するものではない。裁判所は対抗措置をとる権利を直接の被害国に限っている。ニカラグァが先に行なった侵害行為は、それによって影響をうけた被害国であるエルサルバドルの対抗措置を正当化するだけにとどまり、第三国たるアメリカの対抗措置は認められない。[34] シュウェーベル判事が反対意見において議論しているように、これは、いずれかの大国と結託した国家Aからの、武力攻撃には至らない破壊活動に直面した国家Bには非常な危険を強いることになる。

「……第三国は、国家Bの政治的独立あるいは領土保全の確保にとって必要であろうとなかろうと、武力を行使することはできない。要するに、裁判所は、まったく理由なく、掠奪的な国家による弱小国家の転覆に有利な法を作り出し、ある場合にはその犠牲となる可能性のある国にとっての唯一の生存の希望をも否定しているように思われる。[35]」

第三国のとる対抗措置に関する裁判所の分析は説得的ではない。アメリカがエルサルバドルの要請によって集団的自衛権を行使したのではなかったという前提は、エルサルバドルに訴訟参加の権利を主張することさえ認めないまま法的に当然のこととして導き出され、しかもそれが結論を決定づけているので、その判断の正当性は疑わしいものとなっている。実際、訴訟の後の段階で、この点についてエルサルバドルの参加に反対する投票を行なった複数の判事が、遺憾の意を表明している。さらに、対抗措置に関する裁判所の検討においては(36)、諸学説やさまざまな形の自衛、対抗措置あるいは対抗干渉といった概念が互換的に用いられており、したがって判決の一義的理解は困難であるし、またその先例的な意義も制約されたものとなっている。これに対して、国際法委員会は、侵害された条約の当事者ではあるが自らはその条約違反の直接の被害者ではない国が、対抗措置をとることに、はるかに寛容であるようにみえる。国際司法裁判所は、ニカラグァに対するアメリカの経済的手段の行使にはより寛容である。しかし裁判所は、アメリカの禁輸措置を対抗措置ではなく不干渉という観点から分析して、次のような結論を下している。

「二七六段落　上記一二三段落から一二五段落に要約した経済的圧力行使の行動は、条約の目的と顕著に矛盾するものではないが、裁判所はそれらのうちのあるものに関しては同様の結論に達した。条約上の取り決めや他の特定された法的義務がない場合には、国家は特定の通商関係をそれが適当と判断する以上に長く継続しなければならないわけではない。しかし友好通商航海条約に含まれているような何らかの取り決めがある場合には、一九八五年五月一日の一般的禁輸措置のように通商関係を不意に打ち切る行動は、通常、条約の目的を害さない義務への違反となる。他方、一九八三年九月二三日の砂糖の輸入割り当ての九〇%の削減は、条約の目的を害なうようなものとはいえないと判断される。経済援助の打切りは、もともと援助の付与が一方的かつ自発的な性格の強いものであるから、例外的な場合をのぞけば、そうした侵害行為となるとは思われない。」

2　学　説

対抗措置と現在呼ばれているものは、国際政治を構成する要素であり、あらゆる政治組織の基礎にある相互性と報復のどこまでも続く過程の一部である。残念ながら、対抗措置に関する国際判例法は数少なく、また必ずしも常に有益であるわけではない。多くの先例は何が許容されないかについては語っているが、ある特定の状況において何が許容されているか、あるいは許容されるようになるか、またそれを法律家が評価する場合に用いる基準が何であるかについては何も語っていない。国際法の注釈はこの学説を充実させるのに目に見えて役立つわけではないが、それは対抗措置が現在受け入れられてきていることを確認するのには役に立つ。しかし、第三リステイトメント（Restatement (Third)）も国際法委員会の国家責任条文草案への注釈も、強制的あるいは非公然の対抗措置の行使に関する問題を解決していない。

対抗措置は第三リステイトメントにおいて「一方的救済措置」（Unilateral Remedies）という表題のもとで議論されている。すなわち、

「(1)　(2) 節の規定に従うことを条件に、他国の国際法義務への違反の犠牲となった国は、そうでなければ違法であるような対抗措置をとることができる。その措置は以下の条件を満たすものでなければならない。

(a) 措置が違反を終了させ、さらなる違反の発生を防止し、あるいは違反を矯正するものであること、および

(b) 違反および被った損害と均衡を保っていること。」しかし、

「(2)　国際法違反に対抗してなされる武力の威嚇または行使は、国際連合憲章における武力の威嚇または行使の禁止および (1) 節に従うものでなければならない[37]」

この定式によれば、正当な対抗措置は違反の矯正に必要な措置であって、他の国家によって先行してなされた国際義務の違反と均衡性をもったものであり、武力の威嚇または行使に関する国際法および憲章の禁止に従ったもの、と

いうことになる。リステイトメントへの注釈では、措置の必要性（necessity）について、先に議論した航空役務協定事件や国際法委員会の条文草案第一〇条よりも、より制限的な解釈がとられている。アメリカ法律協会（American Law Institute）によれば、「対抗措置は、誠実な交渉が期待されあるいは第三者による解決が利用可能であり、それが問題の解決の見込をいくらかでももつ限りは避けるべきものである。[38]」［強調は著者］

この問題について検討を続けている国際法委員会は、対抗措置についてより許容的でかつ措置がとられる状況を考慮に入れる考え方をとっている。条文草案第一部第三条は、国家による国際違法行為を対抗措置をとるための前提要件としている。違法行為は次の二つの要素を含む。第一に、「作為または不作為からなる行動が、国際法上国家に帰属させうるものであること」である。国際法委員会の注釈はこれを主観的要素としている。第二に、「その行動が国際義務の違反を構成する」という客観的要素である。

対抗措置は「異なる状況においてなされたならば……国際義務の侵犯となり、他の国の主観的権利を侵害することになる行為を常に含んでいる」ことから、条文草案第五章は「違法性阻却事由」（Circumstances Precluding Wrongfulness）と題されている。すなわち、一定の事由がある場合には、そうでなければ違法とされる行為が正当化される。これらの事由には、正当な同意、対抗措置、不可抗力および偶発事態、窮迫事態、非常事態、および自衛が含まれている。[39]対抗措置について規定する第三〇条（第一部）は、次のように規定している。

「第三〇条　国際違法行為に対する対抗措置

一国の他国に対する義務と一致しない行為の違法性は、もしその行為が、国際違法行為を行なった当の他国に対して、その結果としてなされ、国際法により正当とされる措置である場合には阻却される。」

その注釈では、国際違法行為に対する対抗措置は次の二つのうちのいずれかの形態をとるとされている。つまり、（1）

「違法行為国と被害国との立場の均衡を回復する目的（相互性）をもつ対抗措置」および（2）「違法行為国が（新たな）義務を履行する政策決定を行なうよう影響力を行使する目的（復仇）をもつ対抗措置」[40]。復仇の形態をとる対抗措置は第九条および第一〇条（第二部）の特別の条件に合致するものでなければならない。

しかし国際法委員会の注釈は、何が「国際法により正当とされる」対抗措置であるかについて明確ではない。この権利は無制限のものではなく、限定的ながら他の救済手段を尽くすという条件や、対抗措置をとる国に先になされた侵害行為の意図や結果を考慮に入れることを認める奇妙な均衡性の基準に従うことを要求される。「被害国はまず賠償を得ようとし、これに失敗したということなしに、……いきなり対抗措置をとることは、通常はない。」［強調は著者］（すなわち他の救済手段はすでに尽くしている）[41]。対抗措置が合法的にとられる形態は、先行する違法行為の性質に応じて多様である（意図と結果との均衡性）。こうして「相互性による『より弱い』対抗措置の正当化、あるいは復仇による『より強い』対抗措置の正当化は、それらが対抗しようとする国際違法行為の意図と結果に結びつけられる。[42]」

しかし「懲罰的な措置ないし強制に訴えること、あるいは少なくとも直ちにそれらに訴えることが正当化されない一連の国際違法行為」があるともされている[43]。条文草案は何がそうした行為であるかを特定しておらず、またとくに、先行する違法行為のいかなるものが対抗措置に「直ちに訴える」ことを許容するのか、またどういう行為が「懲罰的措置」を正当化するのかについて何も示していない。最後に、対抗措置が周辺的に及ぼす被害の許容範囲も、その対抗措置が一方的なものか、あるいは権限ある国際機関によって採択された制裁であるかに応じて異なる。後者の場合には、対抗措置が第三国の権利を侵害することも認められうるが、前者の場合にはスィズニ号事件の規則が適用される。すなわち「挑発した国家に対してとられる復仇のみが許容される。」

誰が先行する違法行為の存在を認定するのか、他の全ての救済手段を尽くしていることが武力を行使するために要求されるのかどうか、そして復仇行為は先行する違法行為と均衡したものでなければならないのか、それとも復仇が達成しようとしている目的と均衡していればよいのかといった問題が、未解決のまま残されている。

3　アメリカの立場

一九五三年から一九七五年にかけての時期における復仇に関するアメリカの立場は、国務省欧州課法律顧問副補佐(Deputy Assistant Legal Advisor)の書いた一九七九年の報告書に要約されている。

「当初アメリカは、イスラエルによる武力復仇だけを問題視し、これを挑発する行為があったか否かにかかわらず、違法として非難する安全保障理事会決議の採択に加わった。[一九五三年〜一九六四年]……アメリカはその後、武力復仇をだけを問題視しようとする当初の立場を修正し、これを違法と非難しつつも、同時に、とくにテロ行為のような挑発行為と武力復仇の双方を同等に非難すべきであると主張するようになる。ただし、武力行使を含む復仇を違法とする立場は変更することなく維持された。……武力の行使あるいはその威嚇を含む復仇行為をアメリカがとる可能性のある上述の例に加え、攻撃や進攻のパターンが「武力攻撃」の水準にまで達して、自衛権の発動として武力行使による反撃を正当化することがありうることを、アメリカが認識していることは明らかである。……

結論として、アメリカは武力の行使を含む復仇は国際法上無条件に違法であるという立場をとってきている。またアメリカは挑発的なテロ行為を非難しないままに、復仇だけを非難することには消極的であり、また均衡条件を充たした自衛と復仇とを区別することが困難であることを認めながらも、なお両者の区別を維持してきている。

アメリカ自身が武力行使を含む復仇行動にでる可能性がある場合には、この行動は自衛としても説明されているので、その性格はあいまいにされてきている。これらのいわば復仇事例ともいうべき場合は、アメリカ政府が集団的自衛として正当化する戦争のなかで行なわれてきており、それゆえに、イスラエルの報復攻撃とは区別される。それらの場合には、攻撃の規模が自衛における武力行使を正当化できる「武力攻撃」の水準にまで達していることをアメリカが認定していたことも明らかである。(44)」

アメリカは憲章五一条の復仇権を承認しているとユージン・ロストウ教授が一九七四年に批評したとき、ケネス・ラッシュ国務長官代理はこれに答えて次のように言っている。

「ご承知のように、アメリカの確立した政策は、国際的な武力行使が一国の領域からなされた場合には、それが直接かつ公然のものであれ、間接かつ非公然のものであれ、その領域国はこれについて責任を負うというものである。これには補足的に次のような原則を付け加えることができよう。つまり、違法な力の行使のために自国領域が使用されることを防止すべき国際法的な義務を守ることができず、あるいは守ろうとしない国に対しては、被害国は、自助によりそれが被った国際法違反を矯正するために、復仇として武力を行使する権利を取得する。

ご承知のように、決議二六二五は次のような無条件の言明を含んでいる。すなわち、『諸国は武力の行使を含む復仇行動を慎むべき義務を負う。』この禁止はこれを支持してきた安全保障理事会の諸決議を法典化したものである。

アメリカは以上の原則を支持してきたし、今も支持している。もちろん、諸国の実行が必ずしも常にこの原則に合致しているわけではなく、また均衡要件を充たした自衛を復仇行動から区別することがしばしば困難であることを、われわれは認める。しかし、復仇の法理がとくに陥りがちな濫用の問題が基本的に存在するので、われわれわれは合法的な自衛と不法な復仇との区別を維持するように努力することが好ましいと思う。」[45]

次節で検討するように、これまでのアメリカの実行は、このように言明された法的立場と顕著な食違いを見せている。

4 アメリカの国家実行

本章は、対抗措置に関して生じつつある実行を包括的に検討するものではない。対抗措置に対する見方の変化と一般的な規則の変化を見ていくうえで必要な少数の先例法とこれへの評釈が選ばれている。ここでは五つの事例を検討するが、それらは非公然の行動に対する限定された対抗措置であるか、あるいは不法な国家行動に対抗するそれ自身非公然の軍事的反撃であるが、対抗措置と性質づけることのできる事例である。もっとも行為主体たる国家は、その行動を正当化するために対抗措置の法理を援用することはめったにない。そのため、いくつかの事例では、自衛の法理が正当化のために言及されている。そしてそれが国際規範の明確性を弱める結果をもたらしている。

最初の二つの事例、つまりキューバ隔離とレバノン空襲は世界の関心をよんだ事件であり、多くの法的な評価が公表された。これら事件は自衛と復仇との伝統的区別の融合を示している。残る三つの事例は、当時ほとんど注意を引かなかったものであり、事件後もほとんど評釈されなかったものである。これらは経済的および軍事的な、対抗措置の戦術的行使と呼んでもよいようなものを示している。[46]

これらの事例は、イラン人質事件と並んで、経済的、外交的およびいくらかの程度の軍事的な対抗措置の行使を暗黙に認める形成途上の法の大枠を示している。それぞれが他国により先になされた武力攻撃に至らない違法行為に対して、一方的にあるいは多数の国が同調してなされた反撃の事例である。さらに、それら措置は均衡性をみたしており、また合理的にその必要性を認めうると主張できるものであった。二つの事件においては、対抗措置は損害賠償要求がなされた後に実施された。最後に、ニカラグァ事件や第三次リステートメントで表明された規範とは異なり、これら事例では、犠牲国あるいは被害人民の代わりに第三国が違法行為国に対して対抗措置をとることが暗黙に認められている。

(1) キューバ隔離事件（一九六二年）

キューバ隔離はもちろん非公然の作戦行動ではなかったが、非公然の行動に対抗してなされた行動である。封鎖の成功とその合法性は、それが公然となされたことに依存している。しかしこの事件は、ここでも隔離という別の名前がつけられているが、復仇に関する法の創造的な進化の可能性を示している。[47]

一九六二年七月初旬、ソビエト指導部はキューバに中距離ミサイルの設置を決定した。この考えはフルシチョフ自身のものであり、「……アメリカにカストロ政府に対する先制的な軍事行動を差し控えさせ」、また「西側が『勢力均衡』と好んで呼ぶものを拮抗させる」ことを意図したものであった。[48] この決定に続いて、ソ連船舶によるミサイル部品のキューバへの輸送が実施に移される一方、このソ連の計画を隠蔽するための一連の情報撹乱努力がなされた。すなわち、ワシントン駐在のソ連大使は「ロバート・ケネディに対してアメリカ政府に『キューバに地対地ミサイルが配備されようとしているのではない』と安心させるよう要請した。またタス通信の公式の声明を通じて、「他の国（たとえばキューバ）に防御的兵器—報復的攻撃を実施するための兵器—を配備する必要はソ連にはまったくない」と明確に述

べた。さらにフルシチョフはケネディ大統領にこれを確認する私的書簡を送り、モスクワから遠く離れる旅に出立した。(49)

アメリカ政府はソ連がキューバで軍事施設を建設していることには気づいていたが、(50)一九六二年一〇月一四日にU－2型偵察機が決定的な証拠となる航空写真を撮ってくるまでは、ソ連がキューバに中距離ミサイルを設置しつつあり、またイリューシン28（IL－28）爆撃機を提供している決定的な証拠を手にしてはいなかった。(51)一〇月一六日、ケネディ大統領はその写真を再検討し、のちに国家安全保障会議の執行委員会（Executive Committee of NSC）となる最初の会合を召集した。この危機は、一九六二年一〇月二二日に、ケネディ大統領が国内向けのテレビおよびラジオを通じて次のような声明を発したことにより、公にされた。

「過去一週間の間に、あの監獄島（つまりキューバ）で、攻撃的なミサイル基地群が建設中であるという事実が、誤りない証拠によって明らかとなった。」

ケネディはついで、「それゆえ、我々自身の安全と西半球全体の防衛のために行動するため」として、次の措置を発表した。

「第一、この攻撃の為の建設を停止させるために、キューバに輸送中のすべての攻撃的軍事装置の厳しい隔離を開始する……。

第二、キューバおよびキューバにおける軍事施設の建設を継続的かつ頻繁に厳重監視するよう命令した……。

第三、アメリカの政策は、キューバから西半球のいずれの国に対して発射された核ミサイルについても、これをアメリカに対するソ連の攻撃とみなすであろう。

第四、軍事的に必要な準備として、グァンタナモ基地を補強する。

第五、西半球の安全への脅威を検討し、リオ条約第六条および第八条に従って必要な措置をとるために、OAS

（米州機構）の協議機関の緊急会合を、今晩開くよう要請した。国際連合憲章は地域的安全保障の取極を認めており、それにしたがい、西半球の諸国はずっと以前からこの地域に外部勢力が軍事的な地歩を築くことに反対することを決定している……。

第六、国際連合憲章のもとで、世界平和に対するこのソ連の威嚇に対抗する行動をとるために、安全保障理事会の緊急集会を遅滞なく開催するよう今晩要請した……。

第七、最後に、フルシチョフ書記長に対し、この世界平和に対する隠密になされつつある無謀な挑発行動を停止し、撤回するよう要請した……。[52]」

同日の夜、アメリカは文書を送って、「中距離ミサイルが……密かにキューバに設置されつつあることによって惹き起こされた世界の平和と安全に対する危険な脅威」を審議するために、国際連合の安全保障理事会を開催するよう要請した。キューバもまた、「キューバを海上封鎖するとの命令により［アメリカによって］なされた……一方的な戦争行為を審議するために」安全保障理事会の開催を求めた。ソ連も翌日同様の要請をした。一〇月二三日から二五日にかけて、安全保障理事会は四回の会合を開いた。別々の決議案が、アメリカ、ソ連により、またガーナとアラブ連合共和国の共同により提出された。[53] しかしいずれの決議案も投票には付されなかった。

一〇月二三日、OAS理事会は、リオ条約第一二条にもとづく暫定協議機関として会合を開き、次のような決議を全会一致で採択した。

「2、加盟国に対し、米州諸国間相互援助条約（Inter-American Treaty of Reciprocal Assistance）第六条および第八条にしたがい、キューバ政府が中国およびソ連勢力から、米州大陸の平和と安全を脅かすような軍事物資および関連する補給物資を引き続き受け取ることを不可能にするよう確保し、またキューバにあるミサイルが大陸の平和と安全への現実の脅威となることを防止するために、個別的におよび集団的に、武力の行使を含むあらゆる措置をとるよう勧告する。[54]」

翌日、ラテン・アメリカ六ヵ国が、隔離措置を援助するためにアメリカに対して軍事援助を申し出た。[55] アルゼンチン、ドミニカ共和国、ベネズェラの海軍兵力が、その結果、海軍の作戦行動に参加した。[56] しかしブラジル首相エルメス・リマは「キューバがその政治的実験を遂行する権利」を支持した。[57]

一〇月二三日、ケネディ大統領は宣言を発し、翌午前一〇時を期してキューバの海上封鎖を実施すると述べた。その宣言には次のように述べられていた。

「キューバに向けて航行中のあらゆる船舶あるいは航空機は、その航行を中断され、その所属、積み荷、装備および備品を明らかにし、……臨検および捜索に服し、指示された方向に行先を変更することを命令される場合がある。これら命令を無視しあるいはこれに応じることを拒否し、あるいはこれに従わない船舶あるいは航空機は、いかなるものも抑留される。キューバを目的地として航行中であると思われ、また禁止された資財を輸送中かそれ自身が禁止された物資にあたる船舶あるいは航空機は、……いかなるものもそれが選択する他の目的地に行先を変更することを命令され、……これに従わずあるいは従うことを拒否する場合には抑留される。船舶あるいは航空機に命令を伝達する合理的な努力がなされた後に、なお命令が従われずあるいは従うことが拒否された場合、および自衛の場合を除き、武力は行使されない。……武力は必要な限度でのみ行使される。[58]」

一〇月二三日、国防長官マクナマラは二五隻のソ連船舶がキューバにむけて航行中であると報告した。また執行委員会の一員であったソレンセンの報告によれば、キューバにむけて航行中のソ連船のうち一八隻が貨物船であり、うち五隻は大型の艙口《ハッチ》をもっているとされた。隔離が実施に移されて間もなくのうちに、一八隻の貨物船のうち一六隻が海上で停止しあるいは進路を変更したと報告された。キューバ向けの船舶との最初の接触は、一〇月二五日に発生した。すなわちブカレスト号という船名のタンカーが隔離線を越えたが、大統領の命令により検査を受けることなくキューバへの航行を継続することを認められた。一〇月二六日、停船を命じられかつ捜索を受ける最初の船舶がでた。その船はレバノン船籍のマルキュラ号であったが、捜索の結果、トラック部品を輸送中であることが判明し、そのままキューバへの航行の継続を許された。(59)

この危機は、一〇月二六、二七および二八日に行なわれたフルシチョフ書記長とケネディ大統領との間の書簡の交換を通じて、ソ連がキューバに建設中のミサイル基地を撤去することに合意したことにより、概ね終了した。(60)しかし、その合意の実施を確認するための査察および現場検証、イリューシン28爆撃機に関する処置に関する交渉は、一一月までずれこんだ。一九六二年一一月七日、フルシュチョフはすべてのミサイルがキューバから撤去されたことを声明した。海上では、アメリカの海軍艦船がキューバから出港したソ連船を停船させ、ミサイルおよび他の禁制品を検査した。三日間にわたり、四二個の中距離弾道ミサイルが隔離線を通過して運びだされた。一三日後、ケネディ大統領は一一月二一日をもって封鎖を終了させる旨命令した。(61)

キューバ危機をめぐる多くの法的議論がまき起された。(62)ある論評によれば、そもそもこの危機に国際法が重要な意味をもちうるかどうかそのものが問題とされた。(63)他の論評では、アメリカの隔離措置は平時および戦時の封鎖の法理に基づいて合法的なものと評価された。(64)この危機に対処した当局者の一人は、隔離を復仇行動として性格づけた。執行委員会の一員であるT・ソレンセンは次のように述べている。「隔離は国際法上新たな形態の復仇であり、それは国連憲章、OAS憲章および一九四七年のリオ条約の下における、侵略行動に対抗する個別国家によるあるいは集団的な自衛行動である。(65)」

しかし復仇行動としての隔離という主張は、あまり注意を引かなかった。クィンシー・ライト教授は、次のような理由から、隔離を平時封鎖によって合法化する議論に疑問を投げかけている。

「一般国際法上、国家は平時においてどのような物品を交易することも許されている。……それゆえ、アメリカがキューバのいかなる違法な行動を矯正しようとしているかを明らかにしておらず、［また］解決のための非強制的な手段が尽くされていない以上、隔離を平時封鎖という歴史のある法理によって正当化しようとすることは失敗せざるをえない。」

この批判は、伝統的な復仇の法理においても、復仇権の行使の要件として相手方の先立つ違法な行動が必要であるとされているから、そのまま復仇の議論についてもあてはまることになろう。もし攻撃能力をもつミサイルのキューバへの設置がこれに均衡する復仇行動を正当化するのであれば、ソ連もまた、それがキューバにミサイル基地を設置する試みそのものが、トルコにあるアメリカのミサイルに対抗する相応の復仇権の行使であると、相互性の論理をもちいて主張することができたはずである。ソ連が事の発端であるミサイル持込みを非公然になそうとしたことがここでは重要な意味をもってくる。[66] その非公然性が、そうでなければ非友好的ではあっても合法的な行為である軍事援助を違法な侵略行動にしたともいえる。スクビスツェウスキー教授は、平和的解決手段を尽くすべしという要件に基づいてこの封鎖を批判しているが[67]、この要件は必要性（necessity）の法理によって帳消しにされる。さらに実際に封鎖が実施されるにあたり最小限の武力が用いられるに止められたことは、核積載能力をもつ四二機のミサイルと四二機の爆撃機の配備と比較して、十分な均衡性を保っていると論じることができよう。[68]

いずれにせよ、アメリカが主導したこの隔離措置に対する諸国の反応は、国家実行という点からみて、隔離がキューバにおけるソ連の軍備増強への合法的な対応であると一般的にみなされたということを示唆している。マクドゥーガル教授は次のように記している。

「……攻撃の目標とされていると主張する国によってなされたこの最初の暫定的な決定と、それが実際にとった措置の双方が、その必要性と均衡性の観点から、一般国際社会によって審査をうける。……幸いに、今日では国際連合という権威ある機構が、そのすべての弱点にもかかわらず、軍事的な手段に訴えようとする特定の要求の合法性について、一般国際社会が審査するために便利でかつ迅速な対応性を備えた会議の場を提供している。(69)」

モリソン教授も、同じような意味において、次のように議論している。

「領域管轄を超える国家の権限の要求を単に一方的に主張するだけでは、その要求の国際法的な合法性を確立するには不十分である。むしろその合法性を確立するためには、それら要求の妥当性（reasonableness）と他の諸国が結果的にそれら要求を黙認という形で是認したことが必要である。(70)」

この点で、国際連合がソ連の決議案にも、アメリカの決議案にも、またガーナとアラブ連合共和国の共同決議案についても、何らの行動もとらなかったこと、また米州機構の決議が全会一致であったことは、この隔離措置が、合法性に関する現実の期待と乖離したものではなかったという結論を支持する。それゆえこの隔離は、以下で検討するリビア攻撃とは違って、自助、自衛および復仇という伝統的な区分に関連づけうるものである。

「自助は、これに訴えようとする者の存在、中核的な価値的立場、あるいは一連の重要な権利に向けられた不法な行動が前提となる。自助は、それら不法な行動の終了、停止あるいは損害の回復が、被害を受けた側の自らの力による迅速な対応によってのみ実現されうることが合理的に認められる状況において正当化される。」

しかし復仇と違って、「自助行動は、もし社会がその意のままになる十分な規制手段をもっていたならそうしたであろうことに合致する場合には、またその場合に限り、合法とされる。(71)」この隔離においては、アメリカはソ連のミサイルが実戦配備されるまえに対抗する必要があった。そうしなければ、アメリカは直接の武力行使に至らない手段で対応するという選択肢を失うことが予想された。これに対し、リビア攻撃においてはこうしたぎりぎりの必要性にあたるものは存在しなかった。さらにキューバ封鎖は米州機構による特定された執行権限の授権に基づいたものと見ることもできる。リビア攻撃については、これにあたるものは存在しない。

海軍による封鎖の実施がどこまで合法的な対抗措置として認められるかについての国際的な期待の所在を知るうえで、隔離はそれがなされた時点の諸状況を考慮して評価されなければならない。[72] 第一に、国連も米州機構も隔離を支持も非難もしなかった。第二に、アメリカは国連の議事日程の決定をコントロールする力を相当に保持していたし、また米州機構のそれには圧倒的な影響力をもっていた。それは隔離の先例としての価値を否定するわけではないとしても、相当に縮減するものではある。しかし、反論もあるものの、米州機構はアメリカの意向をただ写しだすだけのゴム印ではなかった。このことは、キューバを米州機構から追放する措置を提案したときに、六ヵ国以上の国がこれに棄権したことを思い出してみればわかる。最後に、国連や米州機構への各国代表が、「国家の生存は法の問題ではない」というアチソンの見解にどの程度賛同していたのかは不明のままである。[73]

（2）リビア急襲事件（一九八六年）

一九八六年四月一五日午前二時、アメリカの航空機がリビアのトリポリとベンガジを急襲した。[74] 三〇機以上の攻撃機がおよそ一〇分間にわたる急襲に参加した。それら攻撃機はリビア沖にいた航空母艦ないしイギリスにある航空基地から飛来した。フランスがそれら航空機の上空飛行の便宜を供与することを拒否したので、航空機は大西洋岸を南下し、ジブラルタル海峡を抜けて目的地に向かった。

急襲は五ヶ所の軍事目標を目指していたが、それにはカダフィ大佐の住居兼軍指令部として使われていたエル・アジジヤ（El Azziziya）の簡易建物が含まれていた。攻撃中にいくつかの民家と五つの外国大使館も被害をうけた。フランス大使館の被害はとくに大きかった。トリポリの現地筋によれば、この攻撃でおよそ一三〇人の死傷者がでたとされる。またカダフィの妻および二人の息子が負傷し、養女が死亡したと伝えられた。

この公然の行動には、別の隠された意図があった。シュルツ国務長官は急襲の三日後に次のように語ったと伝えられている。すなわち、カダフィ大佐はこの急襲の「直接の目標」ではなく、もし「[この急襲の結果として] 政府転覆が実施に移されれば大成功であった。」(75)

急襲がなされた日の夜、レーガン大統領は全米向けテレビ演説において、リビア攻撃の目標は「軍指令部、テロリストの施設および軍施設」であったと述べた。レーガン大統領はカダフィに対して、アメリカ国民に対するいかなる新たなテロ攻撃についてもカダフィ体制は責任を問われることになるであろうと警告し、また四月五日におきたベルリンのディスコ、ラ・ベル（La Belle）の爆破にリビアが関与していたことには、「直接かつ明確な確固たる」証拠があると述べた。この爆撃において、二人のアメリカ人と一人のトルコ人夫人が死亡し、七八人のアメリカ人をふくむ二二九人が負傷していた。レーガンは「自衛はわれわれの権利であるだけでなく、義務でもある。」「それは今夜とられた行動の背景にある目的であり、その目的は国連憲章第五一条と完全に一致するものである。」と述べた。レーガンはさらに加えて次のように語った。「われわれは常に武力の行使に先立って平和的な道を探っているし、今回もそのようにした。われわれは冷静な外交の手段、公の非難、経済制裁あるいは軍事力の示威を試みた。」

急襲の結果として、「テロリスト」によるとされる事件が増大した。ベイルートでは一人のアメリカ人と二人のイギリス人の人質が死体で発見されたが、現場には急襲の復讐として殺害したことを示唆する紙片が残されていた。社会主義者ムスリム革命機構は報復として他の人質を処刑したと発表した。数日のうちに、トルコ、コスタリカ、パキスタン、北イエメンおよびメキシコにおいて、アメリカ人あるいはイギリス人に対する襲撃あるいは襲撃未遂が発生した。しかしカダフィ大佐もしくはリビア政府がこれら襲撃を命令したとする直接の証拠は何もなかった。

アメリカの急襲に対する西欧諸国の反応は一般に否定的であった。イタリア、スペインおよびオランダ政府は、武力の使用を非難した。NATO事務局長のキャリントン卿は、急襲直後に、「大西洋同盟における状況はきわめて深刻であり、私の記憶する最悪の状況にある」と述べた。

フランスと西ドイツの対応はよりあいまいであった。フランス政府の声明はこの急襲を「復仇行動」と呼びつつ、「テロリズムの許しがたいエスカレーションがこの復仇行動を招いたが、それがまた連鎖する暴力を引き起こすきっかけとなるであろう」と述べた。しかし、四月二二日に、複数のフランス政府当局者により、フランス政府がリビアに対する強硬な軍事行動を実際には好ましいものと考えていたことが明らかにされた。しかしシラク首相が示唆したところによれば、フランスは急襲に関して事前に協議をうけなかったことに不満であった。西ドイツのハンス・ディートリッヒ・ゲンシャー外相は、政府としては「政治的な努力」の継続をより好ましいものとみていたと言明した。ヘルムート・コール首相は「[ドイツ]連邦共和国は武力の行使を一貫して拒絶してきた」と述べつつも、アメリカが自衛のために行動したことを暗に認めた。「カダフィのようにいつも暴力を称え、また暴力に訴えるものは誰でも、その犠牲者が自らを防衛しようとすることを想定しなければならない。」コールはまたリビアがディスコ、ラ・ベルの爆破に責任があることを証明する決定的な証拠をドイツ政府がもっていることを示唆した。

リビア攻撃を支持する声明を出したのはイギリス、イスラエルおよび南アの三国にとどまった。しかしながらサッチャー政権は野党労働党からその立場の明瞭な変更を非難された。というのはその三ヵ月前に、サッチャー首相は「国際法に違反する報復攻撃を正しいとは思わない」[76]と言明していたからである。イギリスの世論調査では、回答者の三分の二の人々がこの攻撃に反対していた。カナダの支持は罪のない人々が巻き添えになったということへの考慮により限定的なものに止まった。

アラブ諸国はほぼ一致してこの攻撃を非難した。シリア、イラン、アルジェリア、エジプト、ヨルダン、サウジアラビアおよびその他の湾岸諸国の政府は、いずれもこのリビア攻撃を批判した。クウェイトの声明は、これを「テロリズムおよび極悪な侵略の行動」とよんだ。ＯＰＥＣもこの攻撃を非難したが、アメリカに対する石油禁輸措置を要求するリビアの提案は拒否された。イラクは沈黙を守った。アラブ連盟の事務総長は非難声明を発した。

しかしアラブの反応が完全に一致していたというわけではなかった。報道によれば、南レバノンのシーア派イスラム教徒社会はこの攻撃を歓迎した[77]。アメリカのある報道筋は、アラブ系の外交官が匿名で、「ワシントンにいる報道陣に対して、いくつかのアラブ国家は、これがカダフィ暗殺の秘密計画であったならばともかく、いずれかのアラブ国家に対するアメリカの公然の軍事行動は支持できないと語った」と伝えている[78]。

インドで開かれた非同盟諸国の会議において二一ヵ国の外相は、この攻撃を「卑劣かつ明白で、正当な理由のない侵略行為」としたラジヴ・ガンディの声明を支持する投票をした。またこの攻撃に対する一般世論の非難の声は地球上の至るところでわき起こった。西ベルリン、マドリード、ウィーン、ロンドン、マニラ、パキスタンおよび多くのアラブ諸都市でデモが行なわれた。四月一五日付けのソ連の公式声明は、この攻撃を「国際法に対するあからさまな違反」と決めつけた。抗議のしるしとして、モスクワは五月に予定されていたシュワルナゼ外相のワシントン訪問を取り止めた。またこの攻撃におけるイギリスの役割を非難する書簡がイギリス大使館に宛てて送られた。

ジャヴィエル・ペレス・デクェヤル国連事務総長は、リビアのテロリズムとアメリカの急襲の双方を非難した。この急襲を非難する決議案が安全保障理事会に提出され、九理事国がこれに賛成の投票をしたが、アメリカ、イギリスおよびフランスの拒否権で葬り去られた。加えて総会は、一九八六年四月一五日の「リビア＝アラブ・ジャマヒリア社会主義人民共和国に対する軍事攻撃を、国連憲章および国際法の違反を構成するものとして非難する」決議を採択したが、その決議の表題に「アメリカ現政権による……海空軍による攻撃」という文言が使用されていることからも知りうるように、この攻撃はリビアとアメリカとの間のもっぱら二国間限りの政治・軍事的な性質のものと捉えられていた[79]。

マヌーシュ・アルサンジャニが指摘したように[80]、そしてフランス政府が事件直後にそう主張したように、アメリカのリビア急襲は、より正確には自衛行動というよりは復仇行動と見るべきものであるかもしれない。四月一五日のレーガン大統領の声明で使われた文言は、自衛ではなく復仇を念頭においたものである。たとえば声明は、合法的な復仇の実施に関するよく引用される四つの基準・要件にふれている。つまり相手方の先行する違法行為の存在、損害回復のための他の手段がないこと、あるいはすでに試みられたこと、違法行為者に対する復仇発動の通告、そして均衡性の要件である。さらに、声明はこの急襲が報復的であると同時に先制的なものであると宣明しているが、この二つは復仇の古典的な目的とされるものである。なお、自衛には急迫する損害ないし脅威が存在することが必要である。論者によっては、自衛が認められるのは国家の生存そのものが危殆に瀕することが必要であるとさえ主張する者もある[81]。

それにもかかわらず、アメリカはこの急襲を自衛に基づいて正当化した。この法的根拠に関する選択は、自衛の特徴的な要素に関する混乱と、おそらく復仇または対抗措置の合法性に関する確信の欠如を反映している。つまり憲章は一定の場合において自衛を認めているのに対して、「復仇」の名でよばれるものは、明文で禁止されてはいないにせよ、憲章の含意として認められているとは言いがたいのである。

この急襲に対する国際的な反応は、軍事的対抗措置に関するエリートの期待がどのようなものであるかについて何を語っているのであろうか？　第一に、公式の反応のほとんどのものは、その政治的あるいは道義的な非難に終始するか、リビア人民との連帯を表明するにとどまり、国際法にもとづく批判はあまりなされなかった。カナダの非難は一部で均衡性に関する配慮（つまり、罪のない人命の損失）を基礎としていたが、あるアラブ外交官は匿名で、より慎重な秘密の作戦であれば支持を受けたか、少なくとも黙認されたであろうと述べたのである。第二に、リビア急襲はベルリンのナイト・クラブの爆破によって早められ、またレーガン大統領も報道関係もこの二つの事件を切り離せないものとして関連づけたが、この急襲は、ローマやウィーンの空港での一二月のテロ攻勢やカダフィ政権転覆のアメリカの陰謀の暴露をはじめ、急襲に至るまでの一年の間に発生した一連の事件、すなわち公然・非公然のものを含む行動とそれへの反撃の累積的結果として発生したものでもある[82]。それゆえリビア急襲を法的に評価する場合には、これら一連の事件をも考慮に入れる必要がある。たとえば、先行するどの事件が均衡性の評価の対象となるのかという点である。実際、この急襲の後にも作用と反作用の連鎖は続いている。この対決の連鎖のなかでアメリカのリビア急襲ほどに世界の反応を強く引き起こしたものはないが、世界がこの事件だけを切り離して反応したのかどうかは疑問である。

第三に、この急襲が最初は秘密裡になされたことが、これに対する非難の方向を決めたようにはみえない。フランスの反応だけがこの事件の非公然かつ一方的な性格に向けられているようにみえる。しかしフランスの非難の動機は、法的というより政治的なものであった。フランスはこの作戦についての情報が早期に伝えられなかったことに不満を示し、独自の外交政策を維持することに主たる関心をもっていた。さらにミッテラン政府はレバノンにおける自国民人質の安全を憂慮していた。この心配は至極もっともなものであった。

（3）ペルシャ湾岸機雷敷設事件（一九八七年）

一九八七年一月、クウェートは、イラン＝イラク戦争の結果としてペルシァ湾を航行する自国船舶が攻撃に曝されているとして、その保護をアメリカに公式に要請した。当初アメリカは、外国船舶の米船籍への変更には六ヵ月の時間が必要であるという理由で、この要請を退けた。しかしクウェートが同様の要請をソ連に行なおうとするに至り、アメリカは船籍変更の手続きを促進し、これを済ませたクウェートのタンカーを護送する用意があると回答した。七月にはアメリカ海軍の艦艇がペルシァ湾内にはいり、護送の任務についた。

一九八七年九月二一日の夜、ペルシァ湾内でイランの船舶を追跡していた米軍のヘリコプターがイラン船がイランの領海外で機雷を敷設しているのを発見した。イランはこの機雷敷設を通告していなかった。海軍の職務執行規則によれば、そうした行為は武力による反撃を許容されるものであった。アメリカはイランに対して、それら機雷の敷設に力をもって対抗するであろうと警告を発した。アメリカ湾岸艦隊の司令官から許可を受けて、ヘリコプターからイラン船に対してロケットおよび機銃の砲火があびせられた。三人のイラン人船員が死亡した。翌朝、二六人の乗組員がアメリカ軍の捕虜となった。海軍はイラン船が六個ないし七個の機雷を敷設したとみていた。

国防省のあるスポークスマンは、機雷の敷設は「敵対行動」であるとしたうえで、アメリカが自衛のために行動したと言明した。国務省のある女性スポークスマンも、この事件を自衛として性格づけ、こうした場合に国家は「合理的かつ均衡した武力」を用いる権利をもっていると述べた。[83] アメリカ上院もこれに同意して、一〇月六日に次のような条項を含む修正案を口頭投票により採択した。それによれば、「イランの機雷敷設をやめさせるためのアメリカ海軍の武力行使は国際法上正当である。国際法はそれら積極的な行動を容認する枠組みを提供している。」[84]

（4）ポーランドにおける航空業務停止事件（一九八一年）

ポーランドに戒厳令が強行された事件とこれに対する国際社会の側からの当初の反応については、第三章においてすでに検討した。アメリカはこれらに対して、ポーランドおよびソ連に対する政治的および経済的な制裁を中心とする措置をもって対応した。たとえば一九八一年一二月三〇日、民間航空理事会（Civil Aeronautics Board）は、ポーランド航空ロット（Lot）の航空機がアメリカへ着陸する権利を差し止めた。またアエロフロート機のアメリカへの運航も停止された。イギリス、ベルギー、カナダおよび日本もポーランドに対する様々な制裁措置をとった。

着陸の権利の停止というアメリカの一方的な措置は、アメリカとポーランドとの間の一九七二年の航空運送協定[85]の条項に違反するものであった。とくに同協定は、権利の停止あるいは終了には一年の予告期間をおいた通告を要求していた。またポーランド航空ロットの場合は協定に定められている権利停止の理由のいずれにも該当しなかった。さらに協定は紛争が生じた場合には仲裁の前に協議すべき義務を規定していた。ポーランドは同協定の条項に従いこの事件を仲裁裁判に付託したが、判決が出る前に着陸の禁止が解除されたために、仲裁の手続きは停止された。[86]

（5）アリアナ・アフガニスタン航空に対するヨーロッパ諸国の乗り入れ禁止措置事件（一九八一年）

一九八一年三月二日、三人のパキスタン人反政府活動家がパキスタン国際航空の国内線旅客機をハイジャックし、カブールに向かわせた。同旅客機は七日間にわたりカブール空港の滑走路に留め置かれたが、その間にパキスタン人外交官が殺害された。パキスタンは、ハイジャックを実行したテロリストが食糧および武器の追加補給をアフガニスタン当局から受けていたとしてこれを非難した。アメリカはソ連の関与を非難した。その後、旅客機はシリアに飛び、忍耐強く続けられた交渉の結果、人質は解放された。三人のハイジャック犯人はアフガニスタンに送還され、そのうち一名はほどなくパキスタン国境線で逮捕された。パキスタンは残る二人の犯人の引渡しを、ヘーグ条約（航空機不法奪取防止条約）およびモントリオール条約（民間航空不法行為防止条約）にもとづいて要求した。

一九八一年七月、先進七ヵ国首脳は、カブール政府がヘーグ条約に違反したことを受けて、アリアナ・アフガン航空と締結されていた航空役務協定を廃棄すると決定した。しかしこの差し止め措置は、実際には一九八一年一一月三〇日にそれら二国間航空協定が定めている予告期間が経過するまでは実施に移されなかった。この措置が実施されたのは、事件発生後実に九ヵ月が経ってからであった。(87) それは一九八六年まで続いた。

航空業務停止措置も、ペルシァ湾岸の事件も、それほど大きな国際的な反響を引き起こさなかった。沈黙は諸国の態度のあいまいさを雄弁に物語る。それは対抗措置を講じる権利の拡張解釈への暗黙の同意あるいは是認を意味するものとみることもできる。しかし、むしろそれら事件はいずれもより広範な政治闘争の一局面として発生したものであり、それゆえその局外にある中立的な諸国がこれについて明確な態度をとるように求められるような種類のものとは思われなかった、という方が真実に近いと思われる。この国際的な沈黙がどのような動機によるものであったかにかかわらず、抗議を受けることなくなされたこれらの行動は新たな法的期待を産み出している。ペルシァ湾岸の事例はまた、自衛と力を用いた自助ないし自己保存との間のどこかに位置する「物理的強制力による対抗措置」という法理の適用限界が、いまだ国家実行によっては十分には確かめられておらず、また一貫性を欠いているということを示している。(88)

5　未解決の問題 —— 非公然の対抗措置

対抗措置の法理が政府エリートによって将来より広く援用されるようになるか、また法学者や裁判制度によって受容されるようになるかについて結論を述べるのは、まだ尚早であろう。ニカラグァ事件判決や航空役務協定事件の弁論に示されているように、この法理が主として武力報復と結びついた復仇と明確に区別された自律的な位置づけをもつようになったわけでもない。ニカラグァ事件判決が国家の自衛権を制限したこととの関係で、少なくともその限度内で、国家がその代わりに対抗措置の権利をより頻繁に主張するようになるかもしれない。しかしそれはこの法理がどの様に発展を遂げ、またどういう内容を形成していくかによるであろう。

非商業的な分野において、とりわけ法の執行やテロリズムへの対抗といったような分野において、この法理がどのような方向に発展するか、また効果的なものとなるかどうかを規定する二つの問題があるように思われる。第一は、この法理が果たして対抗措置の原因となった違法行為の重大性を国家が一方的に決定することを認め、また措置の均衡性をも国家が一方的に判断することを許容するものであるかどうかという問題である。第二は、措置の均衡性は原因行為との均衡性なのか、それとも復仇の目的との均衡性であるのかという問題である。制度に即した別の表現でおきかえれば、まず、対抗措置は国連の許容がない場合であっても公然たる軍事行動にまでおよびうるかどうか。次に、非交戦時復仇の場合に、戦時復仇の場合と同様、復仇行動に先立って事前通告をすることを必要とするか。そしてもしそうである場合、この通告はいかなる形式によるべきか。軍事的あるいは非軍事的ないかなる手段を用いるにせよ、そうでなければ合法とされるような対抗措置が、非公然の形態でなされたがゆえに違法になるということがありうるかなどが問題となる。

今のところ、国際的な判例も学説も、また国家の実行も、被害国が国際的違法行為に対する反撃として違法行為国に対して経済的および政治的な対抗措置をとることは認めてきている。航空役務協定事件やニカラグァ事件および国家責任条文草案第二部は、より強力な強制力を用いた対抗措置の形態を明文では排除していないが、しかし同時に、これを武力行使に関する憲章原則に従うものとしている。もっともすでに見たように、この憲章原則そのものが議論の的になってきているのも事実である。国際連合に結びついた公式の国際機関のあるものは、軍事復仇だけでなく軍事的対抗措置をも非難してきている。こうした努力が国際的な規則を創りだすような法生成的あるいは法適用的な効果をもつことに成功するかどうかは、まだ不明である。

ニカラグァ事件はこの点に関する法の一つの解釈を明確に示している。それは武力による対抗措置は、武力攻撃に対する反撃としてなされる場合にのみ、均衡性という国際法の要件をみたすものとなる、という解釈である。しかし、武力攻撃はもちろん自衛権の発動を許容するものであるから、これでは対抗措置の概念にたよる意味がなくなってしまう。こうして公式の国際機関においては、現実の武力攻撃が発生した場合をのぞき、軍事的な強制力を反撃のために使用することは禁止されたことになる。

確定的に述べることがより難しいのは、対抗措置の権利を国際法の他の規範との関係でどこに位置づけるかという問題である。たとえば「武力攻撃よりも規模の小さい」武力を用いるにすぎないものではあっても、なお干渉にあたるような対抗措置はどうか? あるいは低強度紛争の手段を用いる対抗措置はどうか?

次のような場合を想定してみよう。すなわちY国の国民を乗せた航空機がハイジャック犯人によって奪取された場合である。その航空機が給油のために着陸した後も、ハイジャック犯人はZ国に逃亡し保護を受けるまで乗客を人質にとりつづけた。Z国は東京条約、ヘーグ条約およびモントリオール条約に署名している。(89) この結果、Y国はZ国に対してこれらハイジャック犯人を処罰のために訴追するか、それともY国に引き渡すかすることにより、これら条約上の義務を実施することを求めた。しかし何らの措置もとられなかった。しかもZ国は条約の仲裁条項に従うことも拒絶した。ここまではパキスタン国際航空機ハイジャックの場合とほぼ同じであるが、その場合に、もし被害国がもっと強硬な対抗措置をとろうとしたら、どういうことになるのであろうか。Y国はZ国に対して合法的な対抗措置をとることができるか？　Y国はハイジャック犯人を裁判にかけるために捕まえることができるか？

この二つの問題への答えは必ずしも否定的であるとは限らない。Z国は被疑者を「引き渡すか、処罰するか」という義務を守らなかったことにより国際違法行為を行なった。またY国は（こうした事件でその必要があるとして）賠償の要求もしていた。最後に、このような事例において「均衡性」の要件は不可避的に精密さを欠く面を残すが、ハイジャック犯人の身柄の捕捉をZ国の違法行為と均衡するものと主張することはできるであろう。これらの可能性ゆえに、現在主張されているような対抗措置の法理をそのまま適用する場合の危険性についての危惧が生じてきている。

復仇と同様、対抗措置は、それが相手国の違法行為に対する反撃である場合に、そうでなければ違法であるような行為を行なうことをこれら措置をとる国に認めるものである。しかし対抗措置の法理は、これまで発展してきた限りにおいては、対抗措置としてであっても、それに違反し得ないほどに重大な規範があるか、あるとすればそれはいかなる規範かについて、何も基準を示していない。強制力の行使が均衡性の要件をみたさなければならないという一般的な要請を除けば、今のところ他の制限は何もないようにみえる。これは国際法委員会の作業の重大な手落ちであり、将来解決されなければならない問題である。

スコットランド地方ロッカビー（Lockerbie）上空で生じたパンナム機一〇三便爆破事件は、対抗措置の観念を無限定に押し通した場合にどのような事態が生じてしまうかをまさに示すものである。(90) この事件の実行者および背後で糸を引いたものが誰であるかについては、まだ確定的なことはいえない。(91) 今のところリビアが後で糸を引いていたと信じられているが、議論の展開のために、それがその数ヵ月前に発生したアメリカ軍によるイラン国籍のエア・バス撃墜への対抗措置あるいは復仇としてイランによって実行された行動と仮定してみよう。そしてイランが、たとえば「われわれは適当な方法によって、われわれが選ぶ時点に、反撃するであろう」というように警告をまず発し、ついで対抗措置は民間航空機一機に限って実行すると限定していたとすると、その行動はこの新しい法理のもとで合法なものとされるのであろうか？ 均衡性と差別性の基準は、不気味な明確性をもって充たされていたことになる。また復仇ないし対抗措置の、制裁としての効果および再発防止の効果は、たとえその措置が非公然になされたとしても、またアメリカがイランの責任を証明できなかったとしても、達成されたであろう。イランが関与したという疑惑があるというだけでも、将来アメリカ軍をより慎重にさせるのに役立ったであろう。

国際システムはそうした非公然の行動をも包摂するような対抗措置の法理を必要としているのであろうか？ アメリカはそのような法理を求めているのであろうか？

現在のところ、非公然の対抗措置は明示的には禁止されていない。対抗措置をとる前に賠償の要求をしたり事前に請求したりすべき義務は必要条件として一般に認められているが、犠牲国がさらに特定の対抗措置そのものを相手方に事前に通告すべしとする要請は、現行の先例法にもそれへの注釈のどこにも見いだせない。ある事例においてはそうした要請は措置の目的を実効的に達成することの妨げになったであろう。また他の事例では事前に警告を発することが可能であった。たとえばイランによる商業船舶の攻撃およびペルシァ湾への機雷敷設に対抗して、アメリカ海軍がイランの石油プラットフォームの破壊を計画した際には、アメリカ軍はプラットフォーム上にいた人々に対して、それが攻撃されることを事前に通告し、かれらが脱出する余裕を与えたのである。しかしこうした人道的な配慮がいつも可能であるとはかぎらない。しかし、通告と請求が一般的な要件とされる場合には、無警告でなされる対抗措置は違法とされることとなろう。

（1） Bowett, Reprisals Involving Recourse to Armed Force, 66 *A. J. I. L.* 1 (1972); F. Kalshoven, *Belligerent Reprisals* (1971); I. Brownlie, *International Law and the Use of Force by States* (1963); E. Zoller, *Peacetime Unilateral Remedies: An Analysis of Countermeasures* (1984); G. von Glahn, *Law among Nations* 494–501 (1976) 参照。

（2） 既に発生している武力紛争の中でなされる復仇は「交戦時復仇」(belligerent reprisals) と呼ばれる。Greenwood, Reprisals and Reciprocity in the New Law of Armed Conflict, M. Meyer (Ed.) *Armed Conflict and the New Law* (1989) 所収; F. Kalshoven, *Belligerent Reprisals Revisited* (1990) (on file with the authors); M. McDougal and F. Feliciano, *Law and Minimum World Public Order*, 689 (1967) 参照。

　ジュネーヴ議定書五一－五六条は、ハーグ条約およびジュネーヴ条約が規定する復仇の禁止を、文民、民生用の物、歴史的遺跡、芸術作品、人民の文化的精神的遺産である聖地、文民である住民の生存に不可欠の物に対するものにまで広げ、ダムや堤防、原子力発電所など危険を内蔵する施設や構築物への攻撃を禁止している。一九八〇年の「地雷、偽装爆弾（booby trap）、その他の装置の使用の禁止または制限に関する議定書」は、地雷、偽装爆弾、その他「攻撃用であれ、防御用であれ、または復仇のためであれ、文民である住民全体に向けられ、あるいは個々の文民」を殺傷する目的で手動で設置される装置を禁止している（三条）。これに対して、非国際的な武力紛争に関する議定書には復仇についての言及はない。

　グリンウッドは、議定書の制限は人道的な根拠からは意義あることであるが、しかし代わりの制裁を規定していないことを問題にしている。「議定書の復仇に関する規定は、一九四九年の諸条約と異なり、交戦者間の軍事バランスに重要な効果をもつ活動に関するものであり、紛争のいずれか一方の当事者が議定書の義務に違反することを意に介しないような場合には、他方に無理を強いることになろう。」前掲論文、at 246.

（3） I. Brownlie, *International Law and Use of Force by States* 281 (1963); L. Oppenheim and H. Lauterpacht, *International Law: A*

Treatise, vol. 2, at 152－53, 7th ed. (1952) ; P. Jessup, *A Modern Law of Nations* 175 (1948) ; D. Bowett, *Self-Defence in International Law* 13 (1958) ; J. Brierly, *The Law of Nations*, 5th ed., 324－25 (1963) ; Paust, Responding Lawfully to International Terrorism : The Use Of Force Abroad, 8 *Whittier L. Rev.* 711 (1986) ; Schachter, The Right of States to Use Armed Force, 82 *Mich. L. Rev.* 1620 (1984). これと反対の見解については、Zoller, 前出注（1）文献、at 62 ; Von Glahn, 前出注（1）文献、at 500.

（4） Bowett, Reprisals Involving Recourse to Armed Force, 66 *A. J. I. L.* 1 (1972).

（5） 1986 I. C. J. 1.

（6） 米仏航空業務協定事件仲裁判決 Case concerning the Air Service Agreement of 27 March 1946 between the United States of America and France (U. S. v. France), 18 R. *Int'l Arb. Awards* 417 (1978).

（7） Zoller, 前出注（1）文献、at xvi.

（8） ナウリラ事件仲裁判決 Responsibility of Germany for Damage Caused in the Portuguese Colonies in the South of Africa (Naulilaa Incident), 2 *R. Int'l Arb. Awards* 1011 (1928).

（9） Responsibility of Germany for Acts committed Subsequent to 31 July 1914 and before Portugal Entered into the War ("Cysne" case), 2 *R. Int'l Arb. Awards* 1035 (1930).

（10） Report of the International Law Commission on the Work of its Thirty-first Session : State Responsibility, [1980] 2 *Y. B. Int'l L. Comm'n* 117, (1980) (quoting *R. Int'l Arb. Aeards*, vol. 2, at 1025－26).

（11） Id. at 120－21 (quoting *R. Int'l Arb. Awards*, vol. 2, at 1056－57).

（12） コルフ海峡事件 The Corfu Channel Case (United Kingdom v. Albania) 1949 *I. C. J.*, 4.

（13） 本章「一九八七年のペルシャ湾での機雷問題」の項における議論を参照。

（14） 3 U. N. SCOR (1948).

（15） 19 U. N. SCOR (1964). Resolution of Apr. 9, 1964. 賛成九、反対〇、棄権二（英、米）で採択。

（16） 21 U. N. SCOR (1966).

（17） フランスは、アメリカ西海岸からパリへの運航途中に、パンナムがロンドンで使用機材をボーイング七四七から七二七に機種変更することを、一九六〇年の交換公文（この交換公文はアメリカが、ロンドン＝パリ間の運航権なしに、西海岸からロンドン経由でパリまで運航する航空機を指定できるものとしている）に違反すると主張した。この交換公文はまた、フランス政府が、モントリオール＝ロサンゼルス間の運航権なしに、パリからモントリオール経由でロサンゼルスに航空役務を提供する機種を指定することを認めていた。仲裁裁判付託合意に従い、機種変更問題は拘束力ある仲裁判決の手続きに付託されたが、アメリカの対抗措置に関する紛争は、勧告的意見手続きに付託された。

(18) 航空役務協定一〇条は、その中で次のように規定していた。

「本協定およびその付属書に別段の定めがある場合を除き、本協定およびその付属書の解釈または適用に関して、締約国間に生じた紛争は、協議によって解決できない場合には、三人の仲裁裁判官からなる法廷の勧告的手続きに付託されるものとする……」

(19) 前出注(6)判決、at 426–28.

(20) 同前、at 428.

(21) 同前、at 427.

(22) 同前、at 443.

(23) 同前、at 444.

(24) 同前、at 445.

(25) 同前、at 445–46. Damrosch, Retaliation or Arbitration — or Both? The 1978 United States-France Aviation Dispute, 74 *A. J. I. L.* 785 (1980) 参照。この事件でアメリカの次席代理人であったDamroschは、報復の伝統的な理論において、「報復的な条約不履行の合法性は、その報復がすでに発生した実損害に見合った対抗措置であるかどうかによって判断される」と主張した。さらに、「国家は、少なくとも第三者による解決手続きに合意している場合には、違反の有無について法廷が判断を下すまでは、対抗措置をとることはできない」と述べた。

この見解は学説先例上もまた政策的にも根拠があるものではない。第一に、裁判所は、ウィーン条約法条約第六〇条とは一致しないが、対抗措置を実施するために、実質的損害が発生していることを要件としてはいない。第二に、裁判所の決定は、「対抗措置の法理の適用にあたり、経済的な意味では均衡性の要件に合致しない対抗措置を、国家はとることができる」としている。さらに均衡性の判断にあたっては、決定に対する第三国の対処の仕方をも裁判所は考慮できる。とくに航空の分野においてはそうである。最後に、対抗措置をとる時期について、裁判所は「協定に仲裁条項があることは、法廷が設置されてから暫定措置を指示するまでの間に、アメリカが対抗措置をとることを排除するものではない」と結論している。

Damroschはその論文の後半部で、裁判所の決定に関して二つの問題を提起している。すなわち①報復は仲裁を阻害するか促進するか、②第三者による救済が利用可能であり、あるいは現に行われている場合に、国家は対抗措置をとることが許されるか、である。Damroschが、とりわけ仲裁に先行する報復が、当事者に交渉の動機づけをあたえ、また裁判所に問題を係属させる妥協をもたらすことを通じて、仲裁を促進するという裁判所の判断を支持していることは、とくに驚くことではない。一方の当事者だけが、原因となった違反によって損害を被っている場合には、とくにそのようにいえる。

(26) 前出注(6)判決、at 441, 447. 裁判所は、当事者が違法行為の存在を主張し、後に裁判所がこの主張を否定してこれを合法と認めるような場合に、違法行為があったという主張に基づいて既にとられた対抗措置が合法的といえるか、換言すれば、対抗措置に訴える前に、最初の違反が違法であることが確認されなければならないかについて、判断を下していない。

Damroschは「報復の前提となる違反だけが、報復的な違反を正当化する」という命題を問題とし、誠実の基準を支持して、国家は、国際義務の違反がなされたことを誠実に確信する場合には、対抗措置をとりうるとしている。こうしてDamroschは、この問題について三つの考え方を示している。すなわち①対抗措置は仲裁パネルが違反の存在を確認するまでは違法である、②対抗措置は判決に先立ってとりうるが、対抗措置に訴える国は、賠償責任のリスクを負う、③仲裁判断が出されるまでに執られた対抗措置は、先行する違反に関する裁判所の決定を基準とするのではなく、当事者の誠実な確信を実施するものであるかどうかによって評価される、という立場である。Damroschの誠実の基準は、この第三の立場をとるものである。しかし報復する権利は、裁判所が実効的な措置を指示する段階で、その判断に従うべきものである。しかも「違反への対応としてとられる対抗措置は、均衡性の要件をみたし、またその目的が達成されるかまたは事件が係属する裁判所の活動と一致しなくなった場合には、終了させなければならない。」この基準を支持して、Damroschは国家実行や衡平性を維持する必要、イラン人質事件などを引証している。Damrosch, 前出注(24)文献、at 792-97.

Zollerは、これとは異なる分析をしている。「航空役務仲裁の裁定は、いかなる意味においても、先行する違反を前提としてのみ報復とりわけ対抗措置が正当化されるという古典的理論を変更するものではない。」裁判所は、ナウリラ事件で示されたこの原則を変更することを意図しなかった。Zollerの議論は、英語の「主張された(alleged)」が『証拠を要せず』に『そのように宣言された』」を意味するのに対して、フランス語の「主張された(allegué)」が「根拠を引証する」という意味をもつという違いを根拠としている。つまり、合法的な行為に対して対抗措置とくに制裁をとることはできないと結論する。Zoller, 前出注(1)文献、at 95-96.

(27) 1980 *I.C.J.* 3, at 27-28.

(28) Id. at 43.

(29) 1980 *I. C. J.* 3, at 54 (Diss. Op. Morozov).

(30) 国際法委員会（ＩＬＣ）は、「世界の主要な法的伝統」を代表する一五人の委員によって構成され、その委員は順次交代する。2 U. N. GAOR, (Agenda Item No.117), U. N. Doc. A /505 (1947). ウィーン条約法条約やウィーン外交関係条約は、この委員会が起草した。

(31) 国際法委員会は、一九六三年から国家責任に関する法典化の作業を行なっている。国際責任の発生に関する条文草案の第一部は、一九八〇年に採択された。*Report of the International Law Commission on its Thirty-first Session,* 前出注（10）、at 91. 条文草案第二部は、国際責任の形態、内容、程度の問題を扱っている。（一条から五条は、暫定的に採択され、また六条から一六条は、起草委員会にまわされている）。Sixth Report on the Content, Forms and Degrees of International Responsibility (Part 2 of the Draft Articles; and "Implementation" (mise en oeuvre) of International Responsibility and the Settlement of Disputes (Part 3 of the Draft Articles, by Mr. Willem Riphagen, Special Rapporteur, [1985] 2 *Y. B. Int'l L. Comm'n* (part 1) at 3, U. N. Doc. A /CN. 4 /389 /SER. A /1985. 第三部は起草過程にあるが、それは国際責任の履行および紛争解決を扱っている。〔その後、一九九六年の第四八会期において、条文草案の第二部及び第三部も暫定的に採択された――訳者〕 Seventh Report on State Responsibility by Mr. William Riphagen, Special Rapporteur, [1986] 2 *Y. B. Int'l Comm'n* (part 1) at 1, U. N. Doc. A /CN. 4 /397 and Add. 1 /1986.

(32) Draft Articles (Part 2), 2 *Y. B. Int'l L. Comm'n* 1985, at 11.

(33) 同前、at 12.

(34) Nicaragua v. United States, 前出注（5）判例、at 127.

(35) 同前、at 350 (Diss. Op. Schwebel).

(36) 反対意見においてSchwebel判事は、対抗的干渉（counter-intervention）と対抗措置（countermeasures）とを互換的に用いている。同前、at 349.

(37) *Restatement (Third) of Foreign Relations Law of the United States* Sec.905(1987).

(38) 同前、at 381.

(39) Draft Articles (Part 1), at 106, Art. 30, Commentary (1).

(40) Draft Articles (Part 2), at 10, Art. 8, Commentary (2).

(41) Draft Articles (Part 1), at 121, Art. 30, Commentary (22).

(42) Draft Articles (Part 2), at 10, Art. 8, Commentary (3).

（43） Draft Articles (Part 1), at 121, Art. 30, Commentary (22).

（44） M. Nash, *Digest of United States Practice in International Law* 1979, Department of State, Office of the Legal Adviser, 700 (1975).

（45） A. Rovine, *Digest of United States Practice in International Law* 1974, Department of State, Office of the Legal Adviser, 700 (1975).

（46） 他の事例、例えばフォークランド紛争については、Reisman, The Struggle for the Falklands, 93 *Yale L. J.* 287, 311–14 (1983)、プエブロ号事件については、Butler, The Pueblo Crisis : Some Critical Reflections, 63 *Proc. Am. Soc'y Int'l L.* 7 (1969) 参照。アフガニスタンのムジャヒディン（Mujahidin）への援助の供与も対抗措置として分析ができるが、その事実関係についての検討は本章の目的を超えるので、ここでは取り上げない。

学者のなかには、先行する他の国の違法な武力行使に対する対抗的干渉を、均衡性を要件として、認める者もいる。例えば、「アフガニスタンにおける反体制派を支援することは、他の場合とは区別されるべきである。なぜならこの場合に限り、『対抗的干渉』となるからである。それは、先行する公然の大規模な外国の介入に対し、これに見合う応答であるに止まるから、もし同様の事態の場合に限られるのであれば、先例として有用であろう。」Falk, Book Review, 63 N. Y. U. L. Rev. 1376, 1385 n.7 (1988). なお Reisman, The Resistance in Afganistan is Engaged in a War of National Liberation, 81 *A. J. I. L.* 906 (1987) 参照。

（47） ミサイル危機の背景については、*Facts on File* 1962、参照。M. Whiteman, *Digest of United States Practice in International Law*, Department of State, vol. 4, 523–28, 676–77, (1965) ; vol. 5, 443–49, 1054–57 (1965) ; vol. 10, 10–18, 874 (1968) ; Sorensen, *Kennedy* (1965) ; A. Schlesinger, *A Thousand Days* (1965). 政策決定過程に関しては、G. Allison, *Essence of Decision* (1971)［邦訳・アリソン（宮里政玄訳）『決定の本質・キューバ・ミサイル危機の分析』（中央公論社一九七七年）］参照。；I. Janis, *Groupthink* (2d ed.1982)

（48） N. Khrushchev, *Khrushchev Remembers* 493–94 (1970).

（49） R. Medvedev, *Khrushchev*, 186–87 (1982).

（50） 一九六二年一〇月三日に採択された上下両院合同決議（それぞれ賛成八六対反対一、賛成三八四対反対七で採択）は、議会の次のような決意を表明するものであった。「（a）キューバのマルクス・レーニン主義者の体制が、その侵略的かつ反政府的な活動を西半球に拡大することを、必要な場合には武力の使用を含むあらゆる手段によって阻止する。（b）アメリカの安全保障を損なう軍事的能力が、外国の支援によってキューバ国内に創設され、また使用されることを阻止する。S. J. Res. 230, P. L. 87–733, 76 Stat. 697 (1962). なお、Whiteman, 前出注（47）文献、vol. 5 at 440–42, 1053–54 参照。

（51） キューバ・ミサイル危機の間に使われた情報収集の手法に関する卓越した議論、およびU２型機による偵察飛行の時期の決定における組織のダイナミズムの分析については、G. Allison, *Essence of Decision : Explaining the Cuban Missile Crisis*, 118–23

(1971) 参照。

(52) 完全なテキストは、Pub. Papers, *John F. Kennedy*, 806 (Oct. 22, 1962)、参照。ケネディは、演説に先立って、両党の一九人の議会指導者達に、その内容を簡略に説明した。一〇月二四日には、選挙キャンペーン中の議会メンバーのために、全米五都市で全ての議員に対して別々に、秘密のブリーフィングが行われた。*Facts on File* 1962, at 365.

(53) Whiteman, 前出注(47)文献、vol.5, at 447. 国連安保理での討議の記録については、S/PV. 1022, Oct. 23, 1962 ; S/PV. 1023, Oct. 24, 1962 ; S/PV. 1024, Oct. 24, 1962 ; S/PV. 1025, Oct 25, 1962 ; S/5182, S/5187, S/5190.

(54) Whiteman, 前出注(47)文献、vol. 5, at 445. ウルグァイは、本国政府の指令待ちであったので、一〇月二四日までは投票の記録がない。*Facts on File* 1962, at 362.

(55) アルゼンチン、コスタリカ、ドミニカ共和国、パナマ、ニカラグァ、グァテマラ。*Facts on File* 1962, at 364. 一〇月二五日、ハイチが支持を約束した。

(56) Whiteman, 前出注(47)文献、vol. 4, at 525 (quoting Cristol and Davis, Maritime Quarantine ; The Naval Interdiction of Offensive Weapons and Associated Material in Cuba, 1962, 57 *A. J. I. L.* 525 (1963).

(57) *Facts on File* 1962, at 364.

(58) Interdiction on the Delivery of Offensive Weapons to Cuba, Presidential Proclamation 3504, Oct. 23, 1962, 3 C. F. R. 232 (1959–63 Comp.). 禁止物資のリストには次の物が含まれていた。すなわち、地対地ミサイル、爆撃機、爆弾、地対空ロケット、誘導ミサイル、これらを装着する弾頭、以上の物を支援し運用するための機械的または電子的機器、国防長官が随時指定する他の品目である。隔離期間中、アメリカ海軍は隔離区域に接近する船舶に対して、一定の水道が危険であることを常時放送を通じて警告した。さらに国防省は、隔離区域内における潜水艦の浮上を誘導するために、海軍が「浮上命令」の国際コードを発するとともに、それ自体は無害な爆発音を発生させる装置を水中に投下するであろうと発表した。

(59) 一一月一四日、国防省は、東独の旅客船を含む共産国および非共産国の船舶四九隻が一〇月二四日以来、封鎖線を通過することが認められたことを公表した。*Facts on File 1962, at 398.*

(60) 一〇月二六日、フルシチョフはケネディに二通の書簡を送ったが二番目の書簡のなかで、キューバからのソ連ミサイルの撤去と引き換えに、アメリカがトルコからジュピター・ミサイルを撤去するよう提案した。ケネディは、一番目の書簡のみに返答することを選び、一〇月二七日にキューバからのミサイルの撤去を無条件で要求した。一〇月二八日、フルシチョフはモスクワ・ラジオを通じて、ケネディの要求を受け入れることを放送した。Whiteman, 前出注(47)文献、vol. 5, at 447 ; *Facts on File*

1962, at 374, 375.

（61） 中距離弾道ミサイルの照準に関するその後の続報はなかった。一〇月六日、アメリカは、四十二機のIL－28爆撃機が、キューバを出発したソ連輸送船上で確認されたことを公表し、それがキューバに持ち込まれたすべてのIL－28であることを確認した。Facts on File 1962, at 439.

（62） 一般的なものとして、57 *A.J.I.L.* (1963) および Panel : Cuban Quarantine : Implications for the Future, 57 *Proc. Am. Soc. Int'l L.* 1 (1963) 参照。

（63） キューバ危機の当時、ケネディ大統領の執行委員会（Executive Committee）に属したアチソン（Dean Acheson）は例えば、次のように語っている。

「私は、キューバ隔離が適正であったかどうかは、法的な問題ではないと結論する。アメリカの力と地位と尊厳が他の国から挑戦を受けたのであり、主権のもっとも源泉に近いところにある力と力の窮極の問題において、法は無関係である。われわれの生活のあり方を破壊することを受け入れるよう命じる法の原則があるとは思われない。法の歴史と思想の訓練を受けた実際的な人間たちが、先の一〇月にアメリカによってとられたような卓越した力の継続のために必要な行動を非難するような原則を創り出し、あるいはこれを一般的に受け入れるような状態を産み出したとしたら、それは驚きである。そうした原則は、不毛であるばかりか、規制の手続を発展させる上でも有害である。いかなる法も法を創り出す国家を破壊することはできない。国家の生存は法が規律する事項ではない。」

しかしアチソンは、次のように付け加えることを忘れていない。

「……キューバ隔離においてとられた行動において、既に受け入れられていた法原則が影響を及ぼしている。それら原則は、ありうべき衝突の過酷さを減少させるために用いられる手続き的な規整である。それら規整は、決定的な行動が取られることを遅らせる賢慮を要求し、冷却期間を設けたり、相手方の見解をも考慮させるものである。［Panel : Cuban Quarantine : Implications for the Future, Remarks by the Honorable Dean Acheson, 57 *Proc. Am. Soc. Int'l L.* 14 (Apr. 1963)］

例えばソビエトは、一旦は、二国間の外交交渉を通じて、隔離に関するアメリカの通報の受領を拒否したが、にもかかわらず国連においてはアメリカの立場の通報を受領し続けた。Facts on File 1962, at 347.

国際法はまたアメリカの決定の正当性の基盤を明確にするのに役立った。それゆえ、国務省の次席法律顧問は、海軍の作戦が平時封鎖でも戦時封鎖でもなく、むしろ隔離であるということを慎重に主張したのである。Whiteman, 前出注（47）vol. 10, at 874. さらに、ピッグス湾事件の場合と対照的に、ケネディ大統領は、米州機構と国連をアメリカの隔離作戦に関与させた。それはケネディが隔離をアメリカが実施することを発表した後ではあったが、しかし隔離宣言を宣言しかつ実施するよりも以前であった。

危機の期間中に国務省の法律顧問の任にあった Abraham Chayes は、危機の期間を通じて、法は「重要ではあったが決定的な要因ではなかった」と述べている。隔離が「公海上における船舶航行に介入するための海軍力の行使」を含んでいたという「厳然たる事実」を認めつつ、Chayes は、隔離は平和を維持するために地域機構によってなされた合法的な武力の行使であったと主張している。

「国際法の主たる目的は、戦争行為を規律することにあるのではなく、平和を維持し、平和を守ることにある。……たとえ団結しないことがいくつかの国家にとって目標であり続けたとしても、不関与の立場を維持することはとてつもない贅沢となった。いずれかの国の平和が脅かされることは、すべての国の平和に対する脅威であり、それゆえ平和の維持は集団的な責任となったのである。[Panel : Cuban Quarantine : Implications for the Future, Remarks by A. Chayes, 57 *Proc. Am. Soc. Int'l L.* 14 (Apr. 1963)]

(64) 国務省の次席法律顧問は次のように説明している。「[隔離は] 通航遮断という目的をもっており、またこれを実施するために海軍艦船が使われることから、報道関係者や他の解説者は、隔離を直ちに国際法上の『封鎖』の概念と類比的に捉えようとした。伝統的な『封鎖』が交戦状態あるいは戦争状態を前提要件とする限りにおいて、アメリカは隔離を封鎖によって正当化しようとはしなかったのである。」Meeker, Defensive Quarantine and the Law, 57 *A. J. I. L.* 515 (1963). 他方、「平時封鎖」の法理のもとでは、第三国の船舶は臨検あるいは拿捕の対象とはならない。

(65) Sorensen 前出注（47）文献、at 707–8.

(66) ただし、Wright, The Cuban Quarantine, 57 *A. J. I. L.* 546, 549 (1963) 参照。（Wright はこの論文のなかで、「一般国際法のもとでは国家は平時においていかなる物資の交易をすることも自由である」から、ソ連によるキューバへのミサイル輸送は何らのソ連による国際義務の違反を含んでいなかったという議論をしている。）

(67) Skubiszewski, Use of Force by States, Collective Security, Law of War and Neutrality, in *Manual of Public International Law*, 755 (Sørensen ed. 1968).

(68) 例えば、ソ連船長がその船の一部の臨検のみを認めた場合に、その船舶の航行継続が認められたこともあった。*Facts on File* 1962, at 397.

(69) McDougal, The Soviet-Cuban Quarantine and Self-Defense, 57 *A. J. I. L.* 597 (1963).

(70) Mallison, Limited Naval Blockade or Quarantine — Interdiction : National and Collective Defense Claims Valid Under International

Law, 31 *Geo. L. J.* 335, 345 (1962)（Whiteman, 前出注（47）文献、vol. 4, at 528 に引用されている）

（71） W. Reisman, *Nullity and Revision,* 842 (1971).

（72） グレナダ作戦の正当化のためにキューバ隔離の先例が引かれたことがあるが（e. g., Rostow, Law Is Not a Suicide Pact, *N. Y. Times,* Nov. 15, 1983, at A35）、ほとんど好意的な反応はもたらされなかった。一九六四年四月にキューバ上空飛行をアメリカが一九六二年一〇月二三日の米州機構決議によって正当化し続けようとしたときには、既に必要性基準はもはや有効に作用しなくなっていたというべきであろう。Whiteman, 前出注（47）文献、vol. 5, at 448.

（73） Panel : Cuban Quarantine : Implications for the Future, Remarks by the Honorable Dean Aceson, 57 *Proc. Am. Soc. Int' l L.* 14 (Apr. 1963).

（74） 7 : 00 P.M., Apr.14, Eastern Standard Time.

（75） 政治的暗殺に関する第三章の「エリートの反応を条件づけた要因」および第六章の「非公然活動の実行」における議論を参照せよ。

（76） *Keesing's Contemporary Archives* 1986, at 34263.

（77） 一九七八年、レバノンのイスラム教シーア派の指導者 Imam Moussa Sadr は、リビア訪問中に行方がわからなくなった。シーア派のムスリム社会の多くの人々が、これをカダフィの仕業であるとみている。

（78） *L. A. Times,* Apr. 16, 1986, at 1, col. 6.

（79） G. A. Res. 41 /38, Declaration of the Assembly of Heads of State and Government of the Organization of African Unity on the Aerial and Naval Military Attack against the Socialist People's Libyan Arab Jamahiriya by the Present United States Administration in April 1986, 41 U. N. GAOR (Supp. 51) at 34, U, N, Doc. A /41 /51 (1986).

（80） Arsanjani, *Survey of State Practice and Doctrine on Counter-Measures,* 116 (1989) (unpublished paper prepared for the United Nations Secretariat, Codification Division, on file with the authors).

（81） Zoller, 前出注（1）文献、at 40‐41.

（82） 他の例としては、リビアが支援したアブ・ニダール・グループ（Abu Nidal group）によるローマおよびウィーンの空港での襲撃、リビア人国外追放者への襲撃、カダフィ体制の崩壊を目指した秘密の軍事作戦におけるエジプトの協力を得るためのアメリカの努力の暴露、チャドのリビアに対する戦争におけるアメリカの援助、シドラ湾におけるアメリカ海軍の作戦、ベルリン爆撃の３日前に発生したＴＷＡ航空機の爆撃などがある。

（83） *Facts on File* 1987, at 685.

（84） モイニハン（Moynihan）上院議員は、「ウォルドック卿（Sir Claude Humphrey Meredith Waldock）は、コルフ海峡事件でイギリス政府の弁護人を勤めた後、同事件における裁判所の意見は、たとえ『武力攻撃』が発生していない場合でも、一国の権利を他国が強制力をもって拒否することを防止するために、武力を行使することを国家に認めたと書いた」と述べている。133 Cong. Rec. S13, 547-50 (daily ed. Oct.6, 1987) (Amendment No. 862 to the Foreign Relations Authorization Act, FY 1988, S. 1394)

（85） Air Transport Agreement, July 19, 1972, United States-Poland, 23 U. S. T. 4269, T. I. A. S. No. 7535.

（86） Malamut, Aviation : Suspention of Landing Rights of Polish Airlines in the United States, 24 *H. Int'l L. J.* 190 (1983) ; Van Houtte, Treaty Protection against Economic Sanctions, 18 *Belgian R. Int'l L.* 34, 48-49 (1984-1985).

（87） G. Levitt, *Democracies against Terror* 48-55 (1988).

（88） See 1949 *I. C. J.* 4 ; Zoller, 前出注（1）文献, at 70.

（89） Convention on Offenses and Certain Other Acts Committed on Board Aircraft, Sept. 14, 1963, 20 U.S.T. 2941, T. I. A. S. No. 6768, 704 U. N. T. S. 219 (Tokyo Convention) ; Convention for Suppression of Unlawful Seizure of Aircraft (Hague Convention) ; Convention for Suppression of Unlawful Acts against the Safety of Civil Aviation (Montreal Convention).

（90） Report to the President by the President's Commission on Aviation Security and Terrorism, May 15, 1990, at i.（この報告書は次のように述べている。「アメリカは、テロリズムを支援する一握りの無法国家を政治的、外交的、軍事的に孤立化させる努力をする必要がある。そうしたより積極的な政策には、テロリストを受け入れている国家内のテロリストの宿営地に対する先制的あるいは報復的軍事攻撃のための訓練が含まれるべきである。それら直接の攻撃が適当でない場合には、委員会は、テロリズムの防止、中断、対抗のために、秘密工作を含むより規模の小さい選択肢をとることを勧告する。」）

（91－訳注） このパンナム一〇三便爆破事件はその後一般にロッカビー事件と呼ばれるようになった事件である。本論での議論の帰趨には直接影響しないが、その後の進展を若干補足しておくことにする。事件後の早い段階から、英米はリビアの犯行と断定し容疑者引き渡しを要求した。拒否したリビアに対し国連安保理は九二年一月、武器禁輸や在外資産凍結などの制裁を科した（安保理決議七三一）。同年三月、リビアは逆に英米の引き渡し要求が「民間航空の安全に対する不法な行為の防止に関するモントリオール条約」違反であるとして、英米に中止命令を出すよう国際司法裁判所に提訴した。この提訴後安保理は新たに国連憲章七章下の措置として引き渡しを命じる決議を採択した（決議七四八（九二年）及び決議八八三（九三年））。九九年になってアラブ諸国などの仲介を受け入れたリビアは容疑者の引き渡しに応じた。その後、オランダの元米軍基地に設けられた英スコットランドの特別法廷で審理が行われ、二〇〇一年一月三十一日、リビア人二被告に対する判決が言い渡され、被告の内元リビア情報部員は有罪、手助けをしたリビア航空職員は無罪とされた。この判決で一応実行者は公的・国際的に特定されたことになるが、リビア政府の関与する「国家テロ」であったかどうかは不問に付されたので、「背後で糸を引いていたのが誰か」はいまだ国際的には確定されていないことになる。

第六章　アメリカの国内手続

アメリカはその外交関係を処理するにあたり、外交・経済・イデオロギー・軍事の四つの基本的な戦略手段をさまざまに組合せて用いている。いずれの手段も公然・非公然の両用に使うことができる。アメリカの非公然の活動は、より広範な、その全てが非公然とは限らないイデオロギー的、経済的、政治的、軍事的な戦略の戦術的な局面にすぎない場合がしばしばある。

憲法体制と外交との狭間で生じるすべての問題と同様に、非公然活動によって提起される憲法上の問題は、どうすれば、建国以来の国民的価値との一致を保ちながら、効率性、経済性、権力分立、そして責任という要請を相互に適正に調和させることができるかということにある。そのために立法府の行政府に対する公式あるいは非公式の監視という手続きが用いられてきている。戦後におけるこの問題の歴史は、行政府と議会との関係が徐々に悪化するなかでの規制と調整の努力の積み重ねとして特徴づけることができる。両組織間の調整の特徴的なやり方は、世論による危機の程度の認識に対応させるという処理の仕方であった。つまり、危機の認識の程度が高いほど、行政府に多くの行動の自由が認められてきたのである。公的な議論の重要な部分が、実際に危機がどの程度のものなのかということに集中した例は決して珍しくはなかったし、その場合、行政府のなかでも情報部局が危機を誇大にとらえる傾向があるとしばしば考えられてきた。後にみるように、両組織間の調整のいずれの仕方も十分にうまく機能してきたとはいえない。

この章では、国内憲法過程が非公然の行動の計画や遂行をどのように調整しあるいはこれに制約を課しているかについて簡単に検討してみたい。これまでの章と同様、ここでの目的は政策的な評価と勧告を行なうためにこれまでの傾向を概観し、将来のありうべき方向を予測することにある。(1)

一九五四年に、ドリトル委員会は次のような結論を下している。

「今や明らかなことは、世界支配の目的を達成するためにはどんな代価でも払い、またいかなる手段をも用いることを公言している不倶戴天の敵と、我々は対決しているということである。このゲームにはいかなるルールもない。これまで受け入れられてきた人間の行為規範は適用されない。(2)」

アメリカが公式の戦争状態にはなかったということからすれば、これは常軌を逸した言明である。この言明がほとんどヒステリーに近く、あるいはヒステリーをまき散らす性質をもつものであることを強調するのはたやすいことであるが、時代錯誤を回避するために、このドリトル委員会の結論で「敵」とされているのが、力と収容所列島によって膨張的な全体主義帝国を支配したスターリン体制であって、分解しつつある帝国の大統領であるミハエル・ゴルバチョフではないことを想起しておこう。この極端な見解の帰結の一つは、アメリカ国民や、議会でさえも十分には知らない活動を正当化し、これらに対する監視を排除するとまではいえないにしても、それを制限することにある。

現在のところ、非公然の活動を規律する国内法はほとんどない。アメリカによって支援されたピッグス湾への侵入の際のフルブライト上院議員の場合のように、有力な議員にはあらかじめ情報が提供されるが、それは法に基づいてなされるのではなく、政治的な配慮からなされていたにすぎない。一九七〇年代中葉には、非公然の活動の授権、監視あるいは実行を規律する公式の国内的な制度手続きが法制化されるようになった。(3)しかしこの手続きには意図的に曖昧さと不透明さが組み込まれている。それは、非公然の活動を実行する際に行政的な効率性を確保する利益と民主的な手続きの核心をなす責任原理との間の、緊張の存在を反映したものである。全体主義的かつ権威主義的な体制には、もちろんこうした問題は発生しない。

1　憲法上の権限

立法府による授権なしであるいは立法府への通告をせずに、非公然の活動を実行する行政府の憲法上の権限は、アメリカ建国以来、権力分立に関する議論の主題とされてきている。ジャクソン連邦最高裁判事はヤングスタウン事件において、「ハミルトンはマディソンと釣り合わされるであろう」(4)と述べている。行政権力の独立性を支持する論者は、「大統領は国家の対外関係における唯一の国家機関である」と主張する。(5)さらに憲法は「大使、その他の使節および領事を任命」(6)し、「大使およびその他の使節を接受」(7)することを行政府の権限として列挙している。さらにまた大統領は、外国の攻撃から国家を防衛するために必要なあらゆる固有の権限を、(8)最高司令官としての憲法上の権限とともに保有していると主張されている。もちろん法の誠実な執行を管理する行政権限(10)をもっていることは言うまでもない。外国での非公然の活動も大統領に与えられた「行政権力」の一部をなすという主張もなされている。(11)この点に関して最高裁判所は、「議会が知っていながら、長期にわたって行なわれ、またかつて一度も問題とされなかったような体系的で一貫した行政慣行は……『行政権力』の範囲に属するものとして扱うことができる」(12)と述べている。少なくともジェファーソン大統領以来、慣行上、行政府は議会の特定の授権なしに非公然の活動を実行してきたし、ある場合には議会の授権の範囲をこえて行動してきた。(13)

他方、議会は「戦争を宣言し、捕獲免許状を発給」し、「陸海軍を管理、規律する規則を制定」する権限(14)を、憲法上与えられている。議会はまた財政を所掌する権限[15]を有しており、議会の権限を強調する論者によれば、さらにその系として歳出が適正になされることを監視する黙示の権限をもつとされる。最後に、議会は「以上の諸権限、およびこの憲法により合衆国政府およびそのいずれかの省庁に与えられた『その他のすべての』権限を行使するのに必要かつ適当なあらゆる法を制定[16]」するものとされている（強調は著者）。

これらに関する十全な憲法論議は他に譲ることにしたい。もっとも基本的な問題に関する論議がそうであるように、この論争も果てしなく続き、結論は出ない。[17]はっきりしていることは、そしてこの議論の共通の前提は、非公然の活動を実行する行政府の権限は、もしそうした権限があるとしても、制定法上の授権を別とすれば、それは黙示の憲法上の権限から生じるのであり、明文で列挙された権限ではないということである。

2　制定法上の権限

非公然の活動についての制定法上の権限は一九四七年の国家安全保障法第一〇二条(d)(5)の中に見出される。同条の関連部分は次のように規定している。「国家安全保障会議の指示に基づいて、情報局は以下の職務を有する。…(5)国家安全保障会議が随時指示するところに従い、国家の安全に影響をもつ情報活動に関連する職務および義務を実施すること。[18]」この文言はやがて、ほとんど異論なしに、[19]行政府が非公然の活動を実施することを授権したものと理解されるようになった。その後の大統領による非公然の活動に対する議会の黙認は、それ以外に考えようがない。非公然の活動が立法のなかで黙示的にせよ認められていることは、一八六八年の人質法[20]のように特定の問題を規律する制定法の内容からも推し量ることができる。非公然の活動に関して制定法上の基礎づけに疑義があるとされた際には、海外援助法（一九六一年）のヒューズ・ライアン修正[21]（一九七四年）や一九八〇年情報活動監視法[22]といったものがそれらの疑義を取り除いてきている。さらに情報局の権限および歳出に関する諸法は、少なくとも議会内に情報局委員会が設置されて以来、海外における非公然の活動を細目化して授権する手続きを定めるものとなっている。

一九四七年の国家安全保障法が制定法を通じて非公然の活動を許容することについての議論をほとんど引き起さなかったにせよ、それは、そうした活動を実施する可能性があるのは誰であり、それがどのような範囲におよびうるかに関してはまったく逆の効果をもった。同法で暗黙のうちに想定されていた事柄は、その後の国家安全保障局の指令において、「平時においては、中央情報局（ＣＩＡ）の機構にそれら［非公然の活動］に対する責任を負わせ、これを中央情報局長の全般的な監督のもとになされるスパイ活動および反スパイ活動と関連づけること」が必要であると明記されるようになった[23]。しかしながら、「戦時において、あるいは大統領が指示する場合には、すべての非公然活動計画は統合参謀本部と調整されなければならない。アメリカ軍が関与している現実の戦場においては、非公然活動はアメリカの現地司令官が発出する直接の指令のもとで実施される……。」中央情報局が専属的な権限をもつべきであるという情報局側からの要求は、事実、軍の側からの抵抗を受けたのである。さらに非公然の任務は情報局内部でも専属的な権限とは考えられなかった[24]。

一九七四年のヒューズ・ライアン修正も一九八〇年の情報活動監視法も、とりわけ、それ以前において何が慣行として受容されていたかを制定法として明確化した。そこにおいては中央情報局が非公然の活動を実施する主要な政府機関であるとされている。さらに行政命令一二、三三三号（一九八一年）は、次のように規定していた。

「中央情報局（あるいは議会が宣言した戦争の期間ないし戦争権限決議（87 Stat. 855）のもとでの大統領の議会に対する報告が指定するいずれかの期間においては、アメリカ軍）を除いて、いかなる他の機関も、大統領が特定の目的を達成するために特にその機関が望ましいと決定しない限り、特殊任務を実施してはならない。[25]」

この行政命令の前半部分における明確な規制は、大統領に実効的な決定権を留保する「しない限り」を含む節により曖昧になっていることに注意を払う必要がある。一般的には制定法や行政命令の用語は排他的な権限を規定するものではない。[26] イラン・コントラの例が示しているように、どの行政機関が非公然の活動を実施する権限を認められ、あるいは排他的に認められるかどうかは、必ずしも常に明らかであるわけではない。[27] 麻薬取締局（DEA）や連邦捜査局（FBI）はともに、明らかに平時において非公然活動を実施する権限をもっているようにみえる。[28] 紛争時あるいは将来における公然の任務の準備段階の時期においては、国防省の内部機関もまた特殊任務を実施する。[29] たとえば、外国に対する公然ないし非公然の軍事援助は、概ね、国務長官の「一般的指令」のもとで国防省を通じて管理されている。[30] さらに公式には中央情報局によって非公然に実施される任務のあるものは、現在では、「民主主義のための全米基金」(National Endowment for Democracy) のような準公共的な団体によって公然と実施されている。[31]

3　説明責任の所在

非公然行動、非公然活動、非公然の干渉あるいは特殊任務などのいかなる名称で呼ばれるにせよ、ほとんどの非公然活動は「裁定」(Finding)[32] という形態による大統領の承認を必要としている。すなわちそれら活動を実施するためには、大統領がその活動を「特定の外交政策目標を実現するのに必要」であり、「アメリカの国家安全保障にとって重要である」と決定する必要がある。[33] しかし大統領が非公然の活動の提案を手にする前に、その提案は行政部局内部における検討を受ける。この過程は制定法によって規律されているのではなく、行政命令によって創設されたものであるから、一方的かつ秘密裏に変更することのできるものである。このために行政部局内に設けられる委員会の名称や担当官は各省庁に応じて異なるが[34]、国際法および国内法の観点からの法的な検討がこの過程のいずれの段階でなされるか、あるいはなされうるかを理解するためには、この過程の大枠を示しておく必要がある。

非公然の活動が「作戦幹部会」（Directorate of Operations）の発意によるものである場合には、その提案は、作戦次官補佐、情報部幹部会の総務および理事を含む中央情報局の高官からなる非公然活動検討機関[35]によってまず検討される。提案はこの機関からさらに局長にまわされ、最後に長官にまわされる。

長官の承認が得られた場合には、提案は国家安全保障会議（ＮＳＣ）の幕僚作業部会に回される。この部会は国家安全保障計画部会（National Security Planning Group, NSPG）の幹部によって構成されるが、場合によっては国家安全保障会議の法律顧問をも含むものであるかもしれない。いずれにせよその構成は徐々に変化してきている。その後、提案は、特殊活動について大統領に助言することをその任務とする国家安全保障会議の一委員会である国家安全保障計画部会に回される。

国家安全保障計画部会の構成員には、副大統領、国務長官、国防長官、中央情報局長官および国家安全保障問題顧問が含まれる。しかしこの委員会の構成員の指名は大統領の裁量に委ねられており、従ってその構成員は時代に応じて変遷がみられる[36]。

カーター政権下において発せられた行政命令一二、〇三六号、すなわち「合衆国の海外情報活動を規律する命令」（一九七八年一月二四日から一九八一年一二月四日にかけて有効）は、特殊活動を検討する委員会の会合はいかなるものであれ、司法長官を含む指名された行政府の人員を構成員として「含まなければならない」と規定していた。しかしその後をうけて発せられた行政命令一二、三三三号は、「委員会は……各特殊行動に関して、大統領に対して、反対意見を含む政策勧告を検討しかつ提出しなければならない」と規定するにとどまった。国家安全保障計画部会は、提案を中央情報局長官に再検討のために差し戻すか、中止を命じるか、あるいは承認をうるために大統領に送付する。

大統領が非公然の行動を承認する場合には、署名済みの「裁定」が（ほとんどの場合、「通告覚え書き」(memorandum of notification) および国家安全保障顧問の覚え書きとともに)、中央情報局長官、国家安全保障計画部会の構成員およびその特殊行動に関与ないしこれを支援するよう指令をうける各行政部局の長に送付される。この時点で、大統領、中央情報局長官あるいは関連行政部局の長は、上院情報活動調査特別委員会 (Senate Select Committee on Intelligence) あるいは下院常設情報活動調査結果特別委員会 (House Permanent Select Committee on Intelligence of the Finding) にその内容を通知する。(37)「特別の事情」がある場合には、議会の指導者の一部の者にだけ、計画の概要が伝えられるにとどまる。(38) しかし一九八〇年の情報部監視法は、その後の修正により、事前に通知されない非公然の活動については、大統領は「情報活動調査関連の諸委員会に、適宜に、時を得た十分な情報を提供しなければならない」とも規定している。(39) 大統領および中央情報局長官は一定の時間を越えて通知を留め置くことのないようしばしば委員会と「合意」してきている。(40) 他方で、法律顧問局による一九八六年の意見書は、「諸要因を総合的に判断すると、『適宜に』の文言は、要するものとされている通知をいつ行なうかについての判断に関する大統領の完全な裁量を実質的に残すように読まれるべきであるという結論が支持される」(41) と述べている。これに対して、一九九一年の情報活動授権法への合同説明会議の報告書 (Joint Explanatory Statement Vice Conference Report) は、この見解を退け、「適宜、時を得た」の文言は「憲法の規定するいかなる権限とも一致するように解釈されるべきである」とする議会の意見に留意している。

議会の構成員が非公然の活動について事前に通知をうけるのは、活動の事前審査に関する憲法上の権利に基づくというよりは、一九四七年の国家安全保障法の第五部（Title V）の監視および通知に関する規定に従ったものである[42]。修正された第五部は、「この部のいかなる規定も、いかなる予想される重要な情報調査活動についても、その開始に先立って情報調査委員会の承認をうることを要求するものと解釈されてはならない」と、婉曲的な表現で非公然の活動について規定している。しかしこの非公然の活動が戦争権限をも含むものであるとすれば、議会は非公然の活動についてもこれを事前に審査するより広い憲法上の権利を持ち出すであろう。議会はまた、もし非公然の活動がアメリカの要員を「敵対行動へ巻き込む差し迫った可能性のあることが、当該状況から明らかであるような場面」に送り出すような場合には、戦争権限決議の協議報告条項に訴えることもできよう。しかし軍以外の要員によって実施される非公然の活動にこの決議を適用することは、同決議草案の審議過程からみて問題である[43]。戦争権限決議が援用されることがあれば、行政府は議会に通報することもありうるが、これはあくまで礼譲（comity）としてなされるものであることは、いずれの政権も一貫してこの決議の憲法との整合性を争ってきたことからも明らかである。

実際には、議会の構成員はその監視任務の遂行として、非公然の活動に関する大統領決定に異議を申し立ててきたし、当該活動の開始に先立って大統領に対して（報道関係に対する以上に）、そうした異議が存在することへの注意を喚起してきた[44]。また、しばしば大統領はこれを受けて行動計画を変更した[45]。さらに議会は、ボーランド＝クラーク修正にみられるように、禁止立法を作成することにより、大統領のイニシアチブを無効化しあるいは制限することを試みることもできる。その場合でも、行政はそれらの提案が憲法に抵触するものであることを、理論上は主張することができたであろう。しかし実際問題としては、議会の大多数によって強く支持されている見解は、相当に大きな政治的な費用を支払う覚悟がなければ無視することはできないであろう。

議会の監視は非公然の計画が承認されて開始されても、それで終わるわけではない。たとえば上院情報活動調査委員会は一年の四半期ごとに非公然の活動計画をすべて再検討する[46]。それぞれの計画は、一九八五年に初めて作定された十一の基準に則って評価される。この基準には、とくに次のことが含まれている。

6. われわれが支援している相手方の性質はどのようなものか？　彼等は民主的手続と人権を尊重しているか？

11. この計画が非公然になされていることにどの位の重要性があるか？　またそれをどこまで秘密にしておくことができるか？　それが周知となった場合に、国際法のもとで正当化できるか？[47]

さらに、一九八八年には会計検査・調査部局が監視の過程の一環につけ加えられた[48]。会計検査部局は、公認会計士、政府会計調査官および調査補佐員によって構成される。会計検査部局は非公然の行動計画を検討し、情報部局の所掌する会計を検査し、規則が遵守されているかどうかを調査し、特別情報閲覧計画（special access project）の財政管理および内部会計監査を実施する。これは立法府の監視としては、他のいずれのものよりも公開度の高い徹底したものである[49]。

大統領府の諜報監視会議（Intelligence Oversight Board, IOB）および海外諜報諮問会議もまた非公然活動のなかで周辺的な機能を営む。IOBは三人の構成員よりなるが、その一人は海外諜報諮問会議の構成員から選ばれ、議長役をつとめる。IOBは、とくに「いずれかの構成員が……憲法、アメリカ法令、行政命令あるいは大統領の命令に反すると信じる諜報活動」がある場合に、これを大統領に伝えることを任務としていた[50]。もっとも、少なくとも公表された一事例においては、IOBの総務は、実行段階にあった非公然活動を合法とする意見を提出している[51]。

大統領の海外諜報諮問会議は、最初、アイゼンハワー大統領の時代に（海外諜報活動顧問会議として）創設され、カーター大統領の時代に解体され、レーガン大統領の政権下で再建された。行政命令一二、五三七号によれば、同会議は「情報収集、その分析および評価、防諜およびその他の諜報活動の質、量、適切性を評価する」ものとされている[52]。同会議は、少なくとも半年に一度、直接、大統領に対して報告を提出することを要求されている。大統領の海外諜報諮問会議はしばしば不明確な任務をも実施してきている。しかし一九九〇年にブッシュ大統領はその構成員をそれまでの一四人から六人に減らす措置をとった。この員数の削減とブッシュ政権による指名委員の顔ぶれ[53]は、この会議がアメリカの情報活動に関する政策の形成に今後より大きな役割をはたすようになることを示唆している。現在の会議の陣容は科学技術的専門性と外交政策および情報活動における経験の両者を兼ね備えている。

大統領府のＩＯＢや海外諜報諮問会議は長期的にみれば事後的に非公然活動を審査するものとなるかもしれないが、行政命令は、それらによる非公然活動の調査・監視を直接的な手続きに組み込んでいるわけではない。その影響力は限られたもののようにみえる。各省庁の長はこれらに対してすべての「必要な」情報を提供することを求められているが、しかしそれも「法により許される限りで」そうすることを義務づけられるにとどまる。[54] ほとんどの論評は、海外諜報諮問会議は今日までほとんど機能していないことを示唆している。ＩＯＢは、おそらくその規模がより小さいために、監視とか非公然活動といった範囲の外にある事項、すなわち諜報問題に関する独立の検討や失敗した諜報活動についての事後報告に限っては、より影響力をもってきた。そういうわけで、イラン・コントラ事件の場合は、ＩＯＢの活動の成果は惨めなものであった。

4　非公然活動の実行

非公然活動は広い範囲にわたるその担い手およびその活動から成り立っている。しかし制定法の文言および行政命令からは、何が非公然の活動に含まれるか明らかではない。たとえば行政命令一二、三三三号は、特殊任務（special activities）という遠回しな言い方で、非公然の活動を次のように定義している。

「……外国において国家の外交政策目標を支援するために実施される行動であって、合衆国政府が関与していること、あるいはそれら行動を支援する役割を担っていることをはっきりさせずに、あるいは公然とは知られないように計画されあるいは実行されるものをいう。それらは、合衆国の政治過程や世論、政策あるいはメディアに影響をおよぼすことを意図しないものであって、また外交活動や情報の収集および流布あるいはそれらに関連した活動の支援を含まない。」

一九九一財政年度の情報活動授権法は、「非公然の活動」について制定法としてはじめて定義を下しているが、それは行政命令一二、三三三号における「特殊任務」の定義にとって代えることを意図したものである。同法によれば非公然活動は以下の様に定義される。

「……外国の政治的、経済的あるいは軍事的条件に影響をおよぼすために合衆国政府が行なう単一あるいは複数の活動であって、合衆国政府の役割が明らかにならないように、あるいは公然と知られることのないように意図されたものであるが、次のものを含まない。

(1) 情報入手を主要な目的とする活動、伝統的な防諜活動、合衆国政府の計画あるいは行政活動の運用上の安全保障を維持改善するための伝統的な活動、

(2) 伝統的な外交ないし軍事活動あるいはそれら活動の日常的支援活動、

(3) 合衆国政府ないし法執行機関によって実施される伝統的な法執行活動あるいはそれら行動の日常的な支援活動、あるいは

(4) 外国におけるその他の合衆国政府機関の公然の活動（第（1）（2）ないし（3）項に記されるもの以外の活動）を日常的に支援するための活動。

しかし国際政治および国際法の観点からみれば、これら行政命令あるいは立法に含まれる定義は十分に包括的なものとはいえず、この章の最後で示されるように、非公然の活動の範囲を明確化しようとする制定法の試みには、曖昧さが隠されている。たとえば秘密裡の外交使節の派遣は非公然ではあるが、にもかかわらず、アメリカの非公然活動に関する国内手続きは適用されない場合があろう（第一章の表一参照）。実際、アメリカの非公然活動の範囲には、アメリカが背後で糸を引いているということをはっきりさせないように実行される「特殊任務」だけでなく、同盟国への情報提供とか海外への逃亡者の逮捕といったような、その性質上、そうした活動自体を秘匿することが必要とされるような内密の活動が含まれているのである。それゆえ、ヒューズ・ライアン修正法の定義が非公然の活動の範囲をもっとも近似して表わすものとなっている。そこでは「必要な情報を入手することを唯一の目的とした活動」(55)以外の活動というように、逆からこれが定義づけられている。しかしこの議論はほとんど非実際的なものともいえる。というのは、上院情報調査委員会は「中央情報局（ＣＩＡ）も議会も［ヒューズ・ライアン修正の］『唯一の目的』基準を適用したことは、同修正の採択以来一度もない(56)」と結論しているからである。

政治的活動や陰謀、宣伝および軍事的あるいは準軍事的な活動(57)を含む非公然の活動は、合衆国情報活動に関する大統領の行政命令の一般的な原則、およびその他の関連する行政命令あるいは大統領の指令にしたがって実施される。これら命令は後に国家安全保障決定指令、国家安全保障会議情報指令およびもっとも重要なものとして局令や省令によって履行される(58)。行政命令一二、三三三号の指示に基づき、この履行手続きは司法長官によって審査され(59)、また慣行上の約束事として、議会の委員会による審査をうける(60)。

政治的活動や陰謀の手段には、非公式に助言をあたえることから、選挙に影響をあたえようとする秘かな試み、クーデタや政府転覆の陰謀への直接の関与に至るまで、多くの選択肢がある。アメリカが戦後イタリアのキリスト教民主党に資金援助したのは、国民投票におけるイタリア共産党の敗北を企図したものであった。またエドゥアルド・フライその他に対する密かな資金援助（一九六四〜一九七三年）は、チリにおけるサルバドル・アジェンデの大統領への野望を打ち砕こうとするものであった。この二つはＣＩＡが関与したことが比較的よく知られている「選挙への関与」の例である。これら選挙を左右しようとする試みと並んで、イタリアでもチリでも、また最近ではニカラグァでも（もちろんその他の場所でも行なわれているが）、海外の報道を動員し、あるいはこれに影響を及ぼそうとする活動が展開された。一九五四年のグァテマラでの活動、一九五三年のイランあるいはチリでのクーデタは、いずれも政治的活動の類型のうちで二番目によく使われるものの例である。しかし政治資金援助は、今後ますます、「民主主義のための全米基金」のような公的な団体を通じて公に管理されるようになると思われる。(61) この傾向は、候補者への密かな援助は益よりも害のほうが大きいという見方および政治的な現実が改めて確認されはじめたことを示しているように思われる。

前に述べたように、プロパガンダとは好ましい結果をもたらすために外部の聴衆の世論や行動に影響を及ぼすことにより国家的目標を支援する情報伝達のことをいう。外交的手段はエリートを相手として情報伝達することをめざすのに対し、イデオロギーやプロパガンダの手段はより広範な国民一般を相手にする。「プロパガンダ」という語は、ドイツのゲッペルスがそうしたように、あからさまな虚偽や呪文のような言葉によって民衆を焚きつけたり方向づける国内での試みとしばしば結びつけられるが、より広くまた偽善がかった形態では、すべての情報が伝えられていたならそうしなかったような態度をとらせるために、多様なメディアを通じて国外の聴衆に、たとえ誤った情報ではないにしても選別された情報を伝えようとする試みのことを指す。アメリカの学説ではプロパガンダの三つの色合が区別されている。すなわち、「黒色のプロパガンダ」は、たとえば「虚偽の旗」のもとでなされるラジオ放送のように、本当の情報源以外の何者かから発せられたように見せ掛けた情報伝達のことをいう。「灰色のプロパガンダ」は、情報源が特定されない情報伝達のことをいう。「白色のプロパガンダ」は、本当の情報源が明かされて発信される情報のことをいう。[62]

アメリカのイデオロギー的手段のうちで主要なものは、「ラジオ自由ヨーロッパ」（Radio Free Europe）、「ラジオ・リバティ」および「アメリカの声」（Voice of America, VOA）である。[63] これら三つの放送局は今日ではいずれもその業務を公開しているが、かつてはラジオ自由ヨーロッパとラジオ・リバティがCIAを通じて密かに資金をうけていたし、またVOAは公然の軍事作戦および心理作戦のために使われていた。それゆえこれら放送局は、アメリカの非公然の活動に関する論議において常に多少とも言及されてきたのである。

ラジオ自由ヨーロッパは国際放送評議会（Board for International Broadcasting）によって運営される準公的団体である。ラジオ自由ヨーロッパは東欧の全域をカヴァーする放送を流している。ラジオ・リバティは、これを補完して、ソ連に放送を流している。両放送局の任務は、放送メディアを通じて、東欧およびソ連における民主主義の発展を勢いづけることにある。ラジオ自由ヨーロッパは、一九四九年に民間企業として設立されたが、その設立にあたってはCIAがダミー会社を通じて秘かに資金を提供した。ラジオ・リバティも、一九五一年に同様の仕方で資金の提供を受けて設立された。一九七三年に両放送局は合併して国際放送評議会となり、それまでの秘密資金に代わって、直接に議会から予算配分をうけるようになった。同様の業務を中国向けに実施する「アジアの声」（Voice of Asia）は、一九五一年に放送を開始したが、一九六五年に業務を停止した。

「アメリカの声」（VOA）はアメリカの情報庁が業務を実施するアメリカ国営放送局である。VOAは、ギリシャ、スペイン、ポルトガル、ドイツ、リベリアおよびマニラなどにある中継局から、世界中に向けて放送を行なっている。それは最近、イスラエルのネゲヴ砂漠に三億ドルの放送発信施設を建設する計画を継続すると発表した。[64] VOA放送は、ヨーロッパおよびドイツの占領地域に情報を提供し、あるいはラテン・アメリカにおけるドイツの宣伝に対抗するための海外情報事業として一九四二年に開始された。またそれはヨーロッパにおけるレジスタンス運動への情報連絡のために使われた。最近では、クウェートあるいはイラクで捕えられて人質となったアメリカ国民に、アメリカ政府及び市民からの情報を伝えるために使われた。

一九八五年には、キューバ向けの放送を行なうために、議会の命令に基づいてラジオ・マルティ(Radio Marti)が設立された。この放送局は「その聴取者に対して革命あるいは暴動行動を挑発する」ことこそ禁じられているが、部分的に「白色のプロパガンダ」のために使われている。たとえば一九八八年に、ラジオ・マルティは通常のニュース番組および娯楽番組のほかに、キューバにおけるエイズ症候群やアンゴラにおけるキューバ軍、あるいはキューバにおける人権侵害に関する特別報告を流した。この放送局は、VOAの監督のもとで、AM放送および短波放送を送信している[65]。

また一九九〇年には、テレビ・マルティが実験計画として初めて設立された。最初のテレビ放送に対して、キューバ政府はこれを不法な干渉とする厳重な抗議を申し入れた。ラジオ・マルティがフロリダの周波数帯で放送されているのに対して、テレビ・マルティは国際電気通信連合(ITU)がキューバに割当てた周波数帯で放送している。キューバのすべてのテレビ放送がこれにより混信を受けている。

ラジオ自由ヨーロッパは、ヨーロッパ筋によってもアメリカ筋によっても、それが東欧の政治的変革において果たした貢献ゆえに称讃を受けているが[66]、ラジオ・リバティについてと同様、また幾分かはラジオ・マルティの場合にもいえることであるが、ポスト冷戦期の世界においてその運命がどうなるかは定かではない。一九九〇年五月、公開外交諮問委員会という超党派の大統領の諮問機関は、放送事業からの段階的撤収およびその結果としてのラジオ自由ヨーロッパの資産のVOAへの移管を勧告した。一九九一年には、議会において同様の立法がなされる見込みである。

第三章で述べたように、アメリカは、放送よりも、政府転覆の支援を含むより直接的な形態の政治活動に携ってきた。しかし行政命令一二、三三三号は、こうした支援の範囲を制限している。たとえばもっとも論争の多かった暗殺の禁止に関する部分において、それは次のように規定している。「合衆国政府が雇用しあるいは合衆国政府のために行動するいかなる者も、暗殺を実施したり、暗殺の謀議に加わったりしてはならない」[67]。この文言は、合衆国が、直接であれあるいは実行者を外部で調達するのであれ、「選択的あるいは特定された個人の暗殺」に加わってはならないことを意味するものと一般的に理解されている[68]。しかし、暗殺の定義は依然として不明確のままであり、歪曲されるおそれがある。たとえば指導者の居宅を爆撃によって急襲することは暗殺にあたるのか。また司令部などの正当な軍事目標とされる場所以外に指導者がいたことが明らかな場合であっても、指導者の死は事後的には爆撃に付随する被害と解釈される可能性がある。

レーガン大統領はリビア急襲の目的はカダフィ大佐の殺害にあったと平然と言ってのけている。しかし大統領はそのことゆえに非難されることはなかった。それは暗殺の禁止に関する政策の変更の始まりを象徴していたのかもしれない。この問題は、一九九一年のイラクとの戦争のための準備工作の過程で、空軍の参謀長官ドゥーガン将軍が語った内容について次のような報道がなされた後に、将軍がその職から解かれたときに再び持ち上がった。

イスラエル筋は、『サダムを痛めつける最良の方法』は彼の家族、親衛隊あるいは愛人を攻撃目標にすることであると助言した。なぜならサダムはイラクでまったくの『ワン・マン・ショー』をやっているからであり、ドゥーガン将軍は『もし暴力の行使が選択されるのであれば、彼こそがわれわれの努力の目標となるべきである』と述べた――頂上作戦（decapitation）として知られる軍事戦略である[69]。

しかしチェーニー国防長官のこれに続く言明は、ドゥーガンの解任が、彼の提言した戦争計画が暗殺の禁止を犯したからではなく、彼の談話が公表され、またアメリカの計画にイスラエルが関与していることをうかがわせるものであったことによるのかもしれないということを示唆している。ドゥーガンのこの談話は、外交的な困難をもたらすと同時に、フセインやその家族が空襲の犠牲者になった場合に、それが狙い打ちであることを否定するための「もっともらしい否定」の余地をなくしてしまうものであったのである。

ドゥーガン事件は、リビア以後、暗殺に関する行政府の考え方に発展がみられるという点に光をあてるものである。それは、どういう名前で呼ばれるにせよ、「暗殺」に直接関与することを禁止するアメリカの方針が、戦争ないし軍事作戦のなかではもはや維持されないということを象徴している。そのことはまた、今後、謀議の禁止の程度の問題、すなわち暗殺を独立に実行しようとしている集団あるいは個人に対するアメリカの人員による援助の禁止の程度の問題にも、不確実さをもたらすことになる。一九八九年一〇月のジロルディによる反ノリエガのクーデタをアメリカが支援しなかったことは、当時においてはアメリカの禁止がこうした事例にまでおよぶと考えられていたことを示唆している。しかしこのクーデタの失敗とそれに続く非難の応酬をみて、当時中央情報局々長であったウェブスター判事は、大統領と議会に対して、暗殺への関与を謀議することに関する規律を緩和して明確にすることを要請した。(70)

アメリカがとる非公然の活動には軍事的手段によるものもある。これには歴史的にみて軍事的あるいは準軍事的なものがある。妨害工作、破壊防止工作、爆破、地下抵抗組織やゲリラや難民解放組織への支援を含む敵対国家に対する転覆工作、自由世界のなかで体制の危機を抱えている国家の土着の民衆に対する支援などである。(71)こうした非公然の活動の分野には、武器援助におけるように、友好国政府に対する援助ではあっても、援助を受ける当の政府がそれら援助の事実を秘密にしておきたいとするような場合も含まれる。さらに非公然の軍事活動は、必ずしも常に公然の軍事戦略とはっきり区別できるような分離された事例として存在するわけではない。それはむしろ、急襲や上陸作戦に先立つ偵察行動のように、より大規模な公然の戦略の一部として秘密裏に実施されるのである。(72)

しかし非公然の軍事行動が目にみえる形で実施されることに目を奪われて、より大きな潮流を見失ってはならない。アフガニスタン、ニカラグァ、カンボジアあるいはアンゴラにおけるように、準軍事的な作戦活動が最近の非公然活動経費の主要な部分をなしていることは、発覚した事例や実際に実施された作戦活動が占める比率からみて疑う余地がない。もっとも、準軍事的な作戦行動は、非公然の活動の総件数のなかでは、相対的には数が少ない。さらに非公然の活動を情報活動に支出される総予算の中における比率でみると、実質値でみて、それはベトナム戦争末期に急激に減少し、それが増加に転じるのはカーター政権の末期になってからであった。レーガン政権の時代を通じてこの増加の傾向は続いた。「戦術的情報活動および関連活動計画」として知られている情報活動予算の国防省割り当て分は、国家海外情報活動計画のための資金を経常的に上回っている。こうした傾向は、専門技術的な情報収集および情報処理が重視されるようになったことを反映しているものと思われるが、そのことがおそらくある種の非公然活動の選択肢の有効性を減殺し、これを利用価値のないものとしてきたのであろう。(73)

もちろん件数や相対的な比率は、たとえ数が少なくてもある活動が公共政策的な重要性をもっていることを否定するものではない。いずれにせよ、数の比較はあまり当てにはならない。予算のどの部分が公に開示されたのかは必ずしも常に明らかであるわけではないのである。他方、知ることのできる限りでの件数に関する情報は、異なる形態の活動のどれが相対的により貢献度があったかということについてのある種の判断材料を提供してくれる。またそれは、準軍事的活動に加え、現に支持されている非公然の外交的あるいは政治的なあらゆる活動を強調することに資する。

将来におけるアメリカによる非公然の軍事的および準軍事的な作戦活動は、間接支援および非政府活動主体の反乱への資金援助、あるいは反乱を防止する政府への援助、テロリズムや麻薬取引を対象としたアメリカ法の域外適用の試みなどを中心とするものとなるように思われる。

海外逃亡犯の逮捕は、通常、二国間の犯罪人引渡し条約を通じて、あるいは準拠できる条約がない場合や引渡しが公になされることを回避する必要がある場合には、公式あるいは非公式の国外追放を通じてなされる。犯罪人の引渡しが拒否される（あるいはレバノンにおけるようにその可能性がない）か、国外追放が拒否されるか、あるいは逃亡犯の逮捕が許可されない場合について、行政命令は明らかに逃亡犯の引渡しを強制することを禁止している。しかしユーニス事件が示しているように、これには少なくとも一つの例外がある。それは容疑者を外国領土という安全地帯から国際水域ないし空域に誘きだすことに成功した場合である。合意によらない域外での逮捕あるいは「脱走犯引渡し」（rendition）としても知られているこの問題に関するアメリカの政策は、現在検討中の段階にある。[74]

一九八九年に法律顧問局は、「合衆国の機関は外国の同意がない場合には、当該外国において、いかなる執行権限ももたない」[75]とする一九八〇年の意見を覆した。一九八九年の意見は、以前のものとは対照的に、アメリカの国内法上、実効的な行政的法令は、行政府の職員に対して、慣習国際法に反して外国の領土主権を侵害することをも許可することができると結論づけている。[76]この意見は、条約義務に違反する行政命令については、これとは別の問題だとして触れていない。バー司法次官補は議会において「この問題におけるように、大統領の法の執行に関する憲法上の権限が、その外交権限と衝突する場合でも、大統領は執行活動を命令する権限として、制定法によって認められているものに加えて、憲法上の権限も持ち続けると思われる。……この権限は、立法府が合衆国の国内法を制定するにあたって準拠しなかった慣習国際法やその他の国際法原則に反するような逮捕行為を実行するよう行政府各部局の職員に命令する権限を含んでいる。」バー次官補はさらに続けて、この判断は「慣習国際法の性質とまさに一致するものである」と述べている。つまり慣習国際法は、国家による既存の慣行からの逸脱行動を通じて発展するというのである。しかし国家は、新たな慣習法の規則が成立するまでは、その違反について国際法上の責任を負わなくてはならない。

これをうけて国務省法律顧問アブラハム・ソフェアは、そうした逮捕は正当な自衛の行使として国際法上も合法であるとまで言っている。ソフェアは「外国の同意なしになされる当該外国における逮捕は、自衛の場合をのぞいて国際法上法的な正当性を欠くものである。しかし犯罪組織が合衆国に対して暴力を用いて攻撃できる能力をもち、あるいは実際にそうするような段階にまで成長した場合には、それは適正に自衛措置の対象とすることのできるものとなる。」その後のいくつかの提案は、外国政府の間で関心を呼んだ。

域外で身柄を押さえることを禁止する行政上の規制や国際規範にもかかわらず(77)、連邦裁判所は今のところいわゆる「カー・フリスビー規則（Ker-Frisbie Rule）」(78)に従ってきている。すなわち裁判所は、被疑者の身柄が一旦拘束された以上は、その者がどのようにして被告人席まで連れてこられたかについては、「良心の嫌悪」を催させるような行為がなされていない限り、とくに審理の対象としないという規則である(79)。ただしこの点に関しては、外国法あるいは国際法が侵害されたというだけでアメリカの司法府の良心が「嫌悪」を催すようになるというわけでは必ずしもない。良心の嫌悪が生じる場合には、この規則の例外としてトスカニーノ例外が適用され、被告人は原状に戻される(80)。しかしトスカニーノ例外によって釈放されるためには、非常に高い程度に嫌悪を催させる行為がなければならないとされている(81)。実際、トスカニーノ事件ではこの基準は充たされないと判断されたし、その後の事件でもトスカニーノ基準が充足されたと裁判所が判断した例はない(82)。しかし一九九一年七月、第九巡回裁判所控訴院は、米国対ヴェルドゥゴ＝ウルキデス事件（U. S. v. Verdugo-Urguidez）において、地方裁判所の判決を覆し事件を差し戻した。この事件は麻薬取締局（DEA）の捜査官であったエンリケ・カマレナがメキシコで殺害されたものであるが、裁判所は「もし地方裁判所が証拠聴聞にもとづいて、合衆国がヴェルドゥゴの誘拐を許可しあるいはこれを支援したという結論に至ったのであるならば（メキシコ政府が抗議を事前に取り下げていない限り）、地方裁判所はヴェルドゥゴの身柄をメキシコ当局に引き渡すよう合衆国に命令すべきであると判示した。[83]」

しかし、一九九〇年八月のアルバレス事件における地方裁判所の判決も、新しい基準を提供している。この事件は、ウンベルト・アルバレス－マチェイン博士が同じ一九八六年のカマレナ殺人の容疑でロサンゼルスで起訴されたものである。アルバレスの引渡しをめぐるメキシコ官憲との交渉が決裂した後、アルバレスはグアダラハラにおいてメキシコ人によって誘拐され、後にテキサスでアメリカ官憲に引渡された。アメリカはメキシコ人の代理人に対し二万ドルを支払った。さらに誘拐者とその家族のうち七人はアメリカへ移住した。アルバレスは、カマレナ事件に関連して非公然の力づくの誘拐によって法廷に引き出された七人の被告のうちの三人目であった。[84]

アルバレスは彼の誘拐が法の適正手続きを欠き、アメリカとメキシコの間の犯罪人引渡し条約および国際連合憲章とOAS憲章に違反することを理由に、訴訟の却下を要求する訴訟を起こした。アルバレスは裁判所に対して、その指揮権を行使して起訴を退けるよう求めたのである。裁判所は、アメリカの不届きな行動を理由としたアルバレスの訴訟却下の要求を退け[85]、アルバレスの誘拐が国際連合憲章およびOAS憲章の違反をなすという彼の主張について判断することを避けた[86]。しかし裁判所はまた、アメリカがメキシコとの犯罪人引渡し条約に違反したと判断したのである。その賠償として、裁判所は被告人を釈放し、アルバレスをメキシコに本国送還するよう命令した。[87]

その判旨のなかでラフィーディ判事は、アルバレスの事件と、裁判所が管轄権を認めた他の誘拐事件とを、次のような理由により区別したのである。すなわち「（アルバレス事件においては）合衆国はメキシコ政府の参加ないし同意を得ないままに一方的に行動した。」「合衆国は誘拐者の代理人に支払いをなしたことにより責任があり、また一方的に誘拐を実行したことは……公式の抗議がなされたこととあいまって、犯罪人引渡し条約の違反となる。」こうして裁判所は、「ある人物の身柄を確保する手段が犯罪人引き渡し条約に違反するとして抗議を申し入れたり請求を提起したりする権限は、国家のものであって、個人が行使できるものではない」としながらも、「メキシコは明示的かつ十全に抗議をしたことにより、その犯罪人引渡し条約上の権利をマチェイン博士に授けた」と結論したのである。

合衆国政府は上訴した。最高裁判所は、最近、合衆国憲法第四修正（不合理かつ令状なしの捜索押収の禁止）は海外にある外国人の財産には適用されないと判断しており[88]、もしこの事件が上告されたならば、ラフィーディ判事の判旨を支持するとは思われない。

5　将来の展望

一九七〇年代までは、アメリカは、要員の面でも資金の面でも、平時において非公然の活動を経常的に実施してきた。しかしその後、アメリカの非公然の活動計画は、議会の調査とレーガン・ドクトリンとの間を振り子のように揺れ動き続けてきた。もっとも、こうしたグラフ上の点のばらつきにもかかわらず、非公然活動を実施する能力をもつ強力な情報収集機関とこれを実効的に監視する手続きの双方に対する国民的なコンセンサスがあるようにみえる。国際緊張の存続とペルシァ湾岸戦争は、このコンセンサスを強化したように思われる。

監視手続きに関する国内論議の中心は、最近では、権力分立の原理に関するものになってきている。この論議はしばしば安全保障共同体としての国家の方向を不確かなものとしている。カーティス・ライト事件やヤングスタウン事件における最高裁判所の判決が尊重されるべきものとして引き合いに出されるが、それは問題を明確にする役には立たない。というのは、結論の出ない憲法上の要求に基礎をおく制度的権限配分の問題よりも、もっと大きな問題がそこにはあるからである。緊急の課題は、どのような法的および行政的調整の新しいあり方を模索することが、民主主義的価値を保持しつつ、アメリカが世界におけるその役割を最もよく果たすことにつながるかという政策的な問題である。

国家的論議は、最初から、議会と行政府は情報活動あるいは対外事項についてそれぞれ正当な、しかし異なる責任をもっているという前提に立たなければならない。このことは双方の側が幾分かは譲歩することを必要とさせる。議会の審査に当面拘束されることなく、行政府が非公然の活動を実施する柔軟さを必要とするときには、行政府は議会の支持や究極的には世論の支持に基礎をもつ政策だけが長い目で見れば成功するということを考慮に入れなければならない。他方、議会がより多くの責任を引受け、権限を分かち合うことを望むとしても、議会が近視眼的な支配に陥って、行政府をないがしろにしたり、情報活動やそれに対する監視そのものを妨害したり損なうようなことになってはならない。

イラン・コントラ事件は、国家安全保障に関する包括的な制定法あるいは憲章の立法化への要求に再び火をつけた。[89]これは法秩序の感覚には合致するが、同時に、一九七〇年代にもそうした立法化が試みられながらも、実際的ではないとされたことも思い起しておく必要がある。一九九一年に情報活動授権法が制定されるまでは、イラン・コントラ事件によって刺激されたような多様な防止措置は、主として部分的あるいはつぎはぎ細工のように積み上げられていた。それらはいずれも、政治の現実と憲法的現実との双方を均等に反映した、行政府と立法府との注意深い妥協の産物であった。しかしそれらは、首尾一貫したより大きな概念として統合されることはなかった。この流れのなかで生じた唯一の重要な革新は、ＣＩＡに法定の監察総監の官職が設けられたことである。[90]また大統領と情報活動調査委員会との間の書簡を通じて、より非公式な調整もなされてきている。

一九九一年の情報活動授権法は、こうした非公式の監視手続きから離れて、より拡大された権限を立法府に保証し、その権限を意味あるものとするために、公式の手続きを採用した。この変化は、イラン・コントラ以前の一九八四年にすでに始まっていた。

一九八四年、ニカラグァ港への機雷敷設の後に、ウィリアム・ケイシー中央情報局々長は上院情報活動調査特別委員会の議長および副議長との間で、非公然の活動について報告する手続きを「規律する」非公式の協定を結んだ。一九八六年には、この「合意」への追加書が同委員会の長と中央情報局々長との間で結ばれたが、その中では「この手続きはうまく機能しており、委員会と中央情報局々長とがそれぞれその責任を遂行するのに役立っている」としたうえで、さらに「現に展開中の作戦行動において重要な軍事装備が初めて提供される場合には、……それが高官あるいは大統領の個別の承認を必要としない場合であっても」、委員会に対して事前に通報するという合意がなされた。この合意の想定する事態は、一九八六年一月一七日にイランへの地下発射型光学追跡有線指令接続式（TOW）の対戦車攻撃ミサイルの秘密の引渡しを許可する「イラン裁定」(Iran Finding) に大統領が署名した後、五ヵ月経過した時点で発生した。

特殊活動に関する一九八七年の大統領命令の一つである国家安全保障決定命令二八六号は、イラン・コントラ事件にならって、カルッチ国家安全保障顧問と議会の情報委員会との間で「広範な協議」がなされたのちに起案された(91)。この命令には、議会が当初法制化を試みて失敗した法案の趣旨が盛り込まれ、調査結果の事後報告の禁止や調査結果の文書化が定められていた。しかし法案とは違って、国家安全保障決定命令は議会の同意を要せずに行政府が改訂あるいは廃棄できるものとされていた。

一九九一年の情報活動授権法は、これら「ケイシー規則」や国家安全保障決定命令二八六号の要点およびイラン・コントラ事件で明らかになった抜け穴を塞ぐことをめざした立法府の独自の提案を法典化することによって、現行の監視の枠組みを徹底的に見直したものである。当初、大統領はこれに拒否権を行使したが、その理由は「法案の非公然活動の定義には、合衆国が外国政府あるいは私人に対して合衆国に代わって非公然活動を実施するよう求めるあらゆる『要請』が含まれてしまっており」、それゆえそれら活動が国家安全保障法が定める報告手続きに従うものとされたことにあった。大統領は「この規定は大統領および他の行政府諸機関の外交権限を規制することを目的としている」と反論した。「この条項が広義に解釈される余地を残していること自体が、国家安全保障にとって極めて重要な計画について高度に機密性を要する交渉をおこなう上での外交官の能力を、非常に畏縮させることになる。[92]」大統領はまた、会議報告に付された共同注釈声明の文言は、事前の通告を差し控える大統領の権限を「緊急の場合」に限定し、また「適当な時期に」の語を「数日以内」を意味するものと解釈しようとするものであり、大統領の憲法上の権限を侵害するものであると批判した。しかしこの法律は、その原案でもまた修正の後にも、行政府に有利と思われる条項をも含んでいる。たとえばこの法では、「非公然の活動」の法令上の定義から「伝統的な外交あるいは軍事行動あるいはそれらを支援する日常業務的な活動」は除外されており、その除外は大統領が非公然の活動に対する監視の手続きから離れて行動する相当に広い裁量の余地を与えたものと読むことができるものである。[93]

これ以上の立法がさらになされることはないとしても、あの不幸なイラン・コントラ事件の大きな教訓を忘れないでおくことは重要である。大統領府の楽観的な態度はともかくとして、非公然の活動という手段の行政府による使用をどう監視するかが、以前の監視体制でもそうであったが、現行の監視体制においても論争点となってくるであろう。表面化して外部から圧力がかけられた論争には、現行法の内容や監視の過程に係わる人々の人格や政策が反映されるであろう。たとえばカーターはその指導力のスタイルにおいてレーガンとは異なっているし、ライトは監視についての考え方においてモイニハンとは異なっており、またターナーの法令解釈はケイシーのそれとは異なるものを提起している[94]。

監視に関するより明確な権限の配分およびその調整は、非公然の活動のなされる方法および時点にまで及ぶべきであろう。論議は長期的な目標を視野にいれなければならず、当面している危機や露見した失敗例だけに焦点を合わせたものであってはならない。パナマにおけるジロルディのクーデタの例がここで思い起される。議会も報道もジロルディ少佐を支援しなかった行政府の決定（この決定過程が不備だらけであったのは事実であるが）を批判したが、彼らは行政府が当時の禁止条項に誠実に従っただけであるということを付け加えてもよかった。ここで「もっともらしい弁解」に新たな意味が与えられた。もし議会が、行政府のスポークスマンが主張したように、情報活動に関する行政命令を審査し、実施する権限をもっているとしても、それは事後に暴露されあるいは隠蔽される隠された権限であるということである。

パナマ侵攻後一年たたないうちに、アメリカはふたたび残虐な独裁者を追い出すために戦争を決意するかどうかという問題に直面した。イラクのクウェート侵攻に至るまでになされていたアメリカの情報活動が十分であったかという点ついて、戦後の議論でどういう評価を下されるかはまだわからないが、この侵攻により、残虐な独裁者をどう扱うべきかという倫理的なジレンマが再び問題となった。アメリカは危機に先立って非公然の活動を考えるべきであったか。国際連合がそれを考えるべきか。安全保障理事会の同意を得ないでも国際的に是認され合法とされる非公然の活動がありうるか。この点に関して、一八五七年にジョン・スチュワート・ミルが行なった次のような省察は今でも当たっている。

「道徳の正当な原則としての不干渉の摂理は、すべての政府によって受け入れられなければならない。独裁者も自由な国家と同様にこれを守らなければならない。独裁者がこれを守らない場合には、自由な国家によるこの信仰箇条は次のような悲惨な問題に逢着する。すなわち、悪は悪を助けることができるが、善は善を助けてはならない、ということになってしまう。(95)」

常識的で後智恵的な見方は大きな意味をもたない。たとえばノリエガのような人物を飼っておくことは、昨日適当であったとしても、今日もそうであるとは限らない。同じように、政権転覆活動の過程でその参加者が暗殺を請け負ったりあるいは独断で実行する場合があるが、そうした活動への支持のように昨日禁止されていたことも、明日は適正とされるかもしれない。「脅威」の観念も変化するであろう。いや既に変化してきている。たしかに、染色体地図について第一章でみたような仮説的な状況は、十年あるいは十五年前には考えることさえできなかった。非公然の活動だけでなく、政治そのものに、政策あるいはその結果の、異なる環境における再評価が不断に求められている。それゆえ行政府が、議会の監視および一般的な法政策と合致しつつ、非公然の活動の実施および情報の開示に関してケース・バイ・ケースに一定の裁量を行使できるようにすべきであるという議論には、十分な根拠がある。どのような体制が創設されるかにかかわらず、事後的に評価をする際には、「決定作成の時点」(real-time) における状況の重要性が無視されてはならない。

このことはアメリカが、現在と同じレベルで、非公然の活動を実施する能力を維持し、あるいはそうした活動をする条件を維持するべきであるとか、そうしなければならないということを意味しているわけではない。アメリカの政治的存在あるいは安全が直接に脅かされ、非公然の活動がそれら脅威をそらす唯一の手段であるというような状況は、なかなか想像できない。もしそうした危険が現実のものとなるなら、それへの反撃はもっぱら軍事的な観点から考えられ、非公然の活動につきまとう法的あるいは道徳的な困難は生じないであろう。アメリカ人、特に海外にいるアメリカ人が、個々に危険に陥る場合に、先制的あるいは報復的な非公然の活動がこれを回避ないし防止するうえで有効である場合もあるが、そうした場合でも、非公然の活動がもたらす政治的あるいは道徳的なマイナスの方が一握りのアメリカ人にとってのプラスよりも大きいと、政策決定者や公衆によって判断されることがありうる。レバノンでアメリカ人が人質になったとき、アメリカ人の大多数は、事件を無視することに満足していたようにみえる。

権力を分かち合うことは、責任を分担することを意味する。行政府は域外での法の執行あるいは暗殺に関するアメリカの政策が変化の過程にあることを示唆してきている。多くの制定法がすでに情報活動を国内法上は排除する旨定めているが[96]、議会は、暗殺という手段が、たとえどのような見せかけでなされるにせよ、アメリカの政策手段の一部でありうるか、またアメリカがその法の海外での執行をどのような仕方でなすべきかについて、積極的に考察すべきである。たとえば上院はアルバレス・マチェインの逮捕のような行動を承認し、あるいは黙認しようと意図して次のように報告している。

「伝統的な法執行活動には、アメリカ法あるいは他の国の法を犯した者のＦＢＩによる逮捕や、外国の法執行機関との協力による逮捕が含まれる。[97]」

これらの問題の検討は次の危機がくる前になされる必要がある。危機が来てしまってからでは、長期的な衡平と短期的な政治的および安全保障上の便宜とのバランスが保たれないからである。

国家安全保障上の便宜の前で、国際法ほど深刻な危機に直面している長期的な目標はない。少なくとも公式の立場では、議会は行政府よりも、情報活動が国際法が許容する範囲内で行なわれることに関心を払っているようにみえる。たとえば公になった少なくとも一度の事例において、非公然の活動に対する異議が国際法に基づいて提起された。[98]また非公然活動の計画に関する議会による毎年の検討項目には、国際法への配慮が含まれている。しかしこれとは対照的に、域外の法執行に関する一九八九年の法律顧問局の意見は国内法上の問題しか扱っていない。もっとも行政府および議会が秘密に何を検討してきたかは、報告されていないので確認することはできない。

（1） アメリカの特別の行動に適用されるアメリカの国内法、判例法、行政命令などについては、原書の巻末に付されているSuggested Readingsを参照されたい。［本邦訳では、この部分は省略した］

（2） Report on the Covert Activities of the Central Intelligence Agency, Sept. 30, 1954.

（3） 例えば、E. O. 11, 905, Feb. 18, 1976（情報活動の実施に関するフォード大統領の行政命令）; Rules of the House of Representatives, Rules XLVIII (1977) (House Permanent Select Committee on Intelligence を創設）; S. Res. 400, Rep. Nos. 675 and 770, 94th Cong., 2d Sess. (1976). (Senate Select Committeeon Intelligence); Section 662 of the Foreign Assistance Act of 1961, 22 U. S. C. 2422（外国においてＣＩＡが秘密工作活動を行なうための資金の支出に先立って大統領の決定を要するものと修正したHughes-Ryan Amendant）; P. L. 95-370, The Intelligence and Intelligence Related Activities Authorization Act for FY 1979 (Sept. 17, 1978)（情報機関を年度毎の議会の予算承認の手続きに服せしめた最初の法案）; Foreign Intelligence Surveillance Act of 1978, 50 U. S. C. sec. 1801-1811 (1982).

（4） Youngstown Sheet & Tube Co. v. Sawyer, 343 U. S. 579. 635 n.1 (1952) (Jackson, J., concurring).

（5） United States v. Curtiss-Wright Export Corp., 299 U. S. 304, 319 (1936).「専権事項（sole organ power)」を批判する論者たちは、Sutherland 判事が John Marshall を引用して下院でおこなった発言は、犯罪人引渡条約の解釈に関する議論という限られた文脈におけるものであったことを指摘する。しかし Sutherland 判事の見解はその後の事例でより広い文脈で採用されるようになった。例えば、United States v. Pink, 315 U. S. 203, 229 (1942).

（6） U. S. Const., Art. II, sec. 2, cl. 2.

（7） U. S. Const., Art. II, sec. 3. この権限は、ジェファーソン以来の大統領によって、国家および外国政府を承認しあるいは承認を保留する権限、また外交的通信に関する行政府の専属的なコントロールの権限を含むものと解釈されてきている。裁判所はこの見解を United States v. Curtiss-Wright Export Corp., 299 U. S. 304 (1936), United States v. Belmont, 301 U. S. 758 (1932), United States v. Pink, 315 U. S. 203 (1942) などの判決で支持している。

（8） *The Federalist* No.70, at 423 (A. Hamilton) (C. Rossiter ed. 1961); Curtiss-Wright, 299 U. S. at 319 ; The War Powers Resolution sec.

2 (C) (3), 50 U. S. C. sec. 1541－48 (1982).

（9）U. S. Const., Art. II, sec. 2, cl. 1. Totten, Administrator v. United States, 92 U. S. 105 (1875)（大統領は「戦時において、アメリカ軍の最高司令官として、秘密諜報員を雇用する権限を疑いなく与えられており、……またそれら諜報員に報酬を支払う契約は、大統領が支出権限をもつ予備費から直接に支払うことが合法とされるという意味において、政府を拘束する」としている）、参照。

（10）U. S. Const., Art. II, sec. 3.

（11）U. S. Const., Art. II, sec. 1, cl. 1. 連邦憲法一条は「この憲法によって与えられる一切の立法権は……」という書き出しで始まっている。しかし「行政権」は憲法二条に明文で規定されているものに限られるわけではない。Pacificus No. 1, (A.Hamilton), *The Papers of Alexander Hamilton* vol. 15, 33 (H. Syrett ed. 1969) [National Security Law 760 (J. Moore, F. Tipson, and R. Turner, eds. 1990)に部分的に採録されている]。E.Corwin, *The President : Office and Powers*, 1787－1984 (5th ed. 1984)、参照。

（12）Dames & Moore v. Regan, 453 U. S. 654, 686 (1981) (quoting Youngstown, 343 U. S. at 610－11 (Frankfurter, J. concurring)).

（13）A. Sofaer, *War, Foreign Affairs and Constitutional Power* 129 (1976); S. Knott, *Historical and Legal Foundation of American Intelligence Activities* (1990) (dissertation in progress, on file with the authors).

（14）U. S. Const. Art. I, sec. 8 cl. 11, 14. Lobel, Covert War and Congressional Authority : Hidden War and Forgotten Power, 134 *U. Pa. L. Rev.* 1035 (1986) 参照。Lobelは、「アメリカの外交政策を遂行するための外国における準軍事力の非公然の利用は、かつて歴史上、捕獲（私掠）免許状を要求された私戦の現代的な形態である」という議論をしている。「私掠と復仇条項は、平時であるか、宣言された戦争の期間中であるかを問わず、他の国家あるいはその国民に対する武力の行使を私人に授権する専属的権限を議会に与えている」（at 1040）から、議会だけが政府に代理した私人の軍事力の行使を伴う秘密工作活動を授権する憲法上の権限を有する。

（15）U. S. Const. Art. I, sec. 9, cl. 7. 「国庫からの支出はすべて、法律で定める歳出予算（appropriations）に従ってのみ行われる。また一切の公金の収支に関する正式の決算書を随時公表しなければならない。

（16）U. S. Const., Art. I, sec. 8, cl. 18.

（17）The Pacificus (Hamilton)－Helvidius (Madison) Exchange［一七九三年のワシントン大統領のいわゆる中立宣言に関するもの］*The Papers of Alexander Hamilton* (H. Syrett 1969) and *The Writings of James Madison* (G. Hunt ed. 1906)［Sofaer, 前出注（13）文献、at 112－15 および *National Security Law* 759－65 (J. Moore, F. Tipson, and R. Turner, eds. 1990) に部分的に採録］. House Select Comm.to Investigate Covert Transactions with Iran and Senate Select Comm. on Secret Military Assistance to Iran and the Nicaraguan

Opposition, Report of the Congressional Comms. Investigating the Iran-Contra Affair, S. Rep. No. 216, H. R. No. 433, 100th Cong., 1st Sess. 387 - 93, 411 - 21, 457 - 79 (1987) [hereinafter Iran-Contra Report]; Legal and Policy Issues in the Iran-Contra Affair : Intelligence Oversight in a Democracy, 11 *Hous. J. Int'l L.* (1988).

(18) National Security Act of 1947, 50 U. S. C. sec. 403 (1982) ; なお National Security Council Directive 5412 /2, Dec. 28, 1955, *On Covert Operations* [*The Central Intelligence Agency* 146 - 49 (W. Leary ed. 1984) に採録] 参照。

(19) 反対者の一人は Roscoe H. Hillenkotter 海軍大将（一九四七年五月～一九五〇年一〇月まで中央情報局長）であった。心理作戦をめぐる秘密工作の提案についての行政府での初期の頃の議論で、Hillenkoetter は、そうした作戦は情報部よりも軍部に属する機能であり、事前に議会の授権を必要とすると主張した。Karalekas, History of The Central Intelligence Agency, T*he Central Intelligence Agency* 37 - 43 (W. Leary ed. 1984) 所収参照。さらに Alleged Assassination Plots Involving Foreign Leaders, *An Interim Report of the Select Committee to Study Governmental Operations with Respect to Intelligence Activities* 9 (1976) をも見よ。Clark M. Clifford の陳述（「一九四七年法の初期の運用において、秘密工作が許可されたのはこの条文によってであった。……この法の下で行われた秘密工作は注意深く限定され、コントロールされていた。」）については、Hearings Before the Select Committee to Study Governmental Operations with respect to Intelligence Activities (Dec. 4 - 5, 1975), vol. 7, Covert Action (1976), at 51.

(20) 「外国政府により、あるいは外国政府の授権により、アメリカ市民の自由が不当に剝奪されていることが、大統領の知るところとなった場合には、いかなる場合にも、……大統領は戦争行為に至らない限度において、釈放を効果的にもたらすために自ら必要かつ適当と認める手段を行使しなければならない。」Rev. Stat. Sec. 2001, 22 U. S. C. Sec. 1732. Dames & Moore, 453 U. S. at 675 - 79 ; American Int'l Group, Inc. v. Islamic Republic of Iran, 657 F. 2d 430, 452 - 53 (1981) [この判決に、分離意見を書いた J. Mikva 判事は、「議会における議論は、議会の感性を刺激して事態が緊急であるという判断を導いた決定的な要因は、ヨーロッパを訪問中の帰化したアメリカ人が、その意思に拘わらず国外追放されたことにあった」と述べている。] この法律は、内在的な適用限界をもっている。それは国内の訴訟で適用することを意図されたものではない。この法律の起草をした Williams 上院議員によれば、「外国における専制権力の手中からアメリカ国民を遅滞なく奪還することが……行政府の職責であるような場合が生じうる」ことを想定したものである。Reisman, "Should We Just Write Off Hostages ?" *N. Y. Times*, Dec. 3, 1986, at A31、参照。

(21) The Foreign Assistance Act of 1961 sec. 662, 22 U. S. C. 2422 (1988).

(22) Title V of the National Security Act of 1947, 50 U. S. C. 413 (1982).

(23) National Security Council Directive 10 /2, June 18, 1948, On Office of Special Projects (*The Central Intelligence Agency* 131 - 33 (W.

Leary ed. 1984) に採録)。

（24） Karalekas, 前出注（19）文献、at 36 - 50.

（25） Exec. Order No. 12, 333 sec. 1. 8 (e) (Dec. 4, 1981, 46F. R. 59941).

（26） Exec. Order 12, 333, 1. 11 (c) それ自体が、国防長官は、「（c）国家的、国防的および戦術的な面における外国諜報任務を達成するために必要な計画および任務を実行する」ものと規定している。

（27） National Security Decision Detective 286 (Oct. 15, 1987) は、とりわけ、「国家安全保障顧問および国家安全保障会議職員は…特殊活動を実行してはならない」と規定している。Bruemmer and Silverberg, The Impact of the Iran-Contra Matter on Congressional Oversight of the CIA, 11 *Hous. J. Int'l L.* 219, 235 (1988) から引用。

（28） 例えば、Iran-Contra Report at 416［ＤＥＡの人質救出作戦］; United States v. Yunis, 681 F. Supp. 909 (D. D. C. 1988)［ＦＢＩの逃亡犯の逮捕］。

（29） S.Emerson, *Secret Warriors : Inside the Covert Military Operations of the Regan Era* (1988).

（30） Arms Export Control Act, 22 U. S. C. secs. 2751 - 96c (1988) ; Foreign Assistance Act of 1961, 22 U. S. C. secs. 2301 - 49aa - b (1988) ; Export Administration Act of 1979, 50 U. S. C. secs. 2401 - 20 (988) ; Exec. Order No. 12, 163, 49 F. R. 56673, 3 C. F. R. 435 (1979) ; Exec. Order No. 11, 1958, 42 F. R. 4311, 3 C. F. R. 79 (1979). D. Scheffer は次の論文で卓越した概観を提供している。Scheffer, U. S. Law and the Iran-Contra Affair, 81 *A. J. I. L.* 696 (1987).

（31） 例えば、G. Treverton, *Covert Action : The Limits of Intervention in the Postwar World* 211 (1987).

（32） 対外援助法のヒューズ-ライアン修正（The Hughes-Ryan Amendment to the Foreign Assistance Act of 1961 (1974)）は、中央情報局にだけ適用された。しかし NSDD 286 は、特殊活動は大統領の裁定なしになされてはならないと規定している。Bruemmer and Silverberg, 前出注（27）文献、at 235. さらに、この修正に取って代った情報活動権限法（Intelligence Authrization Act for FY 1991）は、アメリカ政府の各省、機関または団体によってなされる秘密工作に先立ち、大統領の裁定を経ることを要件としている。「各場合における［大統領の］裁定は、書面でなされなければならず、緊急の行動を必要とする場合には、大統領の決定は48時間以内に令状として発出されなければならない。」情報活動権限法の条文と注釈については、137 Cong. Rec. H5898 - H5907 (daily ed. July 25, 1991) および 137 Cong. Rec. H6160 - 6167 (daily ed. July 31, 1991) を参照せよ。なお、Foreign Assistance Act of 1961, the Foreign Military Sales Act に従った大統領の裁定ないし決定、また The Foreign Assistance Act および関連する財政年度毎に定められる歳出予算法において、いかなる行動が取られる場合でも、大統領によって事前に書面の形式に付され、署名されなければならないことについては、654 of the Foreign Assistance Act of 1961, 22 U. S. C. 2414 (1988)、参照。またレーガン大統領からボーレンへの書簡（Letter from President Reagan to David L. Boren, Chairman of the Senate Select Committee on Intelligence, *N. Y. Times*, Aug. 8, 1987）の中で、大統領は「以下のキー・コンセプトについての支持を……表明する」としているが、そこには次のような事項が含められていた。

「3、大統領が、CIAまたは伝統的な情報機関以外の機関またはその人員に特殊活動を司令する場合には、裁定と通報に対する同意をうるための適用可能なすべての手続きが、それら機関または人員について適用される。」

（33） Intelligence Authorization Act for FY 1991 （これは 22 U. S. C. 2422 [1988] に優越する効力をもつ。）; NSDD 286 (Oct. 15, 1987).

（34） 例えば、レーガン大統領の国家安全保障計画グループ（National Security Planning Group (NSPG)）が果たした機能は、カーター政権下では特別調整委員会（the Special Coordination Committee (SCC)）が受け持ったが、それは行政命令（Executive Order 12, 063）によって、「特殊活動に関して、個別に、審議し、反対を含め、大統領に政策的勧告を提出する」ように求められた。この機能委員会の構成は多様であった。例えば、SCCは、NSPGの構成員に加えて、大統領命令により、司法長官、予算管理局長（Director of the Office of Management and Budget）、統合参謀会議議長をも含んでいた。

（35） W. Webster, Remarks before the Yale Political Union (Nov. 16, 1988). Richelson はこのグループを秘密工作計画グループ（Covert Action Planning Group (CAPG)）と呼んでいる。J. Richelson, The U. S. Intelligence Community 407 (2d ed. 1989).

（36） レーガン大統領は、ホワイトハウスの官房長（Chief of Staff）、官房次長（Deputy Chief of Staff）、大統領補佐官（Presidential Counsel）を含めている。

（37） 情報活動の説明責任については、Title V of the National Security Act of 1947, 50 U. S. C. 413、参照。また「情報活動の資金」については、50 U. S. C. sec. 414, (1982 & Supp. V 1987) (Intelligence Authorization Act of 1986, Pub. L. No. 99 - 169, sec. 502 (a), 99 Stat. 1004 (Dec. 4, 1985)、[情報活動あるいは情報活動に関連する活動への資金の支出は……（1）個別のそうした活動の利用について、それら資金の支出が議会によって特定的に認められた場合、または（2）CIAの予備費からの資金の支出の場合には、section 413 の規定に従って、CIAの長官が議会の適当な機関に通報した場合にのみ義務づけられる。]

（38） Title V of the National Security Act of 1947, as amended. 情報活動の説明責任について、50 U. S. C. 413 は、とくに、次のように規定している。「大統領が、アメリカの死活利益に影響する特別な状況に対応するために、裁定の内容へのアクセスを制限することが不可欠であると決定したときは、裁定は情報活動委員会の議長および少数派の重鎮、下院の議長および少数派の指導者、上院の多数派および少数派の指導者、その他大統領によって指名される議会の指導者に報告されるものとする。」

(39) 同前。元CIA長官のターナー（Stansfield Turner）は、イラン人質救出作戦において、議会が、作戦終了まで秘密工作活動を知らされなかった三つの事例を引いている。S. Turner, "Covert Common Sense : Don't Throw the CIA out with the Ayatollah," *Wash. Post*, Nov. 23, 1986.

(40) ブッシュ大統領は、一九八九年一〇月三〇日の上院議員コーエンとボーレンに宛てた書簡の中で、いかにしてそれら通報に対する議会の関心に顧慮したかについて語っている。その書簡の関連箇所は次のように述べている。「法律は、事前の通報、あるいは事前の通報がなされなかった場合には、時宜に適した通報を要求している。私は、ほとんどの場合、事前の通報は可能であろうと予測する。事前の通報がなされないごく例外的な場合において、私は通報が数日以内になされるであろうと予測する。この期間をこえてなお通報がなされないのは、憲法によって小職に与えられた権限を私が主張していることに基礎付けられるであろう。」Statement on Singing the Intelligence Authorization Act, Fiscal Year 1990, 25 *Weekly Comp. Pres.* Doc. 1851 (Nov. 30, 1989) から引用。なおブッシュからベイレンソンへの書簡（Letter from George Bush to Antony Beilenson, Chairman of the HPSCI, Aug. 20, 1990 (Conference Report, to accompany the Intelligence Authorization Act for Fiscal Year 1991, (initial version) 101 Cong., 2d Sess. 56 of initial SSCI issue Oct. 23, 1990.）参照。

(41) Opinion of the Office of Legal Counsel, Dec. 17, 1986. 司法省の法律顧問は、「司法長官の公式の意見を準備し、各種連邦機関に非公式に意見を述べ、司法長官が大統領の法律顧問としての職務を遂行するのを助け、また司法長官および司法省各部局の長に対して意見を述べる責任」をもつ。(6 op. O. L. C. at v.) これら意見は、行政府の活動を指導することを意図するものであり、制定法、判例法、あるいは行政命令としての地位をもつわけではない。これまでに出された意見を精選して出版したものに、Opinions of the Office of Legal Counsel がある。

(42) Hamilton, *The Role of Intelligence in the Foreign Policy Process*, 6-7 (Essays on Strategy and Diplomacy No. 9, the Keck Center for Interna-tional Strategic Studies, 1987) 参照。

(43) イーグルトン（Eagleton）上院議員は、「アメリカ政府の各省または機関によって雇用され、契約によって結びつき、あるいはその命令で働くすべての者」を、法の適用上、軍隊の構成員とみなすように、この決議を適用しようとした。修正案は、賛成三四、反対五三（一三人の上院議員は投票しなかった）で否決された。議場主任であるマスキー（Muskie）およびジャヴィッツ（Javits）上院議員は、修正案があまりに包括的であって、議会を通過させ、また予想される大統領の拒否権を打ち負かすには、戦術上適切ではないとした。119 Cong. Rec. 25, 079-25, 092 (1973).

（44） Excerpts from Statement by Rep. Lee Hamilton, july 15, 1987. このなかで、ハミルトン（Hmilton）は「私が Intelligence Committee に所属した六年間に、大統領が提案した秘密工作活動の九〇%以上が支持され承認された。大規模な準軍事的作戦で、実際秘密を維持できなかったものだけが、反対された。……」と述べている。ニカラグァ湾への機雷の敷設について、Letter from Barry Goldwater to William Casey (Apr. 9, 1984)［このなかでは、「これは国際法に違反する行為である」と書かれている。］

（45） Report of the Senate Select Committee on Intelligence, United States Senate, Covering the Period Jan. 1, 1979 to Dec. 31, 1980, together with Additional Views, S. Rep. No. 193, 97th Cong., 1st Sess. 20 (1981) ; S. Engelsberg, "Bush Aide and Senator Clash on Coup Attempt in Panama," *N. Y. Times*, Oct. 9, 1989, at 1, col. 1 ; *N. Y. Times*, Oct. 4, 1989, at A11, col. 1.

（46） Report of the Select Committee on Intelligence, United States Senate, Jan. 1, 1987 to Dec. 31, 1988, S. Rep. No. 219, 101st Cong., 1st Sess. 17-18 (1990). 47. 完全な基準のリストは、Report of the Senate Select Committee on Intelligence, United States Senate, Jan.1, 1985 to Dec. 31, 1986, S. Rep. No. 236, 101st Cong., 2d Sess. 8-9 (1990)、参照。Halperin, American Military Intervention : Is It Ever Justified ? 228 *The Nation* 66 (1979) ハルパーリン (Halperin) は、干渉についてのアメリカの決定は、「国連憲章、国際法、およびわれわれが交渉した二国間の協定の合理的な解釈と一致したものでなければならない」といっている。干渉の決定はまたアメリカの憲法上の手続きにも合致しなければならない。

（48） S. Rep. No. 101-219, 101st Cong., 1st Sess. 18-19.

（49） カナダを例外として、アメリカ外での情報活動に関する立法府による監視についてはほとんど書かれていない。アメリカの立法府による監視のシステムは、しかしながら、民主主義国家のなかでは独特のものである。議会制度のなかで立法府による監視が制度化されている場合でも、それは作戦活動の実施を監視する同じ委員会がこれを行なうのが一般である。

　カナダの安全保障情報活動審査委員会（Security Intelligence Review Committee）はアメリカのシステムに極めて近い。審査委員会は一九八四年に議会法によって導入された。一九八七年には、委員会は五人のメンバーと一三人の職員から構成されていた。委員会は、Royal Canadian Mounted Police および Canadian Security Intelligence Service の情報活動を監視し、カナダの法務次官（solicitor general）が議会に提出する年次報告を作成することを要求される。Book Reviews, 5 *Intelligence and National Security* 224 (1988) (review of Canada, House of Commons, Security Intelligence Review Committee, *Annual Reports* (1984-1985, 1985-1986, 1986-1987) by R. H. Roy, University of Victoria). 重要な点は、委員会が「情報ファイルを抜打ちで抜き取り閲覧する権限を与えられ、また実際にそうしたことを実施している」ことである。Johnson, Controlling the CIA : A Critique of Current Safeguards, 12 *H. J. L. & Pub. Pol.* 371, 388 n. 11 (1989). なお Gill, Symbolic or Real? The Impact of the Canadian Security Intelligence Review

Committee, 1984 - 1988, 4 *Intelligence and National Security* 550 (1989); Blais, The Political Accountability of Intelligence Agencies—Canada, Id. at 108、参照。

オーストラリアでは、一九八七年までは、合同議会委員会は Australian Security Intelligence Organisation (ASIO) の監視を開始していない。一九八七年、情報と安全に関する監察長官のポストが「独立の番犬」として新設された。Andrew, The Growth of the Australian Intelligence Community and the Anglo-American Connection, 4 *Intelligence and National Security* 213 (1989).

一九七七年に議会を通ったイタリアの法律（Law No. 801）は、首相に情報と安全保障政策に関する責任を委ねている。同法は、首相に情報部局に命令を発する権限を付与し、また六ヵ月ごとに議会に対して情報および安全保障政策に関する報告を書面で提出することを求めている。四人の上院議員と四人の下院議員からなる議会の委員会は、首相がもつ国家安全保障上の情報に関する特権に抵触しない限り、情報活動に関する情報を要求し、勧告をなす権限を与えられている。Richelson, Foreign Intelligence Organizations, 116 - 17 (1988).

ドイツ連邦の憲法である基本法は、一定の国内情報活動を制限している。一〇条では、郵便および電気通信の秘密が不可侵であると宣言され、法律の根拠にもとづいてのみこれを制限できるものとしている。A. Blaustein and G. Flanz, ed., *Constitutions of the Countries of the World*, vol. 5, (1985). 連邦議会の監視機能は未発達である。しかしドイツ統一と元の東ドイツの国家安全保障局についての情報開示は、ドイツの情報活動に関する立法府の監視を強化する方向に発展するであろう。

ペレストロイカも、ソビエト連邦における立法府の監視を広めているといわれる。一九八九年七月、ソビエトの議員は、KGB部長のフルシュコフ（Vladimir Kryuchkov）に聴聞会において質問することを初めて認められた。それはフルシュコフがその任について九ヵ月後のことである。*N. Y. Times*, July 15, 1989. at A3, col. 1. しかしながら、その後繰り返し行われているという報告はなく、そうした出来事は、立法府の監視というよりも、世間一般を意識してなされたもののようにみえる。"Ex-K. G. B. Officer, Speaking out, Asserts Spy Agency Is Unchanged," *N. Y. Times*, June 17, 1990, at A12, col. 5 [新聞報道によれば、退職した国家保安省高官 M. Gen. Kalugin は一九九〇年のソビエト議会選挙中にも堂々と選挙運動をしていたとされる。]

（50）　Exec. Order 12, 334 (Dec. 4, 1981, 46 F. R. 59955).

（51）　一九八五年、IOBの顧問は国家安全保障会議（NSC）の職員がコントラに対して議会の禁止を踏み越えて援助しているという主張を調査するように依頼した。その調査はよく言っても大まかなものであり、二つの面接調査と表面的な文書の調査が行われたに止まった。Majority Iran Contra Report は、顧問の専門的資格、経験およびその調査の結論を問題とした。Iran-Contra Report, 前出　注17　文書、at 400.

（52） Executive Order No. 12, 537 of President's Foreign Intelligence Advisory Board (Oct. 28, 1985, 50 F. R. 45083). 行政命令からは、秘密工作活動のなかで、諮問委員会（Advisory Board）がどのような「その他の情報活動」を考慮したかは明らかではない。

（53） ブッシュ政権の政策パネルのメンバーには、次の者が含まれていた。すなわち、副委員長インマン提督（Bobby Ray Inman）（元ＣＩＡ副長官、ＮＡＳ長官）、アレン（Lew Allen）カリフォルニア工科大学副学長（元ＮＳＡ長官）、ペリー博士（Dr. William J. Perry）（元国防総省研究・作戦部部長）、ドイッチュ（John M. Deutsch）元マサチューセッツ工科大学（ＭＩＴ）副学長、ハイランド（William G. Hyland）フォーリン・アフェアー誌編集主任である。議長には、タワー（John Tower）上院議員が任命された。本書執筆の時点で、ブッシュ大統領は、一九九一年の航空機事故で死亡したタワーにかわる新議長をまだ任命していない。Wines, "Bush Scraps Intelligence Board, Appointing a New Panel of 6," *N. Y. Times*, July 17, 1990, at A6, col. 3.

（54） The National Security Act of 1947, sec. 102 (d) (3) は、「中央情報局長官は、情報源、情報収集の方法を、無許可に開示されることから保護する責任を負う。」）定めて、対抗的な義務を設定している。

（55） 22 U. S. C. 2422（すでに廃止された）

「本法律およびその他の法律のもとで支出が認められる資金は、外国におけるＣＩＡの活動であって、その活動が必要な情報の収集をもっぱら意図するもの以外のものにおいては、大統領がその活動をアメリカの国家安全保障にとって重要であると裁定を下すまでは、ＣＩＡにより、あるいはＣＩＡに代わって支出されてはならない。それら活動のいずれも、一九四七年のNational Security Act の Section 501 の適用上、重要な先行情報活動（anticipated intelligence activity）とみなされる。」

（56） S. Rep. No. 101 - 358, 101st Cong., 2d Sess. 52 (1990) (report to accompany S. 2834, the Intelligence Authorization Act for FY 1991, Senate bill).

（57） 準軍事的作戦行動は、不正規または文民によって行われる軍事作戦行動をいう。

（58） 例えば、Director of Central Intelligence Directives.

（59） とくに、The Office of Intelligence Policy and Review.

（60） S. Rep. No.174, (to accompany S. 1324 the Intelligence Authorization Bill for FY 1990 and 1991)101 Cong., 1st Sess. 29 (1989) ; American Bar Association, Standing Committee on Law and National Security, *Oversight and Accountability of the U. S. Intelligence Agencies : An Evaluation* 40 (1985) (citing response to a questionnaire).

（61） Treverton, 前出注 31文献、 at 211 (Afganistan) ; Engelsberg, "U. S. Grant to Czech Parties Is Called Unfair Interference," *N. Y. Times*, June 6, 1990,at A8. なお P. L. 101 - 193, 103 Stat. 1701, The Intelligence Authorization Act for Fiscal Year 1990, sec. 104

［CIAの予備費（Reserve for Contingencies）を含む資金を、一九九〇年二月のニカラグァの選挙において、反対党または反対候補を秘密に支援するために支出することを禁止］を参照せよ。

（62） JCS Pub. 1, Department of Defence *Dictionary of Military and Associated Terms* (1987) 参照。

（63） R. Holt, Radio Free Europa (1958) ; S. Mickelson, *America's Other Voice : The Story of Radio Free Europa and Radio Liberty* (1983) ; J. Tyson, *International Broadcasting and National Security* (1983) 参照。一般的には、22 U. S. C Chap. 43 (International Broadcasting) secs. 2871 - 83 (1988) ; 22 U. S. C. Chap. 18 (United States Information and Educational Exchange Programs) in particular Subchapter V, secs. 1462 (Politics governing information activities), 1463 (Voice of America principles governing communications) and Subchapter V-A (Radio broadcasting to Cuba) 参照。

（64） N. Y. Times, Feb. 16, 1990, at A11, col. 1.

（65） Report by the Advisory Board for Radio Broadcasting to Cuba, G. P. O. (1989) ; なお、Statement for Cuba (no. 69) and Statement for the United States (no. 111), Final Protocol to the International Telecommnication Convention (Nairobi, 1982), United States Senate Treaty Doc. 99 - 6, 99th Cong., 1st Sess. (1985) 参照。

（66） Kamm, "Free' Europa Embraces That Radio and Its Mate," *N. Y. Times,* May 6, 1990, at A20.

（67） 暗殺に関する最初の行政府による禁止は、一九七六年の暗殺に関する議会の聴聞会において、フォード大統領によって採用された。Exec. Order 11, 905, "United States Foreign Intelligence Activities," (Feb. 18, 1976). Richard Helms は一九七二年に最初の暗殺禁止のCIA指令を出している。Alleged Assassination Plots, 前出注（19）文献、at 273.

（68） Engelberg, "C. I. A. Seeks Looser Rules on Killings during Coups," *N. Y. Times,* Oct.17, 1989, at 1, col. 3 (quoting Director Webster.)

（69） *Wash. Post,* Sept. 16, 1990, at A1, col. 1.

（70） この審査の一つの成果として、アメリカが暗殺計画の存在を知った場合には、外国政治指導者に対して警告を発することをアメリカの任務とする従前からの政策を、ブッシュ政権が継続する決定がなされたとされる。Engelberg, "Justice Department Studying U. S. Role in Coups," *N. Y. Times,* Nov. 5, 1989, at A11.

（71） このリストは NSC 10 /2 (1948) からの転用である。通常と異なり、カンボジアにおける非共産側抵抗組織に対する援助に関する公平な報道レポートが、少なくとも一つの政府転覆支援計画の実施に関する情報を提供している。この援助は、タイ、マレーシア、シンガポール、CIA、抵抗組織の代表からなるカンボジア作業グループ（Cambodian Working Group）として知られている団体を通じてなされていると、エアランガー（Steven Erlanger）は報告している。この秘密の援助は、一九九〇年までに年間二千四百万ドルにおよび、それは制服、車両、米、魚の缶詰、バンコク・東京・ボン・パリにある政治事務所の経費、カンボジア向けの二つのラジオ放送局の経費に支出されている。さらにタイとマレーシアは、「非致死性」の技術を用いた抵抗訓練の経費としても使用している。不正な利得が生じるのを避けるために、アメリカの職員が直接に物資を購入し、叛徒に配分するためにタイの職員に物資が引き渡される。S. Erlanger, "Aid to Cambodia Non-Communists Is Detailed," *N. Y. Times*, Nov. 16, 1689, at A16, col. 1. 他の報告によれば、Working Groupはまた、「戦闘計画を検討し、特定の兵器を承認し、直接の現金支払いを行い、抵抗組織の指導者に償還をしている」とされる。J. Stone, "No More U. S. Money for Cambodia's War," *Wash. Post* (Oped), Feb. 19, 1990. ベーカー国務長官は、一九九〇年七月、カンボジアの抵抗組織に対するアメリカの援助を停止した。

（72） Turner, 前出注（181）文献、chap. 4 参照。

（73） B. Berkowitz and A. Goodman, *Strategic Intelligence for American National Security* 143‐47 (1989). ＣＩＡ年間予算に占める秘密工作経費の割合についての図表は、L. Johnson, *America's Secret Power* 101‐4 (1989) ［一九八六年は二〇％におよぶとされている］にある。ただしWebster, The Role of Intelligence in a Free Society, 43 *U. Miami L. Rev.* 155, 158 (1988) では、「伝統的に秘密工作に要する経費は、ＣＩＡ予算のごく少ない部分を構成するにとどまり、三％をこえない」としている。Gsates, The CIA and American Foreign Policy, 66 For. Aff. 215, 216 (1987 /88) では、「国家の情報予算の九五％以上は情報の収集と分析に使われており、ＣＩＡの秘密工作に使われるのはせいぜい三％である」とされている。

（74） N. Y. Times, Oct. 14, 1989, at 6, col. 4. 議会は海外におけるアメリカ国民に対する暴力行為について、アメリカの裁判所の域外管轄を認める多くの法律を制定している。例えば、18 U. S. C. 2331 ［アメリカ国民に対するテロ行為］18 U. S. C. 351 (i) ［議会、大統領府、最高裁の人員の暗殺、誘拐、襲撃］。もっとも議会は、これら裁判管轄権の域外への拡張が、必然的に行政権の一定の責任（それらのあるものは、その性質上、秘密に遂行されなければならないものである）を輸出することになることは考えていないように見える。

（75） United States v. Yunis, 681 F. Supp. 909 (D. D. C. 1988), 4B. O. L. C. 543, 551 (Mar. 31, 1980)、参照。

（76） 秘密扱いには分類されていないが、1989 O. L. C. Opinion (June 21, 1989) は「秘密扱い」と考えられており、部外に公表されていない。しかしこの法律顧問局意見は、とくにバー（William P. Barr）および前国務省法律顧問であるソーフェー（Abraham D. Sofaer）によって、論評が加えられている。Statement of Assistant Attorney General William P. Barr, Office of Legal Counsel, On the Legality as a Matter of Domestic Law of Extraterritorial Law Enforcement Activities That Depart from International Law, Subcommittee on Civil and Constitutional Rights of the Committee on the Judiciary, U. S. House of Representatives, Nov. 8, 1989 ;

Statement of Abraham D. Sofaer, the Legal Adviser, Department of State, The International Law and Foreign Policy Implications of Nonconsensual Extraterritorial law Enforcement Activities, Sub-committee on Civil and Constitutional Rights of the Committee on the Judiciary, U. S. House of Representatives, Nov. 8, 1989. 同室意見（O. L. C. Opinions）は、The Paquette Habana, Brown v. United States, The Schooner Exchange v. M' Faddon, In Re Neagle などの判決でも引用されている。なお *N. Y. Times*, Oct. 14, 1989, at A6, col. 4 も参照せよ。

（77） United States v. Toscanino, 500 F. 2d 277－78 (1974).

（78） カー＝フリスビーの法理（Ker-Frisbie doctrine）は、「強制的な身柄の拉致・誘拐は、法の適正手続き原則を侵害するものでもなく、起訴を無効にするものでもない」という命題を支持している。United States v. Yunis, 681 F. Supp. 909, 918 (D. D. C. 1988). Ker 事件は、この法理が域外適用された事例である。Ker v. Illinois, 119 U. S. 436, 7S. Ct. 225, 30 L. Ed. 421 (1886). この事件において裁判所は、イリノイ州で裁判にかけるために、ピンカートン探偵社の社員がペルーで身柄を拉致して連行した人を有罪としたイリノイ最高裁判所の判決をそのまま支持した。当該探偵社々員は、実際には、窃盗容疑による犯罪人引渡請求の書面をもっていたが、カー（Ker）を誘拐することを選んだ。カーは横領の罪で有罪とされたが、その身柄の拘束が犯罪人引渡条約によるものでなかったため、特定主義の原則による保護も受けなかった。

（79） Toscanino, at 267, 273 (quoting Rochin v. California, 342 U. S. 165 (1952)); Ex rel. Lujan v. Gengler, 510 F. 2d 62 cert. denied, 421 U. S. 1001 (1975). なお、Leich, *Digest of United States Practice in International Law* 1980 234 (1986)（不正規の逮捕について）、参照。

（80） Toscanino, at 275.

（81） Toscanino は、ウルグァイで誘拐され、ブラジルに連行され、そこで尋問を受け、また拷問を受けたと主張した。さらに彼は、アメリカ政府およびニューヨーク州東部地方に所属するアメリカ検察官が尋問の事実を知っており、またアメリカの法執行機関が一部の尋問に加わっていたと主張した。

差し戻し審において、地方裁判所は証拠手続きを経ることなく、原判決を破棄する請求を否定したうえで、管轄権を理由として起訴を退けた。ミシュラー（Mishler）裁判長は次のように書いている。

「起訴状のすべての主張が真実であるとしても、被告人の誘拐および拷問にアメリカ官憲が関与したという証拠はない。被告人は、被告人がアメリカに到着する時点より前に、アメリカ官憲が関与したということを示すいかなる信用できる証拠も提出しなかった。また誘拐がアメリカ官憲の指令のもとに行われたことを示すいかなる証拠もない。」(United States v. Toscanino,

398 F. Supp. 916 (1975)).

（82） Matta-Ballesteros v. Henman, 896 F. 2d 255, 261 (7th Cir. 1990) ; United States v. Yunis, 681 F. Supp. 909, 919 (D. D. C. 1988). さらに、この法理、あるいはこれに類似した法理は、第五、第九、第一〇、第一一巡回裁判所でも否定されている。Matta-Ballesteros ex. rel. Stolar v. Henman, 697 F. Supp. 1040 (S. D. Ill. 1988) (citing United States v. Postal, 589 F. 2d 862 (5th Cir.), cert. denied, 444 U. S. 832 (1979) ; United States v. Winter, 509 F. 2d 975 (5th Cir.), cert denied, 423 U. S. 825 (1975) ; United States v. Cotten, 471 F. 2d 744 (9th Cir.), cert. denied, 411 U. S. 936 (1973) ; Hobson v. Crouse, 332 F. 2d 561 (10th Cir. 1964) ; United States v. Rosenthal, 793 F. 2d 1214 (11th Cir. 1986), cert. denied, 480 U. S. 919 (1987).

（83） United States v. Verdugo-Urquidez, No. 88－5462 (9th Cir. filed July 22, 1991).

（84） United States v. Alvarez-Machain, et al., —— F. Supp. —— (C. D. Cal. Aug. 10, 1990). なお、Mata-Ballesteros ex rel. Stolar v. Henman, 697 F. Supp. 1040 (S. D. Ill. 1988), aff'd, 896 F. 2d 255 (7th Cir. 1990)［ホンデュラスにおけるアメリカとホンデュラスとの共同の誘拐］、ただし United States v. Verdugo-Urquidez, 前出注（83）、参照。

　関連する判例の検討の結果は、しかしながら、秘密の犯罪人引渡や誘拐あるいは強制的な国外退去は、カマレナ殺人事件（Camarena murder）のような極めて特徴的な事例にのみ限られているわけではないということを示している。実際、そうした手段は「伝統的な法執行活動」であったとすらいうことができる。例えば United States v. Reed, 639 F. 2d 896 (2d Cir. 1981)［被告人はバハマのビミニからＣＩＡによって一方的に誘拐されたと主張したが、国家の抗議や反論がない限り、この主張を行う資格がないとされた］; United States v. Yunis, 681 F. Supp. 909, 916 (D. D. C. 1988)［キプロスまたはレバノン政府の異議がない場合には、レバノン国民には、誘拐を犯罪人引渡条約への違反と主張する原告適格はないとした］; United States v. Valot, 625 F. 2d 308, 310 (9th Cir. 1980)［被告人はタイで誘拐されたが、犯罪人引渡条約への違反は訴追を妨げるものではないとされた］; United States v. Cordero, 668 F. 2d 32, 38 (1st Cir., 1981) ; UnitedStates ex. rel. Lujan v. Gengler, 510 F. 2d 62, 67－78 (2d Cir. 1975) cert. denied, 421 U. S. 1001 (1975)［アメリカ官憲に誘拐されたボリヴィア人が、犯罪人引渡条約違反を主張する原告適格を欠くとされた］; Lavato, 520 F. 2d 1270, 1272, cert. denied, 423 U. S. 985, 96 S. Ct. 392, 46 L. Ed. 2d. 302 (1975) ; Ste- venson v. United States, 381 F. 2d 142, 144 (9th Cir. 1967) ; United States v. Herrera, 504 F. 2d 859 (5th Cir. 1974) ; United States v. Sobell, 244 F. 2d 520 (2d Cir.), cert.denied., 355 U. S. 873 (1957) ; Myers v. Rhay, 577 F. 2d 504, 510 (9th Cir.), cert. denied, 439 U. S. 968, 99 S. Ct. 459, 58 L. Ed. 2d427 (1978)、参照。また United States v. Cotten, 471 F. 2d 744, 748 (9th Cir.), cert. denied, 411 U. S. 936, 93 S. Ct. 1913, 36 L. Ed. 2d 396 (1973) ; United States v. Hamilton, 460 F. 2d 1279 (9th Cir. 1972) ; Wentz v. United States, 244 F. 2d172, 176 (9th Cir.) cert. denied,

355 U. S. 806, 78 S. Ct. 49, 2 L. Ed. 2d 50 (1957) も参照せよ。

(85) 裁判所はマチェインの虐待に関する主張を「信用するに足りない」とした。さらに、裁判所はカー＝フリスビーの法理に照らし、Toscanino 事件あるいは類似の事件の例外をのぞいて、起訴が却下された例はないとした。

(86) しかし裁判所は、「マチェインの誘拐にアメリカが関与したことは、これら国際文書に違反するもののように見えるが、権威ある議論によれば、これら国際文書は自動執行性をもたず、したがって実施のための法律がない場合には、連邦裁判所において執行可能なものとはならない」ことを注記している。

(87) 第九巡回控訴裁判所は、後に、命令の執行停止を命じている。ラフィーディ（Rafeedie）判事は、控訴中の保釈を否定した。

(88) United States v. Verdugo-Urquidez, 494 U. S. 259, 108 L. Ed. 222, 110 S. Ct. 1056 (1990)

(89) 例えば、H. Koh, *The National Security Constitution : Sharing Power After the Iran-Contra Affair* (1990) 参照。

(90) Intelligence Authorization Act for FY 1990, Pub. L. No. 101-93, sec. 801, 103 Stat. 1701, 1711 (1989) ; Statement on Signing the Intelligence Authorization Act, Fiscal Year 1990, Nov. 30, 1989, Weekly Compilation of Presidential Documents, vol. 25, 1851-53、参照。

(91) S. Rep. No. 174, 101st Cong., 1st Sess. 22-23 (1989).

(92) Memorandum of Disapproval for the Intelligence Authorization Act, Fiscal Year 1991, 26 Weekly Comp. Pres. Doc. 1958 (Nov. 30, 1990). 同法の Sec. 602 は、「アメリカの各省庁、機関、または政府団体による要求は、秘密工作活動とみなされる」と規定している。報道機関によれば、一九九一年に議会が採択した改正権限付与法案（Revised Authorisation Bill for Fiscal Year 1991）には、大統領も署名する予定であるといわれる。

　この法律の規定は、イラン・コントラ事件以来そうであるように、秘密工作活動に対する立法府の監視に関する議論を枠付けていくであろう。したがって、ここではこの法律のいくつかの条項に関して述べておきたい。この法律は「アメリカが緊急に行動をとる必要がある場合を除いて」[大統領の] 裁定は書面によることを要求している。遡及的な裁定は禁止されている。また情報委員会は以前に承認された秘密工作活動の重大な変更について、通報を受けるものとされている。さらに、同法は、秘密工作活動を含みつつ、それに限られないと定義されている情報活動についての「十分かつ最新の」情報が、議会に伝達されることを確保する責任を大統領に課している。また責任回避の限度を法的に特定するために、それは、「アメリカ合衆国のの政府省庁、機関、または団体が行なう活動」ではなく、「アメリカ合衆国の情報活動」に限って適用されるものとしている。さらに大統領は、秘密工作活動が、「アメリカ合衆国の確認された外交政策目標を支援するために必要であり、またアメリカ合衆国の国家安全保障にとって重要である」ことを決定しなければならず、「その決定は、裁定として公表されなければならない」と規定している。

しかし国家安全保障法（National Security Act）の Title V は、憲法上の権限問題を解決しないままに、これまでの多くの監視条項を保持しようとするであろう。例えば、「アメリカ合衆国の死活利益に影響する異常な状況に対応するため」に、大統領は、指名された議会の八人のメンバーに通報を制限することができる（この場合、大統領はこれに一人または複数の議会指導者を含めることができる）。これに加え、「非常に希な場合」には、大統領はこれを報告する前に、秘密工作活動を開始することができ、また「この部に含まれるいかなるものも、そうした活動を開始する先行条件として、情報委員会の同意を要求するものと解釈されてはならない」と規定されている。

（93）公式注釈（Explanatory Statement）の説くところによれば、新しい定義は、大統領の承認と議会への報告を要する情報活動についての了解を明確にするものであり、これまでの了解をゆるめたり、拡大するものではない。137 Cong. Rec. H5905 (daily ed. July 25, 1991). しかし、ありうべきあるいは結果としてなされるアメリカの軍事行動よりも相当に先立ってなされる活動が、秘密工作にあたるかどうかは、多くの場合、それが、それら活動への「日常的な支援」にあたるかどうかによって決まる。

もし人質や捕虜の救出が、立法府の報告や、軍事上の原則、あるいは歴史が示唆するように、「伝統的な軍事行動」であるのであれば、この新しい定義は、大統領に議会が意図した以上の広い裁量をあたえることとなろう。この立法は、大統領の裁定や通報の手続きの適用範囲の外に「伝統的な軍事行動」を置くことにより、将来の解釈者に、特定の活動をソン・ティ（Son Tay）事件やマヤゲス（Mayaguez）事件あるいはイランの事例においてそうであったような多様な戦術的および政治的な文脈に結び付けることを強要することとなる。もっとも、ソン・ティ事件だけは、明らかに既に存在する紛争の期間中に生じたものである。

この法律はまた、秘密の軍事行動を準備する自由を大統領にあたえるものでもある。実際、この法律の元になった上院の報告書は、他の秘密活動に先立ってなされる支援のための秘密作戦を開示することは、例えばイラン人質救出の場合のように、全体的な作戦を阻害するというターナー海軍長官の危惧に、特に応える内容のものであった。上院の報告書は「伝統的な軍事行動を支える情報を収集するためになされる活動はそれ自身は秘密工作活動ではなく、……大統領の裁定を必要とするものではない」と結論づけている。支援活動が「外国国民の募集、影響力行使、訓練などのアメリカによる秘密の企図を含む場合」にのみ、「その支援は『日常的』ではなくなる。」

イラン事件においては、しかし、軍事行動の支援のためにとられた秘密工作活動が暴露されたことが、アメリカのイランとの関係の方向性を決めてしまい、人質の死亡という結果を導いた。いずれにせよ、この法律は立法府の解釈の余地を広く残したままであり、また結果として、事実が進展した後に初めて知らされる伝統的な秘密工作のために軍事力が使用される機会が増大することを予知させるものである。

(94) ABA Report（前出注(60), at 40）は、「議会との監視の関係は……いずれにせよ、行政府と立法府の政治的関係に依存するものであり、法律で事前に規定できるようなものではない。……政府の二つの権力の立場の妥協の結果として採択された文言は、実際上、監視の関係がどのようなものであるかの決定において、何の実効的な役割も果たさないであろう。」と述べている。

(95) Mill, A Few Words on Non-Intervention, *Fraser's Magazine* (Dec. 1859). *The Vietnam War and International Law* (Falk ed. 1968) に収録されている。

(96) 本書原著の巻末にある Suggested Readings, section 1、参照。（本訳書では省略）。

(97) S. Rep. No. 101‐358, 101st Cong., 1st Sess. 55.

(98) Letter from Sen. Barry Goldwater to William Casey (Apr. 9, 1984) では、一九八四年のニカラグァ港湾の機雷敷設は「国際法に違反する行為である」としている。

第七章　非公然活動の将来――その展望とささやかな指針の提言

さまざまな戦略手段を使った非公然の活動は、それが先制的に用いられる場合でも、また（自衛や対抗措置のように）反撃の手段として用いられる場合でも、それら戦略手段を用いた国家に有利になるような方向に、相手方の国家の態度を誘導する意図をもってなされる。こうした非公然の活動は、さまざまな場合に、多様な強さの度合いで、またさまざまな友好関係あるいは敵対関係にある他の団体との関係で、今後も使われ続けるであろう。残念ながらそれが現代の国際政治の現実である。それら行動は多くの市民が参加する比較的安泰な国内政治とは違っているが、アメリカの政策決定者が、アメリカの施設やアメリカ市民がその標的となることはありえないと仮定することは非現実的であり、また洞察を欠いたものといわざるをえない。

道義的な問題としては、アメリカは一定種類の非公然の活動をすべて放棄すると決定することもできよう。しかしたとえそうしたとしても、弱さや自暴自棄あるいは周到な打算といったことを考えると、他のすべての行動主体がそうした活動を同じように避けるようになるとは思えない。それどころか、非公然の活動による報復的な能力の欠如を明らかにすることは、かえって冒険主義を助長するかもしれない。膨大な兵器庫を保持することにより相手方の武器使用を抑止しようとする戦略と同様、非公然の活動を実行する能力は、それら手段を非合法化する普遍的かつ実効的な合意が成立するまでは、有害な非公然の活動を抑止するものでもありうる。

これまでもそうであった様に国際的な政策決定の過程においては、それら非公然の戦略手段の利用のすべてが無条件に非難されるということはないであろう。その合法性の判断は、様々な政策手段の異なる局面での使用におけるその秘匿性という特質にのみ基づいてなされるのではなく、個々の場合にそれがいかなる政策の実現のために用いられたか、他に可能な手段はなかったたか、それぞれの手段がどのような累積的な効果をもたらす可能性があったかなどを勘案して、総合的に判断されるものである。そうした基準によって判断がなされるならば、すべての非公然の活動が非難されるということにはならないであろう。こうした点のすべてを勘案すれば、アメリカは少なくとも敵対的な非公然活動に対抗するための行動能力を保持し、またその手段と手続きを発展させていく以外に選択の余地はないものと考える。ただし、この能力の保持は、これを積極的に行使することへの賛成を必ずしも意味しない。

以上考察したような様々な理由から、様々な形態の非公然の活動が特定の場合には多くの人々によって正当と考えられることがあるとしても、非公然の活動の是非についての論争はなお継続するものと思われる。それはそれら活動が多くの重要な民主的な価値に反するものであり、また民主的価値はひとまずおくとしても、非公然の活動はより公然になされる活動であればそうはならないような組織上の病理に陥りやすいからである。非公然の活動がたとえ経済効率の点で成功を約束するように思われる場合であっても、それは国内的あるいは国際的に、より多くの政治的費用がかかるものであるかもしれない。それはスパイ小説のような興味をよぶかもしれないが、それら活動の多くが卑劣なやり方で操作あるいは利用され、また必然的に人を騙すような性質をもっているために、いつでも嫌悪の情を催させる。

皮肉なことに、こうした様々な費用が、かえって秘匿しておくことの価値を高め、秘匿性を維持する努力をさらに強める。しかし同時に、現代社会において人々の問題意識の高揚を生み出すメディアの建設的な役割はいくら強調してもし過ぎることはない。メディアはそうした秘匿性を暴露する努力を一層強化するであろう。秘密の活動の暴露はニュースとしての価値をもつ。というのは、民主的政府が何かを秘密裡に行なおうとしている場合には、メディアはそれを暴露することにより、権力を行使する者をチェックする上で不可欠のものとして自らを正当化するからである。こうした努力は時には内外の政治的な敵対者の助力をえてなされるが、彼らはそうすることを通じて、責任者をその地位から追い出し、あるいは少なくとも彼ら自身の権力を増大させるために、それら秘密活動の事実を利用することができる。

非公然の活動の目標あるいはその構図は変化する。戦後の時期に利用された戦略は冷戦の影響を深くうけていた。この時期には、自由市場的な民主主義勢力が敵対する拡張主義的な全体主義秩序と世界的な権力過程のなかで闘争していたのである。こうした政治環境の一部は消滅しつつある。独裁的ソ連帝国の崩壊はきっと大きな変化をもたらすであろう。第六章でふれた一九五四年のフーバー委員会のドリトル小委員会の報告は、それが発表された時点においては説得力をもっていたかもしれないが、環境が変化した結果、今ではもちろん、相当に以前から異端派的ヒステリーの現れとみえるようにすらなっていた。

しかし予言はしばしばその通りには行かない。過去五〇年間の世界政治の基本構造は、それほど急速に、あるいは本当に実質的に変化するとは限らない。シベリアを除いてその領域全部を奪いとられた（もっと多くの領域を確保する可能性もあるが）とはいえ、ロシアは依然として超大国であり続けるであろう。もしいわゆる冷戦の終了が、共存や緊張緩和（デタント）と同じように、相互にとって都合のよい世界システムの再調整のために、今回はモスクワがイニシアチブをとってなされた米ソ間の努力の一つにすぎないのであれば、世界的な権力過程の基本構造は維持されるであろう。こうした解釈においては、経済的に疲弊し兵器開発の次の段階に進むことのできないソ連は、ある兵器についてモラトリアムを提案し、軍事バランスを極度に低いレベルでの均衡に抑え、実益のない多数の地域的な紛争を休止あるいは可能なら終結させ、安全保障にかかわらない問題における協力を約束することにより、中休みを求めているということになる。またこの解釈によれば、モスクワはその見返りに、いくつかの緩衝国に対する支配を緩和し、またエリートの支配を脅かすことなく経済発展がもたらされる限りにおいて、自らの国内政治過程を公開することを約束しようとしていることになる。もしアメリカとNATOがゴルバチョフ大統領の提案を受けいれるならば、世界システムは維持継続される可能性が高く、その場合にはアメリカとソ連の両超大国間での均衡という基本構造が、規模を縮小した形で維持されることになる。

こうした将来についての解釈が現実のものとなった場合であっても、非公然な害敵手段の使用（およびそれら手段への間欠的な、しかし明確な公的寛容）が冷戦の期間を通じてのそれと全く同じ特異な形態でそのまま維持されるということはありそうにない。しかしそれらのある形態のものは、政治的および経済的競争のダイナミズムや、あるいは非公然のテロリズムを正当な政治的手段として認めるイスラム原理主義に属するある宗派[1]のような、対抗的な新しい公秩序像の出現に促されて、今後とも継続される可能性がある。

非公然活動の中心となる重要な部分も変化するかもしれない。国家公秩序に対する外部からの脅威が、多くの非政府的な活動によるものへと変化してきており、ますますそのように再定義されつつあることは明白である。それらには、しばしば不適切かつ広義に定義されているテロリズムのようなものや、組織犯罪、麻薬犯罪、またそれ程ではないにせよ、国境をまたいでなされるホワイト・カラー犯罪が含まれる。これらの活動に加わる者の逮捕は必然的に国際的にならざるをえず、第一章であげた例が示しているように、警察行動に含まれている多くの非公然活動は、ますます外国において実施されるようになるであろう。さらにその地理的な中心も変化するであろう。利用できる開発基金の流れも第三世界から東欧へと変わり、それがついには本当の南北対立に悲惨な効果をおよぼし、主要な第三世界地域の不安定化を招き、それが地域的あるいは世界的な行為主体による非公然活動の絶好の温床となるであろう。

しかし国際政治の場におけるムードの変化にともない、非公然活動に対する国際法的な寛容は急速に後退するかもしれない。国家エリートは非公然行動に関して過去におけると同様の見方を維持するかもしれないが、現代の国際法において重要性を増しつつある一般民衆の見方は、非公然活動に対して広範な非難を向けるかもしれない。この点に関して、第三章でみたように、レインボー・ウォリアー号事件において分裂した反応が示されたことは、将来なされるであろう反応のあり方を予示している。

もっとも国際的に活動するエリートのすべてが非公然活動の多様な形態がもたらす短期的な利益を手放すとは思われない。東西の政治的関係の緩和が同時に政治スパイあるいは産業スパイの横行と併行しているということが報告されているが、それは何ら驚くべきことではない。情報部局はもっぱらその新たな存在意義を模索しているのかもしれないし、あるいはより長期的な視野にたって、時代が一巡りして国家間の敵対関係が再び激化した場合にそなえ、その役割を果たすより良い地歩を確保しようとしているのかもしれない。

しかしながらアメリカにおいては、国内の基本的な憲法過程の変化によって、非公然活動が計画されまた実行される方法について重要な変化がもたらされている。議会は対外政策の「実行」においてさえ一定の役割を果たすことをますます強く要求するようになってきているが、それは多くの料理人がそれぞれに秘密のシチューを作るような状況をもたらすであろう。業界内部の熾烈な競争のなかで劇的な報道にしのぎを削っているメディアは、ますます非公然活動を暴露するようになるだろう。形式的な規範への違反を告発するメディアによる改革活動は、今後ますます国内政治の一つの特徴となるであろう。

しかしこうした民衆の側からの反応は、全体的に見れば不安定で両義的な性質をもつことになると予測される。非公然活動は、これに対する民衆の態度という点から見ると、ちょうど国内刑事司法体制において用いられる警察への密告者に似ている。[2] 極秘情報を提供する代わりに金銭を受けとり、訴追や判決を免れる「犯罪世界」に所属するこうした人々は、刑事司法のなかで広範に利用され、おそらくその慣行の不可欠な一部となっている。しかし情報密告者は民衆的な感情からすれば嫌悪すべきものであり、それゆえ社会に受け容れられない。社会は時折り何がなされつつあるかを発見し、民衆の抗議の声が巻き起こる。それが時には新規の立法に結びつくが、そうした慣行そのものは継続される。社会がこうした慣行をはっきりと拒絶するか、あるいはこうした形での社会的な「よごれ仕事」が必要な場合が生じうることを明確に受け入れるかする方が、ずっといいことははっきりしている。しかし嫌悪と必要とのはざまにあって、こうした明確な割り切り方はなされそうにない。それゆえ、密告の利用の慣行、慣行の撲滅のための改革運動、慣行の回復という一連の循環の繰り返しが今後も予想されるのである。[3]

非公然の活動を実行する際の重要な要素である国家エリートの団結と堅忍不抜の精神は低下しつづけていくであろう。こうした要因のすべてが、非公然活動の実行はおろか、その計画の秘密すら維持するのを困難にするであろう。その結果、これら戦略手段は有用性が失なわれていくこともありえよう。

非公然活動に訴えることにやむをえない理由があるように思われる場合であっても、民主政治における基本的な二つの要請、すなわち権力分立を確保する方法としての公開性の必要と効率性を確保する方法としての秘匿性の必要との間の緊張は存続するし、またしなくてはならないと思う。これら二つの要請の間のどこで実行可能な均衡を図るかについての努力は今度とも続いていくであろうが、いずれの要請も、ある実行された非公然活動が失敗し、あるいは政治的に高い費用のかかるものであることが証明されるまでの間は、存続しつづける。それ以後は、先行したものに示されている失敗をみながら、それを修正する他の非公然活動に引き継がれることになろう。こうした均衡を図る努力はいずれも、一過性のものに終わるであろう。

しかしながら、エリートの中核を担っている人々が、正当な国家目的を達成する上で、非公然活動ないしいずれかの戦略の非公然の局面を必要かつ経済的な手段とみなすような場面が起るかもしれない。非公然活動が必要とされる場合にそなえ、ここでは個々の非公然活動を計画・実行する際の行政の指針として、次の一〇ヵ条を掲げておく。それらはいずれも指針にすぎず、そのまま適用されるべき厳格な規則として提案されているわけではない。

勧告一　非公然活動を行うよう提案がなされた場合には、これを出来うるかぎり公然に行なうように努めよ。

この勧告は非常に評価の難しい問題を含んでいる。というのは、何が「非公然」と認識されるかは明瞭ではなく、たとえば監視機関へのきわめて「一般的な」計画の告知が、その時点では計画中の行動の秘密を保つようになされたのが事実であっても、あとになって情報の完全な開示であったと主張される場合のように、形式的にはこの勧告が従われたように装うことも可能だからである。ここでは「公然」という語を、第一に適当な監視機関に対する情報開示、第二に国際社会に対する情報開示、第三に活動の相手方に対する情報開示という三つの側面で理解する必要がある。開示をどの程度具体的に行なうべきかは、必然的に多くの要因を考慮して評価されるべきものであり、民主主義への考慮、効率性への考慮あるいは国際政治的な考慮が必要とされる。

勧告二　非公然活動は決して行わないという言明をなすべきではない。

「厳しい道義」を求めることへの誘惑は大きく、また外交、相互理解、調整あるいは経済制裁といったものが好まれやすい。しかし合理性にもとづく措置がことごとく失敗し、理念や感情では到底対処しきれない巨悪や重大な危険が生じる場合がないわけではない。すべての政治的不安定の根幹には貧困がある。しかし断固とした行動を要する危機に直面して、悪の源泉である貧困や経済開発援助の必要性について論議することは、場合によっては現実逃避あるいは愚昧と評されても致し方ない。外交政策の分野では行動のいずれかの局面において、ある程度の秘密の確保が依然として必要とされ、政府の活動の一部となるであろう。「非公然活動はしない」という公約がなされた後に秘密が暴露される場合には、一般に政府の活動への公衆の信頼が毀損されるであろうし、また特に現政府に対する信頼の崩壊が生じるであろう。したがって、非公然な手段が行政府に認められた合法的な手段の一つであること、その権限が議会の立法によって与えられていること、適切な手続きが定められていること、しかし民主社会においては特有の問題があることから、この手段に訴えるのは必要最小限の場合に抑えるべきことを予め了知させておくことが好ましい。要するに、責任ある政府機関はそうした手段に訴えることが合法的かつ適当とされうる場合があり、その場合にそうしないことは間違いであるということを公にしておくべきである。

勧告三　非公然活動およびその一部の局面を、強制的行動およびその一部の局面と混同してはならない。

いかなる状況のもとにおいても相手方に何かを隠すことは暴力になるという命題を、哲学的に説得力があると評価したり、あるいは議論の過程における修辞的な必要から言う人がいる。たしかに、動機や準備行動あるいはその実施をいずれかの者に隠すことは、必ずしも健全であるとはいえず、また道徳的に最適ではありえず、したがって一般的に好ましいとはいえない。にもかかわらずそれは他者に対する強要と同じではないし、またその合法性あるいは道義性は多くの環境要因によって決定されると考えるほうがより良識的であると思われる。

勧告四　しかし行政府は自らのために秘密にすることは回避すべきである。

秘密には顕著な政治的利点がある。それはそれを用いる側の権力を増大させ、権力の分配が求められているところでは、秘密はそれを阻害する。民主主義において秘密にすることがもつ危険性ゆえに、秘密の手段は、それがとられなければ他の重要な民主主義的価値が損なわれるような場合以外は、禁止されるべきである。

勧告五　非公然に行われる活動は、それが公然と行われた場合に合法であるようなものに止められるべきである。

秘密にすることとそれ自体は違法でない（あるいは一定の法的条件のもとで違法とされない場合がある）としても、秘密裡になされつつある活動あるいはその一部の局面はそれ自体が合法的なものでなければならない。言い換えれば、秘密の活動は法の要請を回避したり、違法な行動を隠蔽するために用いられてはならない。非公然活動とくに国家間で協調してなされる非公然活動は、それが国際義務の執行活動であったとしたら満たすべき国際基準に合致しているかどうかを評価されなければならない。この評価結果は、その活動を先に進めるかどうかの判断において決定的なものでなければならない。それゆえこの評価は公正かつ率直になされなければならず、婉曲的な表現によるごまかしは回避されなければならない。先にわれわれは、暴君暗殺の問題が道徳的な難問として古来議論されてきたにもかかわらず、なぜ国家が暗殺を後押しすることが政策的に好ましくないと判断するかについて説明した。しかしその点を離れても、それらの行動はいずれも人の死を結果として招くものである。アメリカの行動あるいは行動の回避の結果として政治的な意図に基づく殺人が生じる可能性ないし蓋然性がある場合には、政策決定者は政策の選択肢を明確にかつ特定して示すことを民主主義の価値ゆえに求められる。その際、トルヒーヨの事例やチリの事例において使われ、またその後も政府の秘密文書のなかで判で押したように繰り返し使われているような、「人的な防衛兵器」「排除」あるいは「無害化」といった人を惑わす言葉を用いることはやめるべきであろう。(4) そうした言葉は個々人のレベルでの道徳的な判断や批判的な政治的検討を惑わせるだけである。

勧告六　国際法上なにが合法とされているかを判断するにあたっては、文理的あるいは論理的な方法ではなく、全体状況を踏まえかつ結果を重視した検討方法によるべきである。

二つの点が問題となる。第一に、国際法の構造は、発展した国内法体系とは異なっており、合法性について評価する場合にも必然的に異なる方法が用いられる。それゆえ、もっぱら規則の字句にこだわる文理解釈ではなく、全体状況の検討を踏まえた結果を重視する方法が用いられるべきである。第二に、国際法が許容しているすべてのものが自動的に特定の場合において許容されるとは限らないことである。国際法の欠陥をこれ幸いとして利用するようなことは謹むべきである。多様な戦略手段についての規制の不十分さは、世界秩序の建設にとって残念なことである。行動主体としての国家がそれまでは不法とはされていなかった慣行を自ら抑制して回避することは、より適正な規範を形成し実施するうえで貢献するところが大きい。

この勧告を実施するためには、必要な素養をもち、しかし直接の指揮命令系統には組み込まれていない法律家がその見解を文書で提出する機会をもち、それが記録にとどめられるようにすることが必要である。

秘密にすることの不都合な点は、作戦行動をとる理由と、その成功の見込みについての厳密な公開の検討がなされないことにある。むしろジャニスが「集団思考」と呼ぶものが働いてしまうかもしれない[5]。それゆえ、

勧告七　非公然活動を審査する非公開の政策決定過程が、公開の議論の場と同じように、厳密かつ批判的な検討を可能とするような構造をその内部に確保している必要がある。とくに国内法およびその手続きから免脱することが、全体状況からみて必要と判断される場合には、非合理な要因がその判断のなかに含まれていないかどうかを確認するために注意深く審議する必要がある。

勧告八　戦略手段の教育的あるいは情報提供的な意味が重要である場合には、その最終的な実施については秘密にされるべきではない。

この勧告は明らかに効率性の考慮からでてくるものである。多くの特に強要的な戦略は、相手方にこちら側の意図を伝達し、その行動を抑止するためにとられるのであり、単に相手方に価値剥奪を押しつけあるいはこれを処罰するためのものであるわけではない。伝えられるメッセージの内容や伝達者、あるいはその発信者についての情報が十分に得られない場合には、それら戦略手段の真の目的が果たされないことになる。同様に明白なことは、作戦行動がこうして公然化を必要とすることが、さらにその行動をとる側に重荷を課すことになる。

米国平和研究所において最初にこの見解を公表したときの学者たちとの議論のなかで、この指針については多くの問題が提起された。説得手段が功を奏さなかった後の段階で相手方を破壊することに目的がある場合には、秘密性と「犯人捜しの不可能性」こそが有益かもしれない。ラブタの化学兵器工場のように攻撃目標が限定されている場合には、その攻撃計画は情報提供あるいは教育効果をねらったものではない。その計画の目的は破壊にあるのであり、とくに攻撃対象となった政府がテロなどの手段により報復することが予測される場合には、犯人捜しの手がかりを与えないことが有益であろう。しかしアメリカが、ペルシャ湾における機雷敷設および航行船舶への攻撃に抗議をした後に、石油施設一般の破壊によってイランに制裁を加えることを決定した場合に、これを事故を装った非公然の破壊活動とすることは、その実行者を明示し、その破壊能力を誇示し、その理由を示した公然の活動として行なうことに比べて、はるかにその教育的効果を減じることになる。さらに、公然の活動は攻撃対象施設にいる人員に対して警告を発し、結果的に人命の損失を最小限におさえることに資するであろう。

勧告九　議会の監視機能を強化することは大いに必要であるが、行政府および議会の効率的な機能を確保するためには、その監視は事前の行政的なものではなく、事後における責任追求的なものであるべきである。

行政府を君主制の遺物とみなす傾向がある。しかし、組織に関する広範な現象にされているように、よほど簡素な組織でない限り、政策の実施にあたる専門的な機関が必要である。政策目的の達成度の評価を含む政策の決定および実施にそれぞれ携わる別個の機関が発展してきたのも、その現れである。

非公然活動は行政府を必要とする。そうした活動の能力を保持することが国家的に決定されるならば、その実施が非効率的な制度によって損なわれることがあってはならない。しかし民主主義は行政府の行動が監視と監督に服することを求める。もしこれらの任務に携わる人が同時に行動にも関わっているとすれば、それらの監視は厳密なものではなくなる可能性がある。それゆえ、将来どのように監査制度が改善される場合にも、機能の明確な分化と特定化が社会全体の利益にとって不可欠であると思われる。

勧告十　いかなる非公然の作戦活動が考慮される場合でも、その実行者からみても監視する者からみても、それは意外に早く周知のものとなるということを想定し、果たしてそれがもたらす帰結を受け入れることができるかどうかを、実際に受け入れざるを得なくなってしまう前に検討しておく必要がある。

秘密の幻想は、安全性についてのあてにならない誤った感覚をもたらす。「常に、相手方はあなたがなそうとしていることをすべてを知っていると仮定せよ。そうすれば、実際に相手が知ったとき、そのコストは折り込み済みである。」というゲーム理論の命題が政治の担当者にとっては有効な座右の銘となるであろう。

（1）A.Taheri, *Holy Terror : Inside the World of Islamic Terrorism* (1987). それら行動を導く複雑な動因については、M. H. A. Reisman, "Islamic Fundamentalism and Its Impact on International Law and Politics," in *The Influence of Religion on the Development of International Law* 107 (Janis ed. 1991) 参照。

（2）W. Weyrauch, Gestapo V-Leute : *Tatsachen und Theories des Geheimdienstes Untersuchungen zur Geheimen Staatpolizei waehrend der nationalsozialistischen Herrschaft* (1989).

（3）W. Reisman, *Folded Lies* 98–117 (1979)［邦訳リースマン（奥平訳）『贈収賄の構造』一七三－二〇三頁］。

（4） E. g., *Psychological Operations in Guerrilla Warfare by Tayacan*, reprinted by Random House (1985)［とくに宣伝目的による選別された目標の「中立化」に関する議論についてのp. 57の叙述］。タヤカン・マニュアル（Tayacan manual）は、心理的作戦に関する一九六八年の海軍マニュアルをＣＩＡが改訂したものであり、これがＣＩＡからニカラグァのコントラに提供された。このマニュアルの存在は、一九八四年一〇月に明らかにされた。

（5） I. Janis., *Victims of Groupthink : A Psychological Study of Foreign Policy Decisions and Fiascos* (1972) ; idem., *Groupthink in Two Small Groups and Social Interaction* (Blunberg, Hare, Kent, and Davies, eds. 1983).

訳者あとがき

本訳書は、イェール大学のW・M・リースマン教授（W. Michael Reisman）が執筆した草稿に国務省のベーカー（James E. Barker）が手を加えて出版されたRegulating Covert Action : Practices, Context and Policies of Covert Coercion Abroad in International and American Law（Yale University Press, 1992）を翻訳したものである。原著の執筆時において、リースマン教授はイェール大学のWesley Newcomb Hohfeld Professor of Jurisprudenceの教授職にあった（この法理学教授の地位の前任者は法哲学者として著名なKarl N. Llewellynである）が、一九九八年からは新たに設けられたMyres McDougal Professor of Lawの初代教授となっている。なお、マクドゥガル（McDougal）教授は、法を「法規の体系（body of rules）」としてではなく「政策決定過程（process of decision）」として捉えるいわゆる「法政策学派」あるいは「ニュー・ヘイブン法学派」を創始したことで有名である。リースマン教授はおそらくもっとも忠実にMcDougalの基本的な方法論を受け継いだ研究者であり、人間の尊厳を重視した公秩序（public order respectful of human dignity）の達成に法がどのように貢献しうるか、法学を通じて将来の公秩序の建設をどのようにデザインできるか、ということに一貫して強い関心を寄せ、国際法のみならず、法理学あるいは法社会学などの分野でも著述を出版している（後掲、リースマン教授『主要著作目録』、参照）。

さて、本書でもしばしば使われている「政策決定の基本法決定過程」（constitutive process of decision making）の概念は、法政策学派の方法論の特質を端的に表している。そこにいう“constitutive”の概念は単に一国の憲法秩序を指すものではなく、むしろ世界公秩序（world public order）の基本法原理にまで言及する概念である。こうした政策決定の過程として国際法をとらえることにより、それは伝統的な国際法学とは異なり、国際的な政策に直接に関わる国家や国際組織はもちろん、私企業その他の私的団体あるいは私人までもが世界公秩序の構成に関与する行為者（actor）として含まれることになる。とくに民主主義の価値と人間尊厳の価値を重視する立場にとって、個人としての私人はそれ自身が国境を超えた価値であると同時に、政策決定過程を評価する最終的な判定者として重要な意味をもつことになる。国際と国内の政策決定の場が現実には連続したものであることから、世界公秩序の問題は、constitutive process として、同時にそれぞれの国家の憲法秩序の問題ともなる。人間の尊厳に関わるものとしての世界秩序の構想と憲法秩序の間には固有の仕切線はない。価値を軸として一つの世界秩序が構想されるということは、各国の憲法秩序に一定の同質性を要求することでもある。もちろんこのことが文化の違いを否定して価値一元論を押しつけることに当然につながるわけではないが、またそれは文化差が公秩序をデザインする上での一つの要因でしかありえないことをも意味する。世界秩序と各国憲法秩序の間の調整は、本質的なものではなく、あくまで便宜的、実際的な考慮にもとづくものとなる。

　本書で扱われているのは「秘密工作」「非公然活動」（covert action）［訳語は文脈に応じて使い分ける］であるが、リースマン教授の（あるいは法政策学派の）こうした方法論を反映して、本書では、これら活動が国際法によって禁止されているかどうかという問題の立て方がされているわけではない。それらの活動は、これをどう定義するかという問題は別としても、一般にはもともと国家が国際法上の責任を引き受けることを回避しようとする場合に行われるものであるから、規則体系としての国際法によって禁止されているかどうかという問題の立て方をしても、国家の行態を有効に規制するような結論が導き出せるわけではない。このテーマが規則志向的（rule-oriented）な伝統的国際法学により正面から取り上げられることのなかった一つの理由である。その意味で本書では、国際法に関する法政策学派のアプローチのあり方の特徴が大いに強調されることになる。それは本書の末尾に結論としてまとめられている「座右の銘」の内容を見ても明らかであろう。もっともそれは国際法を規則の体系と見る一般的な立場からすると、逆に、国際法の内容が政治的実際的な便宜の要請の奴隷に堕する危険を同時に孕むという批判の根拠ともなる。実際、マクドゥガル教授の国際法学はしばしば冷戦におけるアメリカ対外政策を理論的に擁護するものという批判を受けてきた。その意味で、本書はまた、法政策学派が「万物流転の国際法」と批判されることの意味をも明らかにしてくれる。いずれにしても、本書では世界秩序のデザインにとって"covert action"がどこまでいかなる理由で認められうるか、また国際的政策決定過程において少なくとも完全には禁止されるわけではないとしても、それらの活動を行う場合に世界秩序における価値を実現するためにどのような点に配慮することが国際的に求められるか、またそれらの活動を行うことによって国内憲法秩序の基本的価値の実現を阻害しかねないようないかなるインパクトが生じるか、そしてそのインパクトを最小限に止め、行動の秘匿性を維持しながら同時に政策決定者の責任を問う可能性を確保し、それら秘密工作が濫用されることのないようにするため、アメリカにおいて大統領府と議会との間のいかなる手続的な調整が行われているかが検討されている。その意味で、本書は、単に「秘密工作の国際法」「非公然活動の国際法」といった内容に留まらず、同時に「外交の民主的統制」といった問題にも当然におよばざるを得ないことになる。

本書の執筆が開始されたのは、ちょうど湾岸戦争が勃発する直前の時期である。湾岸戦争は冷戦終結後の世界において、国連の安全保障体制の真価が問われた事件であった。もっとも国連は多国籍軍の軍事行動を容認するにとどまり、実際の作戦行動や作戦の終結などの決断には、多国籍軍の中核となったアメリカの意向が強く反映された。その意味で、冷戦終結によって各国の「秘密工作」「非公然な活動」「隠密行動」が急速に不必要になったわけではないし、また少なくとも主要国の政策決定者がそのように考えているわけでもない。現に、アメリカは湾岸戦争後にも、イラク国内においてクルド人の自治運動をＣＩＡを通じて援助することを通じて、フセイン大統領の権力基盤を弱体化するための活動を展開してきた。ただ実際にはクルド人内部の対立に関する情報を重視しなかったために、そうした活動は奏功せず、クルド人内のCIA協力者百数十人の処刑という悲惨な結果を招いたといわれている。そしてこの失敗は、CIAが冷戦型思考から脱皮できないでいたことに起因したものといわれている。その意味で、この失敗から、秘密工作の必要性そのものに関して根本的な事情の変化が生じたと結論づけるのは早計であろう。冷戦終結と本書との関係についてリースマン教授に「日本語版への序文」で簡単に補足していただいたので、是非お読みいただきたい。翻訳作業が長引いている間に、世界はさらに新たな安全保障体制の構築への動きを早め、国連の枠組みを離れた軍事活動も活発化した。アフガニスタンやスーダン内のテロリスト基地へのアメリカによる爆撃、人道の回復のための新戦略概念のもとでのNATOによるコソボ空爆などが生じた。こうした国家による公然の軍事活動がさまざまな理由で行われるようになったことは、それだけ「非公然活動」の重要性も高まっているということになるであろう。そうであれば、非公然活動の政策決定過程をどのようにして国内憲法的要請と合致させ、また国際的な場においてその濫用を抑え込んでいくかという問題は、いよいよ重要となる。その意味で、本書の価値は二十一世紀において高まることすらあれ、決して失われることはない。

なお原著の巻末には、注のほか、この問題に関するアメリカの国内判例や法令などを簡単に解説した大部の付属資料が掲げられているが、それらはアメリカの読者には便宜であるが、日本の読者が本文を理解するためには必ずしも必要ではないし、また本文の記述で大概は十分に尽くされていると思われるので、本書では訳出しなかった。これらにとくに関心のある方は原著を参照されたい。

ところで、こと国際法学の分野では、中央大学とイェール大学とは少なからぬ因縁がある。中央大学名誉教授である経塚作太郎先生は若い時代にイェール大学に留学して、リースマン教授の先生であるマクドゥーガル教授のもとで研究した経験があり、またリースマン教授は一九八六年に中央大学法学部客員研究員として数ヵ月間我が国に滞在した経験がある。また現在中央大学の国際法教授である大内和臣先生は、イェール大学でマクドゥーガル教授の下で本格的に法政策学を勉強され、我が国における法政策学派の最良の紹介者でもある。共同翻訳者の一人である宮野教授は一九九二年から一九九三年にかけて、イェール大学ロー・スクールで客員研究員として研究に従事した経験があり、また一九八六年にリースマン教授が中央大学で講演した際の講演記録を、後に『法学新報』に掲載するために訳出している。本訳書は、共同翻訳者の一人である奥脇がたまたま湾岸戦争さなかの一九九〇年から一九九一年にかけてイェール大学に留学した際に、まだ校正用ゲラ刷りの段階にあった原著をリースマン教授から借り受けて、これをもとに下訳を完成していたものをもとに、その後宮野教授が、出版刊行された原著と詳しく照合して修正校閲し、ようやく出版にたどり着いたものである。その間、奥脇は一九九七年から一九九八年にかけて、客員研究員として再度イェール大学で研究する機会を得たが、そのため本訳書の出版に関しては、宮野教授に多大な負担を強いることとなった。宮野教授が訳文校閲の労を引き受けてくださらなかったなら、そして日本比較法研究所および中央大学出版部が出版を引き受けてくださらなかったなら、私の下訳は永遠に日の目を浴びなかったであろう。厚く御礼申し上げる。また校閲の作業が長引いたにもかかわらず、辛抱強く作業を見守ってくださった日本比較法研究所前所長椎橋隆幸教授、現所長木下毅教授にもお礼を申し上げたい。

一九九九年一二月

奥脇直也

日本比較法研究所翻訳叢書

36 J・レジェ他 山野目章夫他訳 フランス私法講演集 A5判 一五〇〇円
37 G・C・ハザード他 小島武司編訳 民事司法の国際動向 A5判 一八〇〇円
38 オトー・ザンドロック 丸山秀平編訳 国際契約法の諸問題 A5判 一四〇〇円
39 E・シャーマン 大村雅彦編訳 ADRと民事訴訟 A5判 一三〇〇円
40 ルイ・ファボルー他 植野妙実子編訳 フランス公法講演集 A5判 三〇〇〇円
41 S・ウォーカー 藤本哲也編訳 民衆司法——アメリカ刑事司法の歴史 A5判 四〇〇〇円
42 ウルリッヒ・フーバー他 吉田豊・勢子編訳 ドイツ不法行為法論文集 A5判 七三〇〇円
43 スティーヴン・L・ペパー 住吉博編訳 道徳を超えたところにある法律家の役割 A5判 四〇〇〇円

＊価格は本体価格です。別途消費税が必要です。

日本比較法研究所翻訳叢書

18	カペレッティ編 小島武司編訳	裁判・紛争処理の比較研究㊦	A5判 二六〇〇円
19	ドゥローブニク他編 真田芳憲他訳	法社会学と比較法	A5判 三〇〇〇円
20	カペレッティ編 小島・谷口編訳	正義へのアクセスと福祉国家	A5判 四五〇〇円
21	P・アーレンス編 小島武司編訳	西独民事訴訟法の現在	A5判 二九〇〇円
22	D・ヘーンリッヒ編 桑田三郎編訳	西ドイツ比較法学の諸問題	A5判 四八〇〇円
23	P・ギレス編 小島武司編訳	西独訴訟制度の課題	A5判 四二〇〇円
24	M・アサド 真田芳憲訳	イスラームの国家と統治の原則	A5判 一九四二円
25	A・M・プラット 藤本・河合訳	児童救済運動	A5判 二四二七円
26	M・ローゼンバーグ 小島・大村編訳	民事司法の展望	A5判 二二三三円
27	B・グロスフェルト 山内惟介訳	国際企業法の諸相	A5判 四〇〇〇円
28	H・U・エーリヒゼン 中西又三編訳	西ドイツにおける自治団体	A5判 一六〇〇円
29	P・シュロッサー 小島武司編訳	国際民事訴訟の法理	A5判 一一〇〇円
30	P・シュロッサー他 小島武司編訳	各国仲裁の法とプラクティス	A5判 一五〇〇円
31	P・シュロッサー 小島武司編訳	国際仲裁の法理	A5判 一四〇〇円
32	張晋藩 真田芳憲監修	中国法制史㊤	A5判 三一〇〇円
33	W・M・フライエンフェルス 田村五郎編訳	ドイツ現代家族法	A5判 三二〇〇円
34	K・F・クロイツァー 山内惟介監修	国際私法・比較法論集	A5判 三五〇〇円
35	張晋藩 真田芳憲監訳	中国法制史㊦	A5判 三九〇〇円

日本比較法研究所翻訳叢書

0	杉山直治郎訳	仏蘭西法諺	B6判（品切）
1	F・H・ローソン 小堀憲助他訳	イギリス法の合理性	A5判 一二〇〇円
2	B・N・カドーゾ 守屋善輝訳	法の成長	B6判（品切）
3	B・N・カドーゾ 守屋善輝訳	司法過程の性質	B6判（品切）
4	B・N・カドーゾ 守屋善輝訳	法律学上の矛盾対立	B6判 七〇〇円
5	ヴィノグラドフ 矢田一男他訳	中世ヨーロッパにおけるローマ法	A5判 一一〇〇円
6	R・E・メガリ 金子文六他訳	イギリスの弁護士・裁判官	A5判 一二〇〇円
7	K・ラーレンツ 神田博司他訳	行為基礎と契約の履行	A5判（品切）
8	F・H・ローソン 小堀憲助他訳	英米法とヨーロッパ大陸法	A5判（品切）
9	I・ジュニングス 柳沢義男他訳	イギリス地方行政法原理	A5判（品切）
10	守屋善輝編	英米法諺	B6判 三〇〇〇円
11	G・ボーリー他 新井政男他訳	〔新版〕消費者保護	A5判 二八〇〇円
12	A・Z・ヤマニー 真田芳憲訳	イスラーム法と現代の諸問題	B6判 九〇〇円
13	ワインスタイン 小島武司編訳	裁判所規則制定過程の改革	A5判 一五〇〇円
14	カペレッティ編 小島武司編訳	裁判・紛争処理の比較研究（上）	A5判 二二〇〇円
15	カペレッティ 小島武司他訳	手続保障の比較法的研究	A5判 一六〇〇円
16	J・M・ホールデン 高窪利一監訳	英国流通証券法史論	A5判 四五〇〇円
17	ゴールドシュティン 渥美東洋監訳	控えめな裁判所	A5判 一二〇〇円

原著者略歴

マイケル・リースマン（W. Michael Reisman）

1939年米フィラデルフィア生まれ。ヘブライ大学法学士（LL. B. 1963年）、イェール大学法学修士（LL .M, 1964年）、イェール大学法学博士（J. S. D., 1965年）、コネチカット州弁護士会（1964年）、フルブライト奨学生（オランダ・ハーグ、1966－67年）、イェール大学ロー・スクール準教授（1969－72年）、同教授（1972－82年）、同ホッフェルト（Hofeld）教授（1982－1998年）、同マクドゥーガル（McDougal）教授（1998年、現在に至る）。

バーゼル大学、中央大学（日本）、香港大学、ベルリン科学大学（Wissenshcaftskolleg）、ジュネーブ国際問題高等研究所、フロリダ各大学にて客員教授を勤める。米州人権委員会委員（1990－95年）及び同委員長（1994－95年）。米加自由貿易協定及び北米自由貿易協定（NAFTA）仲裁裁判官、国際商業会議所（ICC）仲裁裁判官などを歴任。

主要著作は、本書掲載の主要著作目録参照。

共同執筆者のジェームス・ベーカー（James E. Baker）氏は、国務省法律顧問局法務官

訳者略歴

宮 野 洋 一（みやのひろかず）

中央大学法学修士（1980年）、中央大学法学部助手、同助教授を経て、現在、中央大学法学部教授。この間、1992－93年イェール大学ロー・スクール客員研究員、1993－94年ケンブリッジ大学国際法研究所（RCIL）客員研究員を勤める。

主要論文に「国際紛争処理制度の多様化と紛争処理概念の変容」『国際法外交雑誌』、「国際紛争の解決と国際司法裁判所の機能に関する一試論」『法学新報』、主要訳書に国連広報局（編）『国連半世紀の軌跡 1945－1995』（共訳：中央大学出版部、1997年）などがある。

奥 脇 直 也（おくわきなおや）

東京大学法学修士（1971年）、東京大学法学博士（1976年）、東京工業大学助教授、同教授、立教大学法学部教授を経て、現在、東京大学大学院法学政治学研究科教授。この間、1990－91年及び1997－98年イェール大学ロー・スクール客員研究員を勤める。

主要著作に、『現代国際法の指標』（共著：有斐閣、1994年）、『国際法キーワード』（共編著：有斐閣、1997年）、『国家管轄権：山本草二先生古稀記念論文集』（共編：勁草書房、1998年）、「国際調停制度の現代的展開」『立教法学』などがある。

国家の非公然活動と国際法　　日本比較法研究所翻訳叢書（44）

2001年6月15日　初版第1刷発行

訳　者　宮野洋一・奥脇直也
発行者　辰　川　弘　敬

発行所　中央大学出版部

〒 192-0393
東京都八王子市東中野742－1
電話 0426-74-2351 FAX 0426-74-2354

ISBN 4-8057-0345-8　　電算印刷

索　　引

ア 行

カ　行

サ　行

タ　行

ナ　行

マ　行

ヤ　行

ラ　行

■文献・資料案内

第１部・米国法（法典、行政文書、判例、政府文書）、第２部・若干の国の諜報活動監視に関する文献、第３部・国連文書、第４部・条約、第５部・国際判例、 の各リスト、第６部・諜報活動、非公然活動と法に関する文献目録〈単行書〉 第７部・同文献目録〈論文〉

（本訳書では、第2部、第6部、第7部のみ訳出した。）

非公然活動に関する研究は、調査の非常に困難な課題である。第一次資料も非常に少ないが、実際の活動に関する信頼度のまちまちな解説や暴露物ですら不足している。例えば1987年７月の「U.S. News and World Report」誌は、レーガン政権の最初の７年間に議会に報告された非公然活動は50以上に及ぶと報じているが、我々が発見し得たのは公の印刷物となった証言記録にあらわれた大統領府による調査一件（1986年１月17日、イラン関連）にすぎない。一般には、非公然活動は仮に露見することがあったとしても細切れにしか明らかにならない。あるいは一連の様々な出来事を通じてようやく明らかになるにすぎない。米国以外の国あるいは私人による非公然活動については、情報がさらに少ないのは明白である。

この文献・資料案内は、諜報および非公然活動に関して我々が有益であると感じた情報源の一部を、読者に示そうとするものである。全体は七つの部分からなる[但し、本邦訳では、紙幅の制限と訳者あとがきに述べたような理由からそのうち第２部と６部及び７部の文献目録のみを収録した]。本書本文での作業は「国際法」における非公然活動に焦点があてられていたので、第１部では、「米国法」におけるその背景について関心のある読者に対し、より詳しい資料一覧を提供しようとするものである。この部分は、法典、行政文書、判例、そして政府文書を扱う各部からなる。ほとんどの事件や法令にはその要約を付した。しかしこれらの要約は、当該の法令や判例のうち非公然活動に関わる側面に焦点をあてたものなので、通常の判例要旨類と同視しないで頂きたい。

第１部は、当該問題に関する米国法の包括的な要約ではなくて、むしろ、法令や判例の内もっとも重要なものについての案内である。例えば他の論者は、コロンビア特別区巡回裁判所におけるGoldwater v. Carter事件の、準憲法上の原告適格性について適切な解説をしている。さらに以下に言及している法令や行政命令の一部は、ちょうど一部の判例同士が事実関係によって区別されたり、覆されたりするのと同じように、廃止され置き換えられあるいは修正されているかも知れない。にもかかわらずそれらは、国家の安全保障分野における米国法の構造の一部であり続けているのである。このような資料によって読者は適用可能な判例法の踏みならした道をたどることができる。米国における法の引用体系に不慣れな読者は、「Shepard's

United States Citations」か、いずれかの判例データベースの引用サービスについて図書館の司書と相談されたい。

第2部は、各国の諜報活動の監視に関する資料のごく短いリストである。しかし、文献は驚くほど少なく、この主題を包括的に扱うのは資料的には荷が勝ちすぎる。

第3部は本文で引用された国連文書のリストである。他の部もそうであるがこの部も情報源になりうる資料のごく一部を掲げているにすぎない。しかし、さらに研究をすすめようという読者には、出発点を提供するだろう。国連文書の中を探索することは、秘密扱いとして意図的に隠されてこそいないが、あたかも非公然活動そのもののように謎めいた作業と感じる人もいるだろう。我々は、イェール大学のマッド図書館（Mudd Library）のような国連の寄託図書館の利用を勧める［本邦訳では、日本の読者の参考のために、日本国内にある国連寄託図書館のリストを掲載した］。優れたスタッフが初心者にも手ほどきをしてくれることだろう。

第4部は多くの条約、協定、憲章などのリストである。これらは国際法を文書ベースで構成するものであるが、国際法の全体像の一部をなすにすぎないことを忘れてはならない。関連する国際「判例」は第5部に掲載した。ただし、先例拘束性（stare decisis）というコモン・ロー上の原理は、国際法では認められていないことに注意しなければならない。例えば国際司法裁判所の判決は、しばしば［なにがルールかについての］期待の証拠を提供し、あり得る結果を示唆するものではあるが、将来の訴訟における拘束力ある先例とは見なされていない。

第6部と第7部は、諜報活動および非公然活動に関する文献の一般的目録である。単行書と論文に分けてリストされている。これは文献選集である。したがって例えば、新聞記事の引用や週単位の大統領文書集への言及が注にはでてくるが、それらはここには掲載していない。また、我々の事件研究（インシデント・スタディ）の情報源の一部は、該当個所の注には記されているが、これもここには掲載されていない。

■文献目録 （諜報活動、非公然活動と法に関する文献）

▼〈若干の国の諜報活動監視に関する文献〉 原著リスト第2部

Andrew, The Growth of the Australian Intelligence Community and the Anglo-American Connection, 4 *Intelligence and National Security* 213 (1989).

Bill C-9, 2d See., 32d Parliament, 32 Elizabeth II, 1983-84, "The Canadian Security Intelligence Service Act," (sec.34 establishes the Security Intelligence Review Committee).

Blais, The Political Accountability of Intelligence Agencies-Canada, 4 *Intelligence and National Security* 108 (1989).

Gill, Symbolic or Real? The Impact of the Canadian Security Intelligence Review Committee, 4 *Intelligence and National Security* 550 (1989).

Richelson, *Foreign Intelligence Organizations* (1988).
Roy, *Canadian Security and Intelligence : A Bibliography* (1986).
Royal Commission on Intelligence and Security, *Report,* Cambera : Australian Government Pub. Service (1977).
Security Inteligence Review Committee, *Annual Report,* 1985-86.

▼〈単行書〉 原著リスト第6部［邦訳文献は訳者による補充］

Agee, P., *Inside the Company : CIA Diary* (1976).
Agee, P., *On the Run* (1987).
Allison, G., *Essence of Decision : Explaining the Cuban Missile Crisis* (1971) 邦訳、グレアム・T. アリソン（宮里政玄訳）『決定の本質：キューバ・ミサイル危機の分析』（中央公論社1977）.
Amrerican Bar Association. Standing Committee on Law and National Security, *Oversight and Accountability of the U. S. Intelligence Agencies : An Evaluation* (1985).
Armed Conflict and the New Law (M. Meyer ed 1989).
Article 19 World Report 1988 (K. Boyle ed. 1988).
Barron, J., *KGB* (1974).
Barron, J., *KGB Today : The Hidden Hand* (1983).
Beck, M., *Secret Contenders : The Myth of Cold War Counterintelligence* (1984).
Beckwith, C. & D. Knox, *Delta Force* (1983).
Berkowitz, B., & A. Goodman, *Strategic Intelligence for American National Security* (1989).
Bittman, L., *The KGB and Disinformation : An Insiders View* (1985).
Blechman, B., & S. Kaplan, *Force without War : U. S. Armed Forces as a Political Instrument* (1978), (see the Appendix for a list of 215 incidents involving the use of United States armed forces as a political instrument, 1946-1975. : 同書の付録には、合衆国の軍事力が政治的道具として使用された、1946年から1975年に渡る215件のケースのリストが掲載されている。)
Bloch, J. & P. Fitzgerald, *British Intelligence and Covert Action : Africa, Middle East and Europe since 1945* (1983).
Blum, W., *The CIA. A Forgotten History* (1986).
Breckinridge, S., *The CIA and the U. S. Intelligence System* (1986).
Central Intelligence Agency, The (W. Leary ed. I 984).
Cline, R., *The CIA under Reagan, Bush, and Casey* (1983).
Colby, W., *Honorable Men : My Life in the CIA* (1978).
Corwin, E., *The President. : Office and Powers. 1787-1984* (5th ed. 1984).
Davis, N., *The Last Two Years of Salvador Allende* (1985).
Davison, W., *International Political Communication* (1965).

Dinges, J., & S. Landau, *Assassination on Embassy Row* (1980).

Emerson, S., *Secret Warriors: Inside the Covert Military Operations of the Reagan Era* (1988).

Facts on File (for the years 1953, 1960, 1961, 1962, 1973, 1974, 1980, 1981, 1982, 1986, 1987).

Federalist Papers, The (C. Rossiter ed. 1961).

Ferencz, B., *Defining International Aggression* (1975).

Follett, K., *On the Wings of Eagles* (1983). 邦訳、ケン・フォレット（矢野浩三郎訳）『鷲の翼に乗って』（集英社, 1984）.

Ganji, M., *International Protection of Human Rights* (1962).

Herman, E., *Demonstration Elections : U. S. Staged Elections in the Dominican Republic, Vietnam, and El Salvedor* (1984).

Holt, R., *Radio Free Europe* (1958).

Hutbauer, G., J. Schott, & K. Elliott, *Economic Sanctions Reconsidered : History and Current Policy* (1985).

Humanitarian Intervention and the United Nations (R. Lillich ed, 1973).

Intelligence Requirements for the 1980s : Covert Action (R. Godson ed. 1981).

Intelligence Requirements for the 1990s : Covert Action (R. Godson ed. 1989).

Janis, I., *Groupthink* (2d ed. 1982).

Janis. I., *Victims of Groupthink: A Psychological Study of Foreign Policy Decisions and Fiascos* (1972).

Jensen-Stevenson, M. & W. Stevenson, *Kiss the Boys Goodbye* (1990).

Johnson, L. America's Secret Power : *The CIA in a Democratic Society* (1989).

Kalshoven, F., *Belligerent Reprisals* (1971).

Keesings Contemporary Archives (for the years 1959-1960, 1961, 1962, 1986, 1987).

Khrushchev, N., *Khrushchev Remembers* (1970).

Knott, S., *Historical and Legal Foundation of American Intelligence Activities* (1990) (unpublished dissertation) .

Koh, H., *The National Security Constitution* (1990).

Levitt. G., *Democracies against Terror* (1988).

McClanahan, G., *Diplomatic Immunity* (1989).

McDougal, M. & F. Feliciano, *Law and Minimum World Public Order* (1961).

Marchetti, V., & J. Marks, *The CIA and the Cult of lntelligence* (1974).

Medvedev, R., *Khrushehev* (1982).

Meyer, C., *Facing Reality : From World Federalism to the CIA* (1980).

Mickelson, S., *America's Other Voice : The Story of Radio Free Europe and Radio Liberty* (1983).

Moore, J., *Law and the Indo-China War* (1972).

Moore, J. (ed.), *Law and Civil War in the Modern World* (1974).

Murty, B., *The International Law of Propaganda* (1989).
Neumann, S., *Permanent Revolution : Totalitarianism in the Age of International Civil War* (2d ed. 1965).
Paust, J., & A. Blaustein, *The Arab Oil Weapon* (1977).
Persico, J, Casey : *From the OSS to the CIA* (1990).
Phillips, D., *The Night Watch* (1977).
Powers, T., *The Man Who Kept the Secrets : Richard Helms and the CIA* (1979).
Prados, J., *President's Secret Wars.' CIA and Pentagon Covert Operations since World War* II (1986).
Ranelagh, J., *The Agency : The Rise and Decline of the CIA* (1986).
Reisman, W., *Folded Lies : Bribery, Crusedes and Reforms* (1979). 邦訳、W. M. リースマン（奥平康弘訳）『贈収賄の構造』（岩波現代選書,1983).
Reisman, R. & A Willard, *International Incidents* (1988)（第一章の講義版邦訳：マイケル・リースマン（宮野洋一・訳）「国際事件分析－国際法認識の新たな方法－」『法学新報』99巻 1 = 2 号（1992）pp. 137-170.).
Restatement (Third) of Foreign Relations law of the United States 1987.
Richelson, J., *The U S Intelligence Community* (2nd ed. 1989).
Robbins, C., *Air America* (1978).
Rocca, R. & J. Dziak, *Bibliography on Soviet Intelligence and Security Services* (1985).
Roosevelt, A., *For Lust of Knowing : Memoirs of an Intelligence Officer* (1988).
Roosevelt, K., *Countercoup. : The Struggle for the Control of Iran* (1979) 邦訳、ルーズベルト（小西昭之訳）『ＣＩＡの逆襲：ドキュメント「パーレビ復権」』（毎日新聞社, 1980).
Rositzke, H., *The CIA's Secret Operations* (reprint 1988).
Ryan, P., *The Iranian Hostage Mission* (1985).
Schlesinger, A., *A Thousand Days* (1965). 邦訳、シュレジンガー, A. M.（中屋健一訳）『ケネディ：栄光と苦悩の一千日』（河出書房, 1966).
Shultz, R., & R. Godson, *Dezinformatsia : Active Measures in Soviet Strategy* (1984).
Sick, G., *All Fall Down: America's Tragic Encounter with Iran* (1985).
Smith, J., *Portrait of a Cold Warrior* (1976).
Snepp, F., *Decent Interval* (1977).
Sofaer, A., *War, Foreign Affairs and Constitutional Power* (1976).
Sorensen, T., *Kennedy* (1965).
Stockwell, J., *In Search of Enemies : A CIA Story* (1978).
Taheri, A., *Holy Terror: Inside the World of Islamic Terrorism* (1987).
Teson, F., *Humanitarian Intervention : An Inquiry into Law and Morality* (1988) (2ed. 1996).
Treverton, G., *Covert Action: The Limits of Intervention in the Postwar World* (1987).
The Trial of German Major War Criminals : Proceedings of the International Militay

Tribunal Sitting at Nuremburg Germany (1950).
Turner, S., *Secrecy and Democracy : The CIA in Transition* (1985).
Tyson, J., *International Broadcasting and National Security* (1983).
Weyrauch, W., *Gestapo V-Leute : Tatsachen und Theorie des Geheimdienstes Untersuchungen zur Geheimen Staatspolizei während der nationalsozialistischen Herrschaft* (1989).
Whitton, J. & A. Larson, *Propaganda : Towards Disarmament in the War of Words* (1963)
Woodward, B., *Veil : The Secret Wars of the CIA 1981-1987* (1987).
Wright, P., *Spycatcher* (1987).
Writings of James Madison, The (G. Hunt ed. 1969).
Wyden, P., *Bay of Pigs* (1979).
Zoller, E., *Peacetime Unilateral Remedies* (1984).

▼〈論文〉 原著リスト第７部

Arsanjani, *Survey of State Practice and Doctrine on Counter-Measures,* unpublished paper presented for the United Nations Secretariat, Codification Division (1989).
Bayzelr, Reexamining the Doctrine of Humanitarian Intervention in Light of the Atrocities in Kampuchea and Ethiopia, 23 *Stan. J. Int'l L.* 547 (1987).
Beitz, Covert Intervention as a Moral Problem, 3 *Ethics and Int'l Aff.* 45 (1989).
Bowett, Reprisals Involving Recourse to Armed Force, 66 *Am. J. Int'l L.*1(1972).
Bruemmer & Silverberg. The Impact of the lran-Contra Matter on Congressional Oversight of the CIA, 11 *Hous. J. Int'l L.* 219 (Fall 1988).
Damrosch, Retaliation or Arbitration-or Both? The 1978 United States-France Aviation Dispute, 74 *Am. J. Int'l L.* 785 (1980).
Eisold, *The Rainbow Warrior Incident,* unpublished student paper (1989).
Falk, American Intervention in Cuba and the Rule of Law, 22 *Ohio St. L. J. 546* (1961).
Feith, Law in the Service of Terror : The Strange Case of the Additional Protocol, *National Interest* 36 (Fall 1985).
Franck & Rodley, After Bangledesh : The Law of Humanitarian Intervention by Military Force, 67 *Am. J. Int'l L.* 275 (1973).
Gasser, An Appeal for Ratification by the United States, 81 *Am. J. Int'l L.* 910 (1987).
Gates, The CIA and American Foreign Policy, 66 *For. Aff,* 215 (1987 /88).
Gorove, The Geostationary Orbit : Issues of Law and Policy. 73 *Am. J. Int'l L.* 444 (1979)
Halperin, American Military Intervention : Is It Ever Justfied, 228 *Nation* 668 (1979).
Hamilton, *The Role of Intelligence in the Foreign Policy Process, Essays on Strategy and Diplomacy* No. 9, Keck Center for International Strategic Studies (1987).
Iga & Auurbach, Political Corruption and Social Structure in Japan, 17 *Asian Survey* 556 (1977)

Johnson, Controlling the CIA : A Critique of Current Safeguards, 12 *H. J. I. & Pub. Pol.* 371 (1989)

Kalshoven, *Belligerent Reprisals Revisited* (1990) (unpublished paper).

Legal and Policy Issues in the lran-Contra Affair : Intelligence Oversight in a Democracy, Symposium, 11 *Hous. J. Int'l L* (1988).

Lobel, Covert War and Congressional Authority : Hidden War and Forgotten Power' 134 *U. Pa. L. Rev.* 1035 (1986).

MacDonald, The Nicaragua Case : New Answers to Old Questions ?, 24 *Can. Y. B Int'l L.* 127 (1986).

McDougal, The Soviet-Cuban Quarantine and Self-Defense, 57 *Am. J. Int'l L.* 597 (1963).

McDougal, Lasswell, & Reisman, The World Constitutive Process of Authoritative Decision, 19 *J. Legal Ed.* 253 (1967).

Malamut, Aviation : Suspension of Landing Rights of Polish Airlines in the United States, 24 *H. Int'l L. J.* 190 (1983).

Meeker, Defensive Quarantine and the Law, 57 *Am. J. Int'l L.* 515 (1963).

Mill, A Few Words on Non-Intervention, *Fraser's Magazine* (Dec. 1859) (republished among other places in *The Vietnam War and International Law* (Falk ed. 1968)).

Note, The Rainbow Warrior Affair : State and Agent Responsibility for Authorized Violations of International Law, 5 *B. U. Int'l L. J.* 398 (1987).

Panel : Cuban Quarantine : Implications for the Future, 57 *Proc. Am. Soc. Int'l L.* 1 (1963).

Parry, Defining Economic Coercion in International law. 12 *Tex. Int'l L. J.* 3 (1977).

Paust, Responding Lawfully to International Terrorism : The Use of Force Abroad, 8 *Whittier L. Rev.* 711 (1986).

Paust & Blaustein, The Arab Oil Weapon-A Threat to International Peace, 68 *Am. J. Int'l L.* 410 (1974).

Reisman, International law-Making : A Process of Communication, Lasswell Memorial Lecture, American Society of International Law, Apr. 24, 1981 , *Proceedings of the A. S. I. L.* 101 (1981).

Reisman, No Man's Land : International Legal Regulation of Coercive Responses to Protracted and Low Level Conflict, 11 *Hous. J. Int'l L.* 3 17 (Spring 1989).

Reisman, Old Wine in New Bottles : The Reagan and Brezhnev Doctrines in Contemporary International Law and Practice, 13 *Y. J. Int'l L.* 171 (1988).

Reisman, Private Armies in a Global War System : Prologue to Decision, 14 *Va J Int'l L.* 1 (1973).

Reisman, The Tormented Conscience : Applying and Appraising Unauthorized Coercion, 32 *Emory L. J.* 499 (1983).

Reisman & Freedman, The Plaintiff's Dilemma : Illegally Obtained Evidence and Admimissibility in International Adjudication, 76 *Am. J. Int'l L.* 739 (1982).

Reisman et al, The Formulation of General International Law, 2 *Am. Univ. J Int'l L &*

Pol'y 448 (1987).
Roberts, The New Rules for Waging War : The Case against Ratification of Protocol I, 26 *Va. J. Int'l L.* 109 (1985).
Schachter, The Right of States to Use Armed Force, 82 *Mich. L. Rev.* 1620 (1984).
Seidl-Hohenveldern, The United Nations and Economic Coercion, 18 *Belgian Rev. Int'l L.* 9 (1984-1985).
Sheffer, U. S. Law and the Iran-Contra Affair, 81 *Am. J. Int'l L.* 696 (1987).
Shihata, Destination Embargo of Arab Oil : Its Legality under International Law, 68 *Am. J. Int'l L.* 591 (1974),
Singer, Commitments, Capabilities and US Security Policies in the 1980s, 9 *Parameters* 27 (No. 2, 1979).
Skubiszwski, Use of Force by States, Collective Security, Law of War and Neutrality, in *Manual of Public International Law* 755 (Sørensen ed. 1968),
Suzuki, Extraconstitutional Change and World Public Order: A Prologue to Decision Making, 15 *Hous. L. R.* 23 (1977).
Use of Nonviolent Coercion : A Study in Legality under Article 2 (4) of the Charter of the United Nations (Comment), 122 *U. Pa. L. Rev.* 983 (1974).
Van Houtte, Treaty Protection against Economic Sanctions, 18 *Belgian R. Int'l L.* 34 (1984-1985),
Webster, The Role of Intelligence in a Free Society, 43 *U. Miami L. Rev.* 155 (1988).
Wright, The Crime of "War-Mongering," 42 *Am. J. Int'l L.* 128 (1948).

■日本における国連寄託図書館のリスト

日本国内で国連文書にアクセスできる「国連寄託図書館」は現在、以下の通り。

北海道大学付属図書館（TEL.011-716-2111 内線4107）
東北大学付属図書館（TEL.022-217-5927/5928）
国立国会図書館（TEL.03-3581-2331 内線4610）
東京大学総合図書館（TEL.03-3812-2111 内線2645/2622）
中央大学（中央）図書館・国際機関資料室（TEL.0426-74-2591）
日本大学国際関係学部図書館（静岡県三島市）（TEL.0559-80-0860）
愛知県芸術文化センター愛知県図書館（TEL.052-212-2323）
金沢市国連寄託図書館（金沢市立泉野図書館内）（TEL.0762-80-2345）
京都国連寄託図書館（立命館大学「アカデメイア立命21」内）（TEL.075-465-8107）
神戸大学経済経営研究所（TEL.078-803-0386）
広島市立中央図書館（TEL.082-222-5542）
九州国連寄託図書館（福岡市総合図書館内）（TEL.092-852-0600 内線245/254）
西南学院大学付属図書館（TEL.092-823-3410 内線3410）
琉球大学付属図書館（098-895-2221 内線2143）

これ以外に、最新の資料は、国連広報センター（〒150東京都渋谷区神宮前 5-53-70　国連大学ビル 8 階　TEL.03-5467-4451）で閲覧することができます。

以上の電話番号等は『国連寄託図書館利用案内1995年』

（第27回国連寄託図書館会議・京都国連寄託図書館1995年）による。

尚、現在では、インターネット（国連のホームページはhttp://www. un. org/）でもかなりの文書にアクセス可能になっています。

■リースマン教授主要著作目録

（リースマン教授の著作は、現時点で既に200点を超える膨大なものなので、ここでは単行書の全てと、論文等については一部を収録するにとどめた――訳者。）

【著書】

Art of the Possible : Diplomatic Alternatives in the Middle East, Princeton Univ. Pr., 1970.

Nullity and Revision : The Review and Enforcement of International Judgments and Awards, Yale University Press, 1971.

Puerto Rico and the International Process : New Roles in Association, ASIL, West Publishing Company, 1974. Reprinted in 11 *Revista Juridica de la Universidad Interamericana de Puerto Rico* (1977).

Toward World Order and Human Dignity : Essays in Honor of Myres S. McDougal, (co- edited with Burns Weston), Free Press, 1976.

Folded Lies : Bribery, Crusades, and Reforms, Free Press, 1979.
邦訳、W. M. リースマン（奥平康弘訳）『贈収賄の構造』（岩波現代選書, 1983）
他にスペイン語訳（1984）、ロシア語訳（1988）あり。

International Law in Contemporary Perspective : The Public Order of the World Community (co- edited with Myres S. McDougal), Foundation Press, 1981.

International Law Essays (co- edited with Myres S. McDougal), Foundation Press, 1981.

Power and Policy in Quest of Law : Essays in Honor of Eugene Victor Rostow (co- edited with Myres S. McDougal), Martinus Nijhoff, 1985.

Jurisprudence :Understanding and Shaping Law (with Aaron M. Schreiber), New Haven Press, 1986.

International Incidents : The Law that Counts in World Politics (co- edited with Andrew R. Willard), Princeton University Press, 1988.（第一章の講義版邦訳：W. M. リースマン（宮野洋一訳）「国際事件分析－国際法認識の新たな方法－」『法学新報』99巻 1＝2 号（1992）pp. 137-170.）.

Regulating Covert Action : Practices, Contexts and Policies of Covert Coercion Abroad in International and American Law (with James E. Baker), Yale University Press, 1991（本書原著）.

Systems of Control in International Adjudication and Arbitration : Breakdown and Repair,

Duke University Press, 1992.

Straight Baselines in International Maritime Boundary Delimitation (with Gayl Westerman), St. Martin's Press, 1992.

The Laws of War Basic Documents on the Law of International Armed Conflicts (with Christos T. Antoniou), Vintage Press, 1994.

The Supervisory Jurisdiction of the International Court of Justice : International Arbitration and International Adjudication, 258 Recueil des Cours 9-394. (1996).

International Commercial Arbitration : Cases, Materials and Notes on the Resolution of International Business Disputes (with Laurence Craig, William Park & Jan Paulsson), Foundation Press, 1997.

Law in Brief Encounters, Yale Univ. Press, 1999.

Jurisdiction in International Law (Library of Essays in International Law.)
(Editor), Ashgate, 1999.

Fraudulent Evidence in International Litigation (Lauterpacht Lecture), Cambridge Univ.Pr. (Forthcoming).

International Law in Contemporary Perspective, 2nd ed. (with McDougal and S. Wiessner) (in progress).

The World Constitutive Process : Structure of Decision in International Law and Politics (with McDougal and A. R. Willard) (in progress).

【論文】(抄)

略号 *AJIL= American Journal of International Law*
ASIL= American Society of International Law
IL.Essays, 1981= McDougal and Reisman, International Law Essays, 1981.
JIL= Journal of International Law
Yale JIL= Yale Journal of International Law

"The Role of the Economic Agencies in the Enforcement of International Judgments and Awards : A Functional Approach", 19 *International Organization* 929 (1965).

"Revision of the South West Africa Cases", 7 *Virginia JIL* I (1966).

"The World Constitutive Process of Authoritative Decision", 19 *Journal of Legal Education* 253 (with Myres S. McDougal and Harold D. Lasswell, 1967) ; reprinted in Black and Falk, 1 *The Future of the International Legal Order,* 1968 ; reprinted in *IL.Essays, 1981.*

"Rhodesia and the United Nations : The Lawfulness of International Concern", 62 *AJIL* 1 (with Myres S. McDougal, 1968) ; reprinted in 2 *International Lawyer* 721 (1968).

"Theories about International Law : Prologue to a Configurative Jurisprudence", 8 *Virginia*

JIL (with Myres S. McDougal and Harold D. Lasswell, 1968) ; reprinted in *IL. Essays, 1981.*

"Sanctions and Enforcement" Vol. 3, Black and Falk, *The Future of the International Legal Order,* 1970 ; reprinted in *IL. Essays, 1981.*

"International Non-Liquet : Recrudescence and Transformation", 3 *International Lawyer* 770 (1969).

"Procedures for Controlling Unilateral Treaty Termination", 63 *AJIL* 544 (1969).

"Who Owns Taiwan : A Search for International Title", 81 *Yale Law Journal* 599 (with Lung-chu Chen, 1972) ; reprinted in Yung-Hwah Jo, *Taiwan 's Future,* 1974.

"The Intelligence Function and World Public Order", 46 *Temple Law Quarterly* 365 (with Myres S. McDougal and Harold D. Lasswell, 1973) ; reprinted in *IL. Essays, 1981.*

"Private Armies in a Global War System : Prologue for Decision", 14 *Virginia JIL* 1(1973) ; reprinted in J. N. Moore, *International Law and Civil War* (Johns Hopkins Press, 1973) ; reprinted in *IL. Essays, 1981.*

"Accelerating Advisory Opinions : Critique and Proposal", 68 *AJIL* 648 (1974).

"Recognition and Social Change", in *Toward World Order and Human Dignity: Essays in Honor of Myres S. McDougal* (with Eisuke Suzuki, co-edited with Burns Weston), 1976.

"The Regime of Straits and National Security". 74 *AJIL* 48 (1980).

"Termination of the U. S. S. R.'s Treaty Right of Intervention in Iran", 74 *AJIL* 144 (1980).

"The Legal Effect of Vetoed Resolutions", 74 *AJIL* 904 (1980).

"The Case of the Non-Permanent Vacancy", 74 *AJIL* 907 (1980).

"International Law-making : A Process of Communication", Lasswell Memorial Lecture, ASIL. 24 April 1981 *Proceedings of the ASIL* 101(1981).

"The Plaintiff's Dilemma : Illegally Obtained Evidence and Admissibility in International Adjudication" (with Eric Freedman), 76 *AJIL* 739 (1982).

"The Struggle for the Falklands", 93 *Yale Law Journal* 287(1983).

"International Law in Policy-Oriented Perspective" (with Myres S. McDougal), in Macdonald and Johnston, The *Structure and Process of International Law: Essays in Legal Philosophy, Doctrine and Theory* 103 (M. Nijhoff, 1983).

"Coercion and Self-Determination : Construing Article 2 (4)", 78 *AJIL* 642 (1984).

"Criteria for the Lawful Use of Force in International Law", 10 *Yale JIL* 279 (1985).

"The Cult of Custom in the Late 20th Century", 17 *California Western ILJ* 133 (1987).

"Old Wine in New Bottles : The Reagan and Brezinev Doctrines in Contemporary International Law and Practice", 13 *Yale JIL* 171 (1988).

"Which Law Applies to the Afghan Conflict ?", 82 *AJIL* 459 (with James Silk, 1988).

"Respecting One's Own Jurisprudence : A Plea to the International Court of Justice", 83 : 2 *AJIL* 312 (April 1989).

"Reflections on State Responsibility for Violations of Explicit Protectorate, Mandate, and Trusteeship Obligations", 10 : 1 *Michigan JIL* 231 (Winter, 1989).

"The Arafat Visa Affair : Exceeding the Bounds of Host- State Discretion", 83 : 5 *AJIL* 519 (July 1989).

"An International Farce : The Sad Case of the PLO Mission", 14 : 2 *Yale JIL* 412(1989).

"Reflections on State Responsibility For Violations Of Explicit Protectorate, Mandate, And Trusteeship Obligations", 10 *Michigan JIL* 231 (1989).

"Necessary and Proper: Executive Competence to Interpret Treaties", 15 : 2 *Yale JIL* 316 (1990).

"War Powers : The Operational Code of Competence", 83 : 4 *AJIL* 777 (October, 1989) ; reprinted in *Foreign Affairs and the U. S. Constitution* (L. Henkin, M. Glennon and W. Rogers, eds.), 68 (1990).

"Governments- in- Exile : Notes Toward a Theory of Formation and Operation", in *Governments- in- Exile in Contemporary World Politics* (Shain, ed.), 1990.

"Moving International Law from Theory to Practice : The Role of Military Manuals in Effectuating the Law of Armed Conflict" (with W. Lietzau), Vol. 64 *International Law Studies* 1991. The Law of Naval Operations (H. B. Robertson, Jr., ed.).

"Some Lessons from Iraq : International Law and Democratic Politics", 16 *Yale JIL* 203 (1991).

"Intenational Election Observation", 4 *Pace University Yearbook of International Law* 1 (1992).

"Some Reflections on International Law and Assassination Under the Schmitt Formula", 17 : 2 *Yale JIL* 687 (1992).

"Statehood and International Legal Personality : Blaine Sloan Lecture- International Election Observation" 4 *PaceYb IL* 1 (1992).

"Autonomy, Interdependence, and Responsibility" 103 : 2 *Yale LJ* 401 (1993).

"New Scenarios of Threats to International Peace and Security : Developing Legal Capacities for Adequate Responses", *The Future of International Law Enforcement New Scenarios- New Law ? Proceedings of an International Symposium of the Kiel Institute of International Law* (J. Delbrück, ed), 13 (1993).

"The View from the New Haven School of International Law", *Proceedings of the 86th Annual Meeting of the ASIL* 118 (1993).

"The Constitutional Crisis in the United Nations", 87 : 1 *AJIL* 83 (1993), reprinted in *The Development of the Role of the Security Council, Workshop 1992,* Hague Academy of International Law, Nijhoff. 1993.

"The Constitutional Court and the Independence of the Judiciary", in *Hungarian Constitutional Reform and the Rule of Law* (D. T. Fox and A. Bonime- Blanc, eds.), 1993.

"Preparing to Wage Peace: Toward the Creation of an International Peacemaking Command and Staff College", 88 : 1 *AJIL* 76 (1994).

"The Raid on Baghdad : Some Reflections on its Lawfulness and Implications", 5 : 1

European JIL 120 (1994).

"Covert Action" 20 : 2 *Yale JIL* 419 (1995).

"Contextual Imperatives of Dispute Resolution Mechanisms- Some Hypotheses and Their Applications in the Uruguay Round and NAFTA", 29 : 3 *Journal of World Trade* 5 (June 1995) (with Mark Wiedman).

"Haiti and the Validity of International Action", 89 : 1 *AJIL* 82 (1995).

"Humanitarian Intervention and Fledgling Democracies" 18 : 3 *Fordham International Law Journal* 794 (1995).

"Protecting Indigenous Rights in International Adjudication", 89 : 2 *AJIL* 350 (1995).

"Practical Matters for Consideration in the Establishment of a Regional Human Rights Mechanism : Lessons from the Inter- American Experience", 1 *Saint Louis- Warsaw Transatlantic Law Journal* 89 (1995).

"Institutions and Practices for Restoring and Maintaining Public Order", 6 : 1 *Duke Journal of International and Comparative Law* 175 (1995).

"Assessing the Lawfulness of Non- Military Enforcement : The Case of Economic Sanctions", *Proceedings of the 89th Annual Meeting of the ASIL* 350 (1996).

"Designing Law Curricula for a Transnational Industrial and Science- Based Civilization", 46 : 3 *Journal of Legal Education* 322 (1996).

"Economic Sanctions : Do They Really Work ?", 2 : 3 *ILSA JICL* 587 (1996).

"Human Rights Workers as Internationally Protected Persons", in *The Living Law Nations, : Essays on Refugees , Minorities, Indigenous Peoples and the Human Rights of Other Vulnerable Groups in Memory of Atle- Grahl Madsen* (Alfredsson and MacAlister-Smith, eds.), 391 (1996).

"International Law and the Inner Worlds of Others", 9 : 1 *St. Thomas L. R.* 25 (1996).

"A Jurisprudence from the Perspective of the "Political Superior", 23 : 3 *Northern Kentucky Law Review* 605 (1996).

"Legal Responses to Genocide and Other Massive Violations of Human Rights", 59 : 4 *Law and Contemporary Problems* 75 (1996).

"Myres S. McDougal : Architect of a Jurisprudence for a Free Society ", 66 : 1 *Mississippi Law Journal* 15 (1996).

"Tilting at Reality", 74 : 6 *Texas L. R* 1261 (1996).

"Designing and Managing the Future of the State", 8 : 3 *European JIL* 409- 420 (1997).

"The Applicability of International Law Standards to United Nations Economic Sanctions Programmes", (with D. L. Stevick), 9 : 1 *European JIL* 86- 141. (1998).

"Stopping Wars and Making Peace : Reflections on the Ideology and Practice of Conflict Termination in Contemporary World Politics", 6 *Tulane JI & Comp. Law* 5 (1998).

"International Legal Responses to Terrorism", 22 *Houston JIL* 3 (1999).

"Kosovo's Antinomies", 93 *AJIL* 860 (1999).

"Theory About Law : Jurisprudence for a Free Society", 108 *Yale Law J* 935 (1999).

“The United States and International Institutions”, 41 *Survival* 62 (1999).

“The Incident at Cavalese and Strategic Compensation” (with Sloane, Robert D.), 94 *AJIL* 505 (2000).

“Unilateral Action and the Transformations of the World Constitutive Process : The Special Problem of Humanitarian Intervention”, 11 *European JIL* 3 (2000).

【書評】(抄)

Pierre-Marie Martin, Le Conflit Israelo-Arabe. Recherches sur l’emploi de la force en droit international public positif (1973), 70 *AJIL* 197 (1976).

Preservacion del Medio Ambiente Marino, ed. by Francisco Orrego-Vicufia, 72 *AJIL* 447(1978).

“Bosses and the Law : Caudillism and Formalism”, Review of Rogelio Perez Perdomo, El formalismo juridico y sus funciones sociales en el siglo XIX Venezolano (1978), in 29 *American Journal of Comparative Law* 727 (1981).

Young, Compliance and Public Authority, 76 *AJIL* 868 (1982).

Willis, Prologue to Nuremburg, 79 *AJIL* 200 (1985).

Zoller, Peacetime Unilateral Remedies,79*AJIL* 1083 (1985).

Lassa Oppenheim’s Nine Lives : Oppenheim’s International Law, eds. by Sir. Jennings and Sir Watts, 19-1 *Yale JIL* 255 (1994).

Metamorphoses : Judge Shigeru Oda and the International Court of Justice, in *Canadian Yearbook of International Law,* 185 (1997).